Peter Merseburger · Die unberechenbare Vormacht

Peter Merseburger

Die unberechenbare Vormacht

Wohin steuern die USA?

C. Bertelsmann Verlag

© 1983 C. Bertelsmann Verlag GmbH, München / 54321
Gesamtherstellung Mohndruck Graphische Betriebe GmbH, Gütersloh
ISBN 3-570-00421-X · Printed in Germany

Inhalt

10.
Amerikaner und Sowjets
221

11.
Ausblick: Wohin Amerika steuert
und mögliche Konsequenzen für Deutschland
255

Quellenverzeichnis

Register

Vorwort

Dieser Bericht handelt von einem Amerika, das ein neues Selbstverständnis und eine Neudefinition seiner Rolle als Weltmacht sucht. Es ist ein Amerika der inneren Widersprüche und der plötzlichen außenpolitischen Kurswechsel. Schien es unter Carter vielen europäischen Kritikern nicht stark und selbstbewußt genug, schreckte es sie unter Reagan durch Pläne für einen begrenzten Atomkrieg in Europa, durch das Gerede, wir lebten nicht mehr in der Nachkriegs–, sondern in einer Vorkriegszeit; und es flößte Furcht ein mit seinem gewaltigen Aufrüstungsprogramm, durch das es alle Weltmeere beherrschen und den Weltraum erobern will. Nach zweieinhalb Jahren scheint das Pendel unter dem Druck des amerikanischen Kongresses zur Mitte zurückzuschwingen, aber die Frage drängt sich auf, ob Ronald Reagan sich mit Blick auf die Wiederwahl nur vorübergehend taktischen Zwängen beugt.

Es ist ein Amerika voller Gegensätze, und es gibt Rätsel auf. Es marschiert an der Spitze des technischen Fortschritts, aber es verfügt über viele veraltete Industrien, die dem Wettbewerb auf dem Weltmarkt nicht mehr gewachsen sind. Es stellt die Avantgarde der Wissenschaften, bringt die meisten Nobelpreisträger hervor, und doch ist diese begabte, hochintelligente Nation unfähig, sich eine kompetente politische Führung zu geben und ein in sich schlüssiges außenpolitisches Konzept zu entwickeln, das nicht nur für zwei oder drei Jahre, sondern für einen längeren Zeitraum taugt.

Im Vergleich zu Westeuropa ist es noch immer ein vitales und mobiles, ein experimentierfreudiges und kreatives Amerika, das nicht nur auf dem Gebiet der Naturwissenschaften einen entscheidenden Vorsprung hält und ihn auszubauen versteht. Den ebenso traditionellen wie unangebrachten europäischen Kulturhochmut – schon Egon Friedell nannte Amerika einen »schauerlichen Leviathan«, ein »Chaos aus Wirtschaftselephantiasis, Übertechnik, Megaphongebrüll und Psychoanalyse« – widerlegt es seit langem dadurch, daß es mehr kulturelle Impulse aussendet, als es empfängt. Als Metropole der Künste hat New York Paris längst auf den zweiten Platz verwiesen. Und von der monotonen, uniformen Welt des bürokratischen Sozialismus hebt es sich durch überlegene Technologie und Produktionsweise ebenso ab wie durch seine bunte, verwirrende Vielfalt und Freiheit – eine Vielfalt, die fasziniert, aber neben spielerischen, heiteren auch tragische Züge zeigt, denn ein permanenter Hang zur Gewalt zieht sich durch die amerikanische Geschichte und findet heute seinen Ausdruck in steigenden Kriminalitätsraten.

Gewalt und Verbrechen gehören zum Alltag jenes Amerikas, das neben ungeahntem Reichtum unvorstellbares Elend kennt, ein soziales Gefälle, zwischen das sich die breite Mittelklasse schiebt, der sich die überwiegende Mehrheit der Amerikaner zugehörig fühlt. Doch diese Mittelklasse zeigt sich heute zutiefst verunsichert. Daß jeder für sich selbst einsteht und der Staat nur den Rahmen absteckt, in dem alle einzelnen hart um Positionen und Marktanteile konkurrieren, zählt zwar noch zu den Glaubenssätzen dieser breiten Mehrheit, aber immer mehr müssen bitter dafür bezahlen. Sicher hat diese Philosophie, die alles dem einzelnen und den Kräften des Marktes überläßt, einen sehr viel niedrigeren Erwartungshorizont an Politik zur Folge, als wir ihn in Europa und speziell in Deutschland kennen. Daß ein amerikanischer Präsident nur begrenzten Einfluß auf den Wirtschaftsablauf nehmen kann, gehört zu den Grundeinsichten amerikanischer Wähler und erklärt die geringe Wahlbeteiligung. Aber die Leitfigur dieser Sozialdoktrin eines unbehinderten Aufstiegs durch Chancengleichheit, soziale Mobilität und Risikobereitschaft ist letztlich doch der eigene Unternehmer. Daß weit über 80 Prozent aller Amerikaner inzwischen als Arbeiter, Angestellte oder Beamte lohnabhängig sind, bleibt ein Widerspruch, der auf lange Sicht die ganze Doktrin in Frage stellt. Und daß Amerika als moderne, komplexe Industriegesellschaft mit einer altväterisch-urkapitalistischen Wirtschafts- und Sozialphilosophie, die durch den Rechtsruck mit der Wahl Ronald Reagans noch einmal bestätigt wurde, künftige Anpassungs- und Wachstumskrisen meistern und die Arbeitslosigkeit beseitigen kann, bezweifeln nicht wenige amerikanische Experten von Rang.

Als ein Beitrag zum besseren Verständnis, als Versuch einer Deutung der amerikanischen Probleme von heute zeichnet dieses Buch die jüngste Geschichte Amerikas nach. Es ist die Geschichte Amerikas nach Watergate und Vietnam, zwei Schlüsselerlebnissen, die als traumatische Erfahrungen bis heute tiefe Nachwirkungen zeigen, weil mit ihnen ein Stück Glaube der Nation an sich selbst zerbrochen ist. Daß Amerika etwas Besonderes, Einmaliges darstelle, daß es über besondere Qualitäten und Tugenden verfüge, die es von allen Europäern deutlich unterscheide, gehörte zu den Grundüberzeugungen einer Nation, die sich durch einen Akt des Willens konstituierte und dem verderbten Europa bewußt den Rücken kehrte. Zu diesen Grundüberzeugungen zählte stets die Gewißheit, daß dieses Amerika, wenn es je über seine natürlichen Grenzen hinausgreife und ein Empire gründen sollte, dies anders als europäische Kolonialmächte, nämlich als *The Great Republic,* als die große, besondere Demokratie mit bewußt demokratischer Zielsetzung tun werde. Es war Walt Whitman, der Barde des amerikanischen Imperialismus, der ein Amerika besang, das den Auftrag habe, die Menschheit zu neuer Größe und auf ungeahnte Höhen der Zivilisation zu führen. Bei der Erschließung des Pazifik arbeiteten amerikanische Händler und Missionare Hand in Hand, Geschäft und Religion, der Aufbau von Handels- wie Missionsstationen ergänzten einander vortrefflich. Als Präsident McKinley den USA die Philippinen als Beute des spanisch-amerikanischen Krieges einverleibte, tat er dies erst, nachdem er im Gebet Zwiesprache mit Gott gehalten hatte. Spät in der Nacht überkam ihn die Erleuchtung, daß Amerika nichts anderes übrigbleibe, »als alle Philippinos zu nehmen, um sie zu erziehen, zu zivilisieren und zu christianisieren«.

Die auswärtige Politik einer Nation, die sich selbst als Entwurf für eine bessere Menschheit verstand, enthielt seit

11

Ende des letzten Jahrhunderts stets ein misssionarisches Element, zunächst ein christliches, später ein demokratisch-universalistisches. Bis heute gilt, was Europäer als Ausdruck schlimmster Heuchelei empfinden: Daß die Außenpolitik der amerikanischen Massendemokratie stets mehr zu sein hat als herzlose Realpolitik, daß sie einer moralischen Verbrämung, ja Verklärung bedarf, wenn überseeische Engagements vom amerikanischen Volk mitgetragen werden sollen. So zog Woodrow Wilson in den Ersten Weltkrieg, um die Welt »sicher für die Demokratie zu machen«. Und so wurde das »amerikanische Jahrhundert« von Henry Luce, dem Herausgeber von »Time Magazine«, im Februar 1941 in einem Essay als Vision einer Nachkriegs-Ordnung geboren, in der Amerika die Rolle eines riesigen Kraftwerks für die Ideen der Freiheit und Gerechtigkeit zu übernehmen hatte. Luce, der Sohn eines Missionars, sah Amerika als dynamisches Zentrum einer sich stetig weitenden Sphäre des Unternehmertums, als Trainings-Zentrum für die »Diener der Menschheit« und als den »guten Samariter«, der daran glaubt, daß es besser sei, zu geben als zu nehmen, eine typisch amerikanische, weil moralische Vision voller Sendungsbewußtsein.

Was dann als amerikanisches Jahrhundert nach dem Ende des Zweiten Weltkriegs begann, sollte knapp dreißig Jahre währen und lief in der Praxis auf die amerikanische Vorherrschaft über den nichtkommunistischen Teil der Welt hinaus. Doch das weltweite Stützpunktsystem zur Eindämmung des Kommunismus beruhte auf dem innenpolitischen Konsensus, auf der Überzeugung der breiten Mehrheit aller Amerikaner, daß Amerika zum Schutzherrn für die »Freie Welt«, zum Garanten der Freiheit gegen die rote Gefahr berufen sei. Und die Rolle Amerikas als Weltgendarm war nur möglich, weil der innenpolitische Konsensus, der Amerikas Kriegsanstrengungen gegen Japan und Deutschland getragen hatte, nach Ende des Zweiten Weltkriegs mit der Ideologie des Kalten Krieges gegen den Kommunismus einfach fortgeschrieben wurde. Doch dieses »amerikanische Jahrhundert« und dieser Konsensus endeten in den Sümpfen Indochinas und mit Watergate. »Die ursprünglichen Einsichten . . . des liberalen Missionseifers waren großzügig und weise«, meint Arthur Schlesinger, noch heute ein kritischer Verteidiger des demokratischen Interventionismus im Stile eines Woodrow Wilson, John F. Kennedy und Lyndon B. Johnson, doch »die messianische Phase« habe Amerika den Sinn für die Verhältnismäßigkeit der Mittel verlieren lassen, sie »überstieg und veränderte die Grundelemente unserer Außenpolitik«. Sehr viel nüchterner als der liberale Schlesinger zieht der neokonservative Daniel Bell die Konsequenz aus dem Trauma von Vietnam, indem er schlicht feststellt, Amerika habe seinen moralischen Anspruch auf Missionseifer und Sendungsbewußtsein für immer verspielt: »Wir haben uns gegenüber den Versuchungen der Macht nicht immun erwiesen. Wir waren nicht die Ausnahme. Und in einem überraschenden Ausmaß gibt es seither eine größere Wahl für die amerikanische Politik. Wir wissen jetzt, daß wir sterblich sind.«

Amerika weiß inzwischen freilich auch, daß nicht nur seiner Macht, sondern auch seinen wirtschaftlichen Möglichkeiten Grenzen gezogen sind. In den ersten zwei Jahrzehnten dieses Jahrhunderts schien noch alles gleichzeitig machbar zu sein – den Lebensstandard der Massen zu heben, Kanonen zu produzieren und Kriege weit vor den amerikanischen Küsten zu führen. Der gewaltige Militärapparat der Weltmacht wurde durch die große Weltkonjunktur der Nachkriegszeit finanziert, die wiederum auf der Hegemonie Amerikas über die Weltwirtschaft beruhte. Doch bald begann die westliche Vormacht zu spüren, daß ihr auf dem Weltmarkt Konkurrenten entgegentraten, die bessere und billigere Waren produzierten. Amerikas niedergehende Wirtschaft erbrachte nicht mehr die Überschüsse, die für die Finanzierung des weltumspannenden Engagements nötig waren.

Der nachfolgende Bericht handelt von dem Versuch Amerikas, nach dem Verlust des sich selbst zugemessenen Status der Exzeptionalität und des Auserwähltseins eine neue Identität als Weltmacht zu finden. Er zeigt ein verstörtes, ein ratloses Amerika, das zwischen der Einsicht in die Grenzen der eigenen Macht und dem Willen schwankt, die ihm gesetzten Schranken durch eine gewaltige Kraftanstrengung noch einmal zu durchbrechen. Daß die Politik der westlichen Vormacht durch solche Pendelausschläge in einem gefährlichen Maße unberechenbar wird, liegt auf der Hand. Erschwerend fällt ins Gewicht, daß Amerika mit einer politischen Verfassung operiert, die den Anforderungen einer modernen Weltmacht seit langem nicht mehr entspricht.

1.
Prolog 1976: Sieg der Moral

Es gab kaum einen Präsidenten, der über so gute Startchancen verfügte, so voller guter Vorsätze war und am Ende doch so kläglich scheiterte. Keinen auch, der so gründlich und so ausdauernd von den Medien durchleuchtet wurde und dessen Charakter bis zum letzten Tag seiner Amtszeit dennoch voller Rätsel blieb. Sicher, der Mann aus der Provinz war nicht gerade weltläufig, er war bar jeder außenpolitischen Erfahrung. Aber die hatte einst auch dem Mittelwestler Truman gefehlt, und der hatte die Außenpolitik der ersten Nachkriegsjahre dann doch entscheidend prägen können. Insider von Rang bescheinigten Carter Willensstärke, Fleiß und den höchsten Intelligenzquotienten seit Franklin Delano Roosevelt. Das waren keine schlechten Voraussetzungen, um das Amt des mächtigsten Mannes der westlichen Welt zu übernehmen. Und doch haftete dem 39. Präsidenten der Vereinigten Staaten etwas zutiefst Zwiespältiges und Widersprüchliches an, das später, als er von der Unregierbarkeit der amerikanischen Nation zu sprechen begann, sogar selbstquälerische Züge annehmen würde.

Er trat für hehre politische Ideale und zugleich für die Wahrung und Durchsetzung von nüchternen Machtinteressen ein; er erstrebte beides parallel, aber tat sich stets schwer, wenn es zwischen beiden Zielen abzuwägen galt. Dieser Zwiespalt durchdrang schließlich die gesamte Außenpolitik der Weltmacht, irritierte Freunde wie Gegner und wurde zum Ärgernis der Unberechenbarkeit. Es war, als wollte Jimmy Carter den Moralismus eines George McGovern, der an der Spitze der Anti-Vietnam-Bewegung in das Weiße Haus hatte einziehen wollen, mit dem zynischen Macchiavellismus des machtorientierten Henry Kissinger in seiner Brust vereinen. Als Grundmuster politischen Verhaltens bestimmte dieser unausgetragene Konflikt der Prinzipien Carters zögerliche Haltung während der iranischen Krise, die letztlich sein politisches Schicksal besiegeln sollte.

Dabei hatte Jimmy Carter alle Chancen, als großer Präsident, als Mann der nationalen Aussöhnung in die Geschichte einzugehen. Daß er nach der Vereidigung am Tag der Amtsübernahme die 1,9 Kilometer vom Capitol zum Weißen Haus auf der Pennsylvania Avenue mit der Familie zu Fuß zurücklegte, markierte symbolisch das Ende der Ära von Watergate und Vietnam. Noch im Mai 1971, auf dem Höhepunkt der Vietnam-Unruhen, hatte die Regierung Nixon 2000 Soldaten mit scharfer Munition ins Schatzministerium kommandiert, um die drohende Besetzung durch wütende Demonstranten zu verhindern. Die Idee für diesen Fußmarsch stammte von Senator Proxmire, der für ein nationales Fitness-Programm focht und sich vom Spaziergang des neugewählten Präsidenten ein Beispiel versprach, das bei Millionen Schule machen sollte. Carter hielt diesen Vorschlag für skurril, brüsk lehnte er ihn anfangs ab. Doch dann dämmerte ihm, welcher Symbolwert in dem Verzicht auf die gepanzerte Limousine stecken mochte. »Ich dachte an die aufgebrachten Demonstranten, die wegen Watergate und Vietnam die Präsidenten und Vizepräsidenten vor mir bedrängt hatten«, schreibt er in seinen Erinnerungen. Der Spaziergang auf der Pennsylvania Avenue, ein ganz bewußt eingegangenes Sicherheitsrisiko, sollte nach über einem Jahrzehnt voller Gewalt, politischer Morde und bürgerkriegsähnlicher Unruhen Vertrauen in die Nation bekunden. Hatte sich nicht Richard Nixon in seinen letzten Monaten im Weißen Haus gegen das eigene Volk verschanzt wie ein Belagerter? Hatte er sich nicht gegen den einhelligen Willen der öffentlichen Meinung an die Macht geklammert, bis seine eigene Partei seinen Abgang in Schande erzwang?

Bei Carters Amtseinweihung gab es keine Tribüne mit Ehrenplätzen, kein Teilnehmer mußte eine Karte kaufen, um dabeizusein. Sein neuer, offener Stil wollte Bürgernähe schaffen, seine Bescheidenheit einen deutlichen Kontrapunkt zum Pomp der »imperialen Präsidentschaft« setzen, wie ihn Nixon gepflegt hatte, der seinen Leibwächtern vom

16

Secret Service im Weißen Haus einst Operettenuniformen schneidern ließ. Nach dem Amtsantritt des guten Menschen von Plains wurde der Limousinenpark für die Mitarbeiter des Stabs drastisch gekürzt, die Band des US-Marinecorps war bald arbeitslos. Carter verzichtete auf das traditionelle *hail to the chief* – jenen Begrüßungsmarsch, der allen US-Präsidenten vor offiziellen Auftritten geblasen worden war, um die Würde des Amts mit musikalischem Pathos zu untermalen. Nach Jahren zynischen Machtmißbrauchs und geheimer Kabinettspolitik sollten die altamerikanischen Tugenden der Aufrichtigkeit und des Anstands, sollten Arbeitsethos und Sparsamkeit im Weißen Haus regieren. Amerika, predigte Carter, brauche eine Regierung, so gut, so anständig und so mitfühlend wie das amerikanische Volk.

In diesem nahezu mystischen Glauben an die Kraft des Guten im Volk war er mit einem Vorgänger einig, den er mehr als alle anderen bewunderte: Woodrow Wilson. In der Tat haben Carter und Wilson vieles gemein: Beide stammen aus dem Süden und dienten als Gouverneure, ehe sie ins höchste Amt der Nation aufrückten. Beide waren gemäßigte Reformer, von christlichem Glauben geprägt. Wilson, der Sohn eines Missionars, zog in den Krieg, um die Welt für die Demokratie zu retten. Carter, der baptistische Prediger in Sonntagsschulen, blies zum Kreuzzug, um die Menschenrechte weltweit durchzusetzen. Am Ende schieden beide als politisch Gescheiterte aus dem Amt.

Ehe Jimmy Carter seine programmatische Rede zur Amtseinführung schrieb, studierte er, was einst andere Präsidenten auf den Stufen des Capitols feierlich verkündet hatten. Am stärksten war er von Woodrow Wilson beeindruckt. »Ich fühlte wie er, daß ich das Amt in einer Zeit übernahm, in der die Amerikaner von ihrer Regierung Rückbesinnung auf die Grundwerte erwarteten. Sein Ruf nach nationaler Buße erschien mir ebenfalls angebracht, aber ich fürchtete, daß ein modernes Publikum einen solchen Appell von mir nicht verstehen würde.« Nach heftigen Wahlkampf-Auseinandersetzungen um sein religiöses Bekenntnis war Carter inzwischen ein gebranntes Kind. Das Drehbuch seines Erfolgs hätte auch von Billy Gra-

17

ham stammen können. Denn daß James Earl Carter als Außenseiter den Gipfel der Macht erklomm, verdankte er einer einzigartigen Kombination von moralischer Überzeugungstreue, ja Glaubensstärke, und eiskalter, systematischer Planung. »Ich habe nicht den geringsten Zweifel, daß meine Bewerbung in Einklang mit dem Willen Gottes steht, ganz gleich, ob ich gewinnen oder verlieren sollte«, erklärte der Kandidat zu Beginn seines Wahlfeldzugs. Doch schlossen in seiner Strategie moralischer Höhenflug und sumpfige Niederungen der Taktik einander nie aus. Um außerhalb des heimischen Georgia überhaupt erst einmal bekannt zu werden, verkleidete sich der Frühstarter des Wahlkampfs sogar als Küchenchef. In Werbespots zwischen den Morgennachrichten filettierte er Fisch und pries den Hausfrauen der entlegensten Nester des Bundesstaates Iowa seine Lieblingsrezepte für die nächste Campingreise an. Er war ein *reborn christian,* einer, der nach seiner ersten politischen Niederlage Trost im wiedergefundenen Glauben suchte. Carters jüngere Schwester Ruth Stapleton, selbst Evangelistin oder Verkünderin der Heilung durch den Glauben, erzählte Reportern der »New York Times«, wie es zu dieser erstaunlichen Wandlung des Bruders gekommen sei. Nach diesem Bericht war Jimmy Carter von selbstquälerischen Zweifeln befallen, seit er bei den Vorwahlen der Demokraten für das Gouverneursamt in Georgia im Herbst 1966 unterlegen war. Auf einem Spaziergang durch die Kiefernwälder bei Plains habe sie zu Jimmy von ihrem eigenen Christus-Bewußtsein gesprochen und geschildert, daß ihr diese unerschütterliche religiöse Bindung Frieden, Freude und Stärke geschenkt habe. »Jimmy wollte wissen, was seine Schwester da besaß, das ihm selbst offenkundig fehlte«, schrieb das »New York Times Magazine«. »Ruth fragte ihren Bruder, ob er sein Leben und alles, was er besitze, für Christus hingeben würde. Er bejahte. Doch ihre Frage, ob das auch für die Politik gelte, verneinte er. Ruth erwiderte, dann werde er niemals Frieden finden.« Ruth Carter-Stapleton erinnerte sich weiter, daß Jimmy daraufhin die Fassung verloren und geweint habe. Nicht lange nach diesem Gespräch machte sich ein »wiedergeborener« Carter auf den Weg nach Massachusetts und Pennsylvania, um dort als Laienmissionar zu arbeiten. Vier Jahre später kandidierte er erneut. Er gewann die Wahl zum Gouverneur von Georgia ohne große Mühe.

Carters bizarre Religiosität und die vielen Versionen, die über seine Wiedergeburt kursierten, seine Bereitschaft, in Interviews offen über seine Bekehrung zu sprechen, gerieten ihm anfangs nicht nur zum Vorteil. »Ich erkannte erstmals, daß mir etwas Kostbares gefehlt hatte – die völlige Hinwendung zu Christus, die Gegenwart des Heiligen Geistes – seither spüre ich inneren Frieden, Überzeugungskraft und Zuversicht, die mein Leben zum Besseren wendeten.« Sätze wie diese, von der »Washington Post« 1976 im Wahlkampf veröffentlicht, mochten zwar Amerikas protestantische Evangelisten beeindrucken, eine gewichtige Wählergruppe, die laut »Time« Magazin damals zu einem 40-Millionen-Heer angewachsen war. Aber viele Amerikaner empfanden sie als unzeitgemäß, bigott und suspekt. Vor allem jüdische Wählergruppen blieben skeptisch gestimmt. Norman Mailer spottete über den neuen Stil, der sich da Bahn brach: »Früher hätte ein Präsidentschaftskandidat Christus erwähnen dürfen, eine kleine Anspielung wäre erlaubt gewesen; aber er hätte nicht wagen können, sich enthusiastisch zu zeigen. Religion war für die zeitgenössischen Amerikaner, was Sex einst im 19. Jahrhundert gewesen ist: ein anstößiges Thema.« Und ein Kommentator in »Harpers Magazine« schrieb: »Wenn Mr. Carter meint, er sei von Christus errettet worden (einer Person, die einem Bankier der Südstaaten ähnelt, der unbegrenzten Kredit ohne Zinsen gewährt), dann kann ich mir sehr gut vorstellen, daß er sich nur schwerlich für andere Dinge in der Welt interessiert.«

Der Rückgriff auf die Wahlkampf-Auseinandersetzungen um den Charakter eines Mannes, der am 20. Januar 1980 von der Weltbühne abtrat und schon heute seine Memoiren vermarktet, trägt zum Verständnis der politischen Landschaft Amerikas in den siebziger und achtziger Jahren bei. So, wie ein Präsident Ronald Reagan ohne das glücklose Regiment seines Amtsvorgängers undenkbar wäre, so wenig ist der Erfolg Jimmy Carters im Jahre 1976 ohne die

Erbschaft Watergates und Vietnams zu begreifen, die eine tiefe Vertrauenskrise zwischen Volk und politischer Führung geschaffen hatte. Noch 1964 meinten 76 Prozent aller Amerikaner, daß »die da oben«, daß Präsident und Minister, Abgeordnete und Senatoren sich in der Regel korrekt verhalten und die richtigen Entscheidungen fällen. Meinungsumfragen 1976 förderten zutage, daß nur noch drei von zehn Amerikanern an die Integrität von Politikern und Institutionen glaubten. Was als kleinere Polizeiaktion in Vietnam begonnen hatte, war von Lyndon Johnson hinter einem Rauchschleier von Propaganda, Heimlichkeit und Lüge zu einem Krieg ausgeweitet worden, der die Nation spaltete, die Weltmacht auf Jahre tragisch verstrickte und der – traumatisches Erlebnis für eine sieggewohnte Nation – nicht zu gewinnen war. Danach hatte Richard Nixon gezeigt, daß sich hinter der Maske des bigotten Biedermanns Korruption und tyrannische Herrschsucht verbergen können. Seither suchen die großen Zeitungen und Fernsehstationen jeden Bewerber bis in den letzten Winkel seiner Seele zu durchleuchten. Mehr als 300 FBI-Agenten prüften das Vorleben des wahrlich braven Gerald Ford, ehe ihn der Kongreß zum Nachfolger des korrupten Nixon-Vize Spiro Agnew wählen konnte, der mit Schimpf und Schande aus dem Amt gejagt wurde. Die größten Zeitungen des Landes, »New York Times«, »Washington Post« und »Los Angeles Times«, ließen ganze Reporter-Scharen ausschwärmen, die alle nur den einen Auftrag kannten: jede Phase im Leben eines jeden Kandidaten auszuspähen. William Greider von der »Washington Post« machte sich auf den Weg ins entlegene Plains in Georgia, um – mit Zustimmung von Mutter Lilian – Carters Schulbücher zu inspizieren. Der Kolumnist Jack Anderson zog gar zwei angesehene Psychoanalytiker zu Rate, um ein langes Gespräch, das er mit dem Kandidaten Carter geführt hatte, charakterologisch deuten zu lassen. Was steckte hinter dem Plakat, das die Werbemanager von Carter verbreiteten? Verbarg sich hinter dem ewigen Lächeln vielleicht Haß? Würde der Farmer auf dem Traktor, der Mann mit den freundlich bleckenden Zähnen, im Ernstfall fähig sein, entschlossen zu handeln? In diesem Fall fiel das Ergebnis überraschend positiv aus. Nur:

Durch manche Fehlleistung als Präsident widerlegte der derart Analysierte wichtige Teile der günstigen Prognose im nachhinein. »Seine Auffassung von seiner Führungsrolle basiert auf der Notwendigkeit guter Information, klar umrissener Zielsetzungen und eines wohlwollenden Umgangs mit der Macht«, befanden die Psychoanalytiker und meinten weiter: »Er sieht sich selbst als eine Person mit besonderer Verantwortung, die erziehen, lehren und motivieren will.« Wie sich später zeigen sollte, verstand sich Jimmy Carter gerade nicht darauf, andere zu inspirieren, sie durch Rede oder Beispiel mitzureißen – was immer motivieren sonst bedeuten mag.

Die Charakterjagd, das Schnüffeln nach Fehltritt, Versagen oder Laster bei politischen Amtsträgern und Kandidaten, entwickelte sich zu einer Art Berufssport für eine ganze Journalisten-Generation. Seit der *investigative journalism,* der Enthüllungs-Journalismus mit der Aufdeckung des Watergate-Skandals seinen politischen Triumph gefeiert hatte, träumte jeder aufstrebende Reporter des letzten Provinzblattes davon, durch seine gnadenlose Recherche einen potentiellen *crook,* einen Gauner also vom Schlage eines Richard Nixon, im Amt zu entlarven oder schon im Vorfeld der Wahlen am Griff nach der Macht zu stoppen – durch das schonungslose Offenlegen auch der geringsten Blößen. In der Praxis freilich pervertierte die gute Absicht bald zur Jagd um der Jagd willen. Autorität wurde oft zum Feind schlechthin, auch wenn sie nicht gefehlt hatte. Lustvoll konkurrierten die nationalen Tugendwächter, Moral-Detektive und Charakter-Kommissare der großen Zeitungen und Fernsehstationen bei der Demontage auch derer, die ihre Durchleuchtungsstationen passieren und zu Amt und Würden aufsteigen konnten. Ein Präsident, der dies geschafft hat, erfreut sich einer Schonfrist von hundert Tagen – danach wird der Ring freigegeben, die Jagd beginnt erneut. Nixons Erbe Gerald Ford, der vom Volk nie gewählte Präsident, wußte um die Stimmung des Landes im Jahre 1976. Der Politologe James David Barber von der Duke University zitierte aus einem Memorandum der republikanischen Wahl- und Werbeberater: »Die Frage, die den Wähler am meisten bewegt, ist die nach den traditionellen

21

amerikanischen Werten. Es geht vor allem um emotionale Fragen – um Liebe zur Familie und zu Gott, um Stolz auf die Nation und um Selbstachtung... Die Wähler wollen eine ehrliche Regierung und einen höheren moralischen Standard für den Alltag. Sie wünschen Führer, die moralisch richtungweisend sind, einen starken Charakter und religiöse Überzeugung haben und die Familie achten; vor allem aber: Sie haben persönlich integer zu sein.«

Der frühere Pfadfinder, Footballstar und Navy-Offizier, der Absolvent der renommierten Yale University und langgediente Kongreßabgeordnete Gerald Ford aus Grand Rapids im Staate Michigan schien über jeden Tadel erhaben. Er ging zur Kirche. Sein Familienleben war intakt. Es gab keine Affäre, die sich um seinen Namen rankte. Sein völlig undramatisches Vorleben, ein Weg ohne Abenteuer und Eskapaden, ja die langweilige Biederkeit, die der Mann aus dem Mittelwesten verströmte, machte ihn zu jener idealen Kunstfigur, nach der die einflußreichsten Männer der Republikanischen Partei nahezu verzweifelt Ausschau hielten. Sie hatten ja einen Ersatzmann zu finden, den der Kongreß an die Stelle Spiro Agnews setzen mußte, der sich wegen Bestechung und Steuerhinterziehung in Baltimore vor Gericht zu verantworten hatte. Seit dessen Abtritt hielt sich hartnäckig ein Ruch von Korruption in den Korridoren der Macht in Nixons Washington. Wohl ahnend, daß der Ersatzmann für den Vize schon bald zur Nummer eins aufrücken mußte, fiel die Wahl auf diesen Gerald Ford. Seine mittelwestliche Geradheit, seine geballte Wohlanständigkeit sollten das Ansehen der Institution wieder aufpolieren. Aber natürlich wurde all dies auch erdacht, den Konservativen weitere Jahre der Herrschaft zu sichern.

»Die Bürger«, so befanden die republikanischen Wahlberater 1976, »wünschen sich eine konservative Regierung, aber eine, die Verständnis und Mitgefühl für alle Schichten hat. Besonders wichtig ist, daß das Verhalten der Wähler mehr durch die Persönlichkeitsmerkmale der Kandidaten als durch deren Stellungnahme zu Sachfragen bestimmt wird.« Gerald Ford, gewiß kein Mann von brillierender Intelligenz oder analytischer Tiefenschärfe, hätte diesen Anforderungen mehr als genügt. Zwar hatte seine Frau Betty die noch immer puritanisch geprägte schweigende Mehrheit im Land im Sommer 1975 durch Offenheit im Fernsehen schockiert. Sie wäre nicht überrascht, gab sie damals einem Interviewer zu Protokoll, wenn ihre 18-jährige Tochter ihr eine Liebesaffäre gestünde und erklärte, vorehelicher Geschlechtsverkehr sei ein vorzügliches Mittel, die hohen Scheidungsraten nach unten zu drücken. Aber das war im Herbst 1976, als es zwischen Gerald Ford und Jimmy Carter zum Stechen kam, längst vergessen. Und in diesem Wahlkampf hatte Ford zunächst alle Vorteile des Amts auf seiner Seite. Schwere Fehler waren ihm seit seiner Amtsübernahme im Mai 1974 nicht unterlaufen.

Das angeschlagene Selbstvertrauen der Nation hatte er durch einen militärischen Kraftakt zu heben gesucht, der sich im nachhinein als völlig überflüssig herausstellte. Für die Befreiung des von Kambodschanern entführten amerikanischen Frachters »Mayaguez« setzte er Marineinfanteristen ein. Sie stürmten die Insel, auf der die Besatzung angeblich festgehalten wurde. Die US-Marines hatten 38 Todesopfer zu beklagen. Erst nach dem kurzen Gefecht stellten die Amerikaner fest, daß die 39 Seeleute der »Mayaguez« längst freigelassen waren. Einige linke Liberale kritisierten die sinnlose Metzelei. Doch die Mehrheit der Amerikaner hatte noch die Bilder vom schmählichen chaotischen Abzug der letzten Truppen und Hubschrauber aus Saigon vor Augen. Anlaß und Ergebnis, die nahezu groteske Unverhältnismäßigkeit der Mittel bei der Befreiungsaktion für die »Mayaguez«, zählten da nicht. Der Durchschnittsamerikaner, von grundauf patriotisch gestimmt, war es vollauf zufrieden, daß die Weltmacht einer Handvoll kambodschanischen Piraten eine Lektion erteilt, daß sie endlich wieder Muskeln gezeigt hatte.

Außenpolitisch hatte Ford die Konzeption Nixons fortgeschrieben, wofür schon Henry Kissinger Sorge trug, der unter Ford an der Spitze des State-Departments blieb – eine Säule der Stabilität, Kontinuität und Berechenbarkeit in stürmischen Zeiten innenpolitischen Übergangs. Doch was dem Ansehen und der Stärkung der USA nach außen diente, geriet Ford nach innen zur Belastung. Erzkonserva-

tiven Republikanern, die sich schon damals um Ronald
Reagan scharten und Ford die Nominierung streitig machen wollten, war der geniale Professor mit dem teutoni-
schen Akzent als Erfinder der Entspannung zutiefst suspekt. Für schlichte republikanische Gemüter aus dem fernen und mittleren Westen sind die Sowjets bis heute geblieben, was sie aus ihrer Sicht seit der Oktoberrevolution 1917
gewesen sind: ruchlose, gottlose Gesellen, mit denen zu
paktieren sich verbot, weil dies nur das eigene Ende beschleunigen konnte. Lenins Satz, daß die Kapitalisten auch
noch den Strick verkaufen, mit dem die Kommunisten sie
dann hängen werden, gehört zu den Lieblingszitaten dieser
Ultrarechten. Die Strategie eines Kissinger, der in den Ländern der Dritten Welt zwar einen bewußten Kurs der Konfrontation mit Moskau steuerte, doch zugleich die Kooperation mit dem Kreml auf dem Gebiet der strategischen Rüstungskontrolle suchte, mußte solchen Wählern dubios und
widersprüchlich erscheinen. So verwarf der rechte Flügel
der Republikaner Kissingers wichtigsten Erfolg, der darin
bestand, mit SALT I die Grundlagen für rationalere Beziehungen Washingtons zur Sowjetunion geschaffen zu haben.

Die Liberalen, die für das komplizierte, europäisch geprägte Weltbild des Dr. Henry Kissinger von der Harvard
University schon mehr Verständnis zeigten, wußten diese
Leistung zwar zu honorieren, doch der verdienstvolle Kissinger der Détente blieb für sie mit allen Übeln der Nixon-
Ära belastet. Zwar warf niemand Kissinger vor, er habe
vom Einbruch in das demokratische Parteihauptquartier
gewußt, diesen gedeckt oder ihn vertuschen helfen. Mit-
schuld an dem zentralen Verbrechen, das Nixon schließlich
zum Rücktritt zwang, traf den Sicherheitsberater und Außenminister nicht. Aber sein zynischer Umgang mit der
Macht war den Liberalen ein steter Dorn im Auge. Sie kritisierten seine Realpolitik der verdeckten Aktionen durch
den CIA, der Salvador Allende zum Opfer fiel; seine Mißachtung der Menschenrechte; und sie verurteilten seine
Rolle bei der Bombardierung des neutralen Kambodscha –
eines Angriffs auf eine nichtkriegführende Nation in Indochina, der auf Kissingers ausdrückliche Weisung durchge-

führt und vor der Öffentlichkeit wie dem Kongreß geheimgehalten worden war. In seinem Buch »Sideshow«, einer Analyse der Zerstörung Kambodschas, macht William Shawcross das Bombardement durch die B 52 und die spätere amerikanische Invasion direkt für den Aufstieg des mörderischen Pol-Pot-Regimes und damit für Tod und Vertreibung Hunderttausender verantwortlich. Er nennt dies die »außenpolitische Seite von Watergate«. Jimmy Carter stieß gezielt in diese Wunde, die der Außenpolitiker Kissinger dem braven Präsidenten Ford in den Augen der linken Moralisten zugefügt hatte. »Wenn ich gewählt werde«, rief Carter den Amerikanern zu, »dann wird es so etwas wie Kambodscha nicht mehr geben.«

In allen modernen Wahlkämpfen werden politische Ausrutscher und Wahlkampf-Entgleisungen zu Gradmessern, an denen sich ablesen läßt, wie der jeweilige Kandidat den großen Streß-Test eines Monate währenden Wahlkampfs durchsteht, wie es um sein Stehvermögen, seine Reaktionsgeschwindigkeit, ja um seine physische Fitneß bestellt ist. In einer Fernsehdebatte meinte Präsident Ford, die Länder des Ostblocks seien nicht von der Sowjetunion beherrscht – doch wurde ihm dies nur von professionellen Wahlkampfbeobachtern des Washingtoner Establishments als Sünde angekreidet. Bei den Wählern hinterließ der Lapsus kaum einen negativen Eindruck. Wenn Gerald Ford, der Inbegriff der Redlichkeit, die Wahl hauchdünn gegen einen Südstaatler verlor, der vor Monaten in Schlagzeilen noch spöttisch als *Jimmy who?* gehandelt worden war, dann ist dies vor allem auf das Konto einer Generalamnestie zu buchen, mit der Ford, kaum im Amt, die Mühlen der Justiz stoppte, von denen Richard Nixon aller Voraussicht nach zermalmt worden wäre. Der Gnadenakt für Nixon rückte Ford, den Mann mit der blütenweißen Weste, in die Nähe Watergates, das die Amerikaner als große politische und moralische Tragödie empfanden. Daß Nixon und Ford ein abgekartetes Spiel gespielt, daß der waidwund geschlagene Präsident den Weg für den Nachfolger nur unter Auflagen und Bedingungen freigegeben hatte – diese böse Vermutung hielt sich beharrlich und war nicht auszuräumen. Wer Ford kannte, wies sie als Verleumdung zurück. Dennoch half auch nur der Schatten des Verdachts einem Jimmy Carter, der seine Wähler warnte:»Wenn (ihr meint, daß) ich euch je belüge, euch je in die Irre führe, je ein kontroverses Thema vermeiden sollte, dann stimmt nicht für mich, denn ich bin eure Stimme nur wert, wenn ich euer Vertrauen genieße.«

Dies also war die Stimmung in dem von Watergate und Vietnam gezeichneten Amerika von 1976: Moral, persönliche Integrität, Vertrauen hielten die Spitzenplätze auf der Urteilsskala der Wähler. Kompetenz, politische Erfahrung oder Sachprogramme waren wenig gefragt. Vergebens suchte Gerald Ford die Vertrauens-Offensive des Gegners zu stoppen. Noch in der letzten Zeitungsanzeige vor dem Wahltag proklamierte er:»Vertrauen heißt, einfach und direkt zu sagen, was man denkt – und zu denken, was man sagt. Vertrauen muß erworben werden.« Jimmy Carter gewann knapp mit nur 1,6 Millionen Stimmen Vorsprung. Den Sieg verdankte er einer ungewöhnlich hohen Wahlbeteiligung unter den Schwarzen im Süden, die in Florida und Texas 12 Prozent, in Alabama 14 und in Mississippi 22 Prozent über dem Durchschnitt lag. Gut 65 Millionen Amerikaner, das sind nahezu 46 Prozent aller Wahlberechtigten, blieben der Wahl fern.»Ohne die Kampagne mit dem Vertrauen«, gestand Carters Meinungsforscher Patrick Caddell später,»hätten wir nie gewonnen.« In der niedrigen Wahlbeteiligung spiegelte sich Unzufriedenheit der Wähler mit der Alternative wider, vor die sie sich gestellt sahen: Keiner der beiden Kandidaten hatte sie mitreißen oder überzeugen können. Ford galt als bieder und gutwillig, aber als schwache Führungspersönlichkeit. Carter, vielen noch immer ein Rätsel, weckte bei den einen Zweifel, bei anderen Hoffnungen. Zum ersten Mal seit der Niederlage Herbert Hoovers in der Großen Depression war ein amtierender Präsident abgewählt worden. Amerika hatte sich gegen die Erfahrung und für das Risiko entschieden. Vier Jahre später sollte dieses Grundmuster erneut das Verhalten der Wähler bestimmen – diesmal zum Schaden Carters und nicht zum Vorteil der Nation.

2.

Das Paradox der Macht

Jimmy Carter war der fünfte, Ronald Reagan ist der sechste Präsident, der seit Eisenhower in sein Amt eingeführt wurde. Für eine Weltmacht vom Range Amerikas hat sich der Rhythmus des Wechsels seit Eisenhower auf bedenkliche Weise beschleunigt. Bliebe es bei dieser Frequenz von Amtsverzicht, Abwahl und Neubestallung, dann stünden Amerika zwischen 1984 und dem Jahre 2000 vier weitere Herren ins Weiße Haus. Führungswechsel sind Zeiten des Übergangs, des Einarbeitens und damit der außenpolitischen Verunsicherung. Es sind auch Zeiten des Lernens, und Carter war lernbegierig wie kaum ein anderer. Knietief saß er zwischen Aktenbergen. Sein tägliches Lesepensum lag bei 300 bis 400 Sciten, sein Arbeitstag begann in der Regel morgens um fünf und endete kurz vor Mitternacht. Einige Monate nach Amtsantritt nahm er einen Schnell-Lesekurs, um noch mehr Papier und Akten zu bewältigen. Franklin Delano Roosevelt hatte die Macht in vollen Zügen genossen, Ronald Reagan würde ihr später die angenehmen Seiten prunkvoller Repräsentation abgewinnen. Carter verstand das Amt vornehmlich als Dienst und Pflicht. Mit wahrer Besessenheit verbiß er sich ins Detail, um Fakten in sich aufzusaugen, die Mechanismen der Entscheidungsprozesse zu erkennen. Carter, das war ja nicht nur der Missionar, der Farmer und Grundbesitzer aus dem Süden; das war zugleich der Marineoffizier außer Diensten, der frühere Atom-U-Boot-Fahrer, ein Mann von nüchternem, kühlem Ingenieurs-Verstand.

Seit beide Supermächte über strategische Kernwaffen, über Erst- und Zweitschlag-Potentiale verfügen, lebt jeder amerikanische Präsident mit dem Wissen, daß er vielleicht eine Entscheidung treffen muß, welche die halbe Welt zerstört; eine Entscheidung, die er nicht mehr zurücknehmen kann, deren Folgen also irreparabel sind. »Was immer man später unternimmt, nichts kann die Schäden, die durch diesen Entschluß der eigenen Gesellschaft zugefügt wurden, wiedergutmachen, verringern oder ausgleichen«, schreibt Richard Neustadt in seiner klassischen Studie über die Macht des Präsidenten und folgert: »Wenn das Irreversible irreparabel wird, dann sind die Details auch der kleinen Operationen wichtig. Daß Präsident Kennedy während der kubanischen Blockade im Oktober 1962 die Manöver eines jeden einzelnen Schiffes der US-Navy stets im Blick behielt, entsprach dieser neuen Dimension des Risikos.« Welche Last die Verantwortung für das Schicksal von Millionen und Abermillionen, ja für das Überleben der Menschheit auf unserem Planeten dem Mann im Weißen Haus auferlegt, können wir nur versuchen, mit dem Verstand zu erfassen. Wir wissen, daß eine solche Bürde einsam macht. Ein Präsident muß mit ihr leben, er erfährt sie auch emotional. Carter dazu in seinen Memoiren: »Dieser Schrecken war mir stets gegenwärtig.«

Doch gerade seine kühle Besonnenheit, seine analytische Begabung, sein, wenn auch rudimentäres Wissen um das ABC der Nuklear-Physik und das Zerstörungspotential von Atomwaffen, das aus der Navy-Zeit stammte, qualifizierte ihn besser als viele Vorgänger für diese spezielle Last des Amts. Daß Ronald Reagan unfähig ist, die Horror-Szenarios der Abschreckung, die geradezu apokalyptischen Planspiele seiner Generalstäbler intellektuell zu bewältigen, darf inzwischen als gesichert gelten. Carter besaß die intellektuelle Kraft, solche Planspiele zu durchdenken. Seine in der Religion verwurzelte Humanität, seine Nüchternheit und sein faktisches Wissen flößten ihm tiefe Abscheu vor Atomwaffen ein – eine Haltung, die später seine Entscheidung über die Neutronenbombe beeinflussen sollte. Vor Provinzverlegern am Mittagstisch im Weißen Haus, zwischen Suppe und dem Hauptgericht, sollte Ronald Reagan später leichthin über den Einsatz von taktischen Nuklearwaffen und einen begrenzten atomaren Schlagabtausch in Europa plaudern. Jimmy Carter aber wurde noch von seinen schärfsten Kritikern bescheinigt, daß er sich dieser wahrhaft fürchterlichen Verantwortung stets bewußt gewesen sei. James Fallows entwarf ihm zwei

Jahre lang Reden, ehe er sich enttäuscht von ihm abwendete, weil ihm die Qualität des Führens fehle. Er schrieb: »Keiner wäre im Urteil sicherer als Carter, wenn es um das Überleben der Menschheit ginge.« Carters geschärftes Bewußtsein für die Gefahren des Atomkriegs und der radioaktiven Verseuchung machten ihn auf besondere Weise zu einem modernen Präsidenten, der nicht nur Kontrolle und Begrenzung der Rüstung oder den Abbau der nuklearen Arsenale des Overkills anstrebte. Er hatte die Warnungen des Clubs von Rom in seiner Politik praktisch verinnerlicht. Er blieb skeptisch gegenüber dem Ausbau der friedlichen Atomenergie, vor allem der Schnellen Brüter, und förderte die Entwicklung alternativer, sauberer Energiequellen. Und er insistierte, daß strenge Exportkontrollen bei der friedlichen Atomtechnik die Weiterverbreitung der Atomwaffen in der Dritten Welt wirksam verhindern sollten. »Intellektuell war Carter wahrscheinlich besser als die Präsidenten vor ihm präpariert, sich mit den schwierigen Fragen auseinanderzusetzen, die den Rest dieses Jahrhunderts bestimmen werden – die Endlichkeit der natürlichen Ressourcen und der Raubbau, den man mit ihnen treibt; die Vorteile und Gefahren der fortgeschrittenen Technik, die Ausbreitung von Nuklearwaffen, der sprunghafte Anstieg der Weltbevölkerung, der Wunsch nach höherem materiellen Komfort bei zunehmender Rohstoff-Knappheit, der wachsende Pessimismus über die Fähigkeit der Regierungen, Probleme zu lösen. Carter war Technokrat, ein Mann, der in Entwürfen und Systemen dachte, aber er brachte zugleich gute moralische Zielsetzungen und einen ungewöhnlich hohen ethischen Standard in sein neues Amt ein ... Er war, wie ein gewitzter Rechtsanwalt in Washington kurz nach seinem Amtsantritt sagte, weitaus intelligenter als die Männer, die unser politisches System sonst dem amerikanischen Volk anbietet.« So Haynes Johnson von der »Washington Post«, ein langjähriger intimer Kenner der politischen Szene Washingtons.

Das Wissen um das kleinste Manöver eines Zerstörers oder U-Boots mag in Krisenzeiten unerläßlich sein, wenn ein falscher Zug auf dem Schachbrett der Supermächte Vernichtungs-Kapazitäten zu entfesseln droht, die ganze

Kontinente verwüsten können. Im harten Alltagsgeschäft des Regierens hindert Verbissenheit ins Detail den Präsidenten nur, sich auf die wirklich wichtigen Fragen zu konzentrieren. Als ein Kongreßabgeordneter aus dem Bundesstaat New York 1977 bei Jimmy Carter vorsprach, fand er dessen Schreibtisch mit Akten übersät, den mächtigsten Mann der westlichen Welt ins Studium einer dicken Broschüre vertieft. »Dies ist der Haushalt der Air Force, und ich habe jede einzelne Zeile gelesen.« Im Nebenzimmer führte Hamilton Jordan, Carters engster Vertrauter, ein Gespräch über Probleme des Panamakanals. Der Abgeordnete schied mit dem Eindruck, Carter arbeite als wissenschaftlicher Assistent, indes Hamilton Jordan die großen Züge der Politik bestimme.

Nach hochfliegendem Start schienen die vier Jahre Jimmy Carters bald von einer innenpolitischen Dauerkrise geprägt. Der Präsident machte den Eindruck eines Mannes, der nicht über den Dingen steht, nicht den Lauf der Ereignisse bestimmt, sondern in der Problemfülle zu versinken droht, die er eigentlich hätte meistern müssen. Ein großer Teil der Schwierigkeiten, derer er nicht Herr werden konnte, war zweifellos von ihm selbst verschuldet. Seine Wahlkampfversprechen, in einem 111-seitigen Memorandum vor der Wahl penibel aufgelistet, enthielten einige wenige fiskal-konservative Ziele, etwa einen ausgeglichenen Haushalt bis 1980, eine Reform der Einkommensteuer und den Kampf gegen eine wuchernde Bürokratie. Doch die klassischen Sehnsüchte und Träume der Liberalen standen ganz obenan: Hilfe für die Schwarzen, die Armen und Unterprivilegierten; Verständnis für die Dritte Welt; wirksame Maßnahmen für den Umweltschutz; Stopp des nuklearen Wettrüstens und ein offener Regierungsstil – eine Absage also an die geheime Kabinettspolitik der drei Vorgänger Johnson, Nixon und Ford.

Einige seiner Versprechen, etwa die Amnestie für Wehrdienstverweigerer, die sich in der Vietnam-Zeit nach Schweden oder Kanada abgesetzt hatten, wurden umgehend erfüllt. Sie verursachten keine Kosten. Beim populärsten Punkt der umfangreichen Liste vollzog Jimmy Carter freilich drei Monate nach Amtsantritt eine Kehrtwendung um 180 Grad. Um die Arbeitslosigkeit zu bekämpfen, die am Ende der Präsidentschaft Fords bei 7,8 Prozent lag, hatte er jedem Amerikaner eine Steuerrückzahlung von 50 Dollar bar auf die Hand in Aussicht gestellt. Das Steuergeschenk war als Teil eines Programms zur Ankurbelung der Wirtschaft gedacht, das den Grundideen der Keynesschen Schule folgte. Einerseits sollten Steuersenkungen den Massenkonsum ankurbeln, andererseits staatliche Programme zur Arbeitsbeschaffung Geld in die Wirtschaft pumpen. Am 7. Januar 1977 hatte Carter diese Absicht vor demokratischen Senatoren und Abgeordneten noch einmal bekräftigt. Nach Vorstellungen seines Wirtschafts- und Finanzministers Blumenthal, der zu Recht einen Inflationsschub fürchtete, änderte er seine Meinung. Am 13. April erfuhren die wichtigsten Finanzpolitiker von Senat und Repräsentantenhaus von dem abrupten Sinneswandel durch die Zeitungen. Von der Sache her war die Kehrtwendung sicher geboten, sie bescheinigte dem neuen Präsidenten immerhin Lernfähigkeit. In den Augen einer überraschten Öffentlichkeit wurde sie zum ersten Beleg für das, was später als Dauervorwurf gegen Carter verwendet werden sollte: daß er ebenso unstet wie ziellos taktiere.

Ungleich mehr Schaden nahm der Ruf Carters an der Affäre um seinen Budget-Direktor Bert Lance, die vom August bis zum Oktober die Medien beherrschte und der Presse von Washington bis Los Angeles skandal-umwitterte Schlagzeilen lieferte. Der massige, leutselige Lance, ein enger Vertrauter und Freund Carters aus dessen Zeit als Gouverneur von Georgia, war Chef und Eigentümer einer großen Bank in Atlanta, ehe der neugewählte Präsident ihn ins Weiße Haus holte. Um jeder möglichen Interessen-Kollision vorzubeugen, hatte Lance in seinem Bestätigungs-Hearing vor dem Senat den Verkauf seiner Bankaktien binnen Jahresfrist zugesagt. Die öffentliche Selbstverpflichtung drückte umgehend die Kurse der Aktien, die Lance auf den Markt bringen mußte. Im Sommer 1977, als er seine Zusage wahrmachen wollte, hätte er schmerzliche Verluste in Kauf nehmen müssen. Um drastischen Vermögenseinbußen zu entgehen – einige Berichte sprachen vom drohenden persönlichen Bankrott –, griff Lance zu einem ungewöhnlichen Mittel: In Absprache mit Robert Lipshutz, dem Rechtsberater des Weißen Hauses, bat er den Ausschußvorsitzenden, Senator Ribicoff, um Fristverlängerung.

Ein Mann Carters in finanziellen Nöten – diese Nachricht wirkte geradezu elektrisierend auf das Pressekorps in Washington. In Vorfreude auf ein Cartergate schwärmten die Reporter von »New York Times« und »Washington Post« nach Calhoun, dem Wohnsitz der Familie Lance in Georgia, nach Atlanta und nach Chicago aus, um sich als Wirtschaftsdetektive zu betätigen. Was sie zutage förderten, reichte im ersten Anlauf nicht. Zwar monierte die zuständige Bankaufsicht staatliche Überziehungskredite, die Lance sich und Familienangehörigen immer wieder eingeräumt hatte. Doch Verstöße gegen strafrechtliche Bestimmungen wurden nicht festgestellt. Carter reagierte überglücklich: »Bert, ich bin stolz auf dich«, erklärte er im Fernsehen – ein Kommentar, den er besser unterlassen hätte, denn die journalistischen Detektive fühlten sich dadurch nur herausgefordert, tiefer zu schürfen. Was sie im zweiten Anlauf herausfanden, entbehrte zwar noch immer der zwingenden Beweiskraft, aber der Verdacht blieb, der joviale Banker habe zu Beginn seiner Karriere Guthaben der Bank für private Kredite benutzt, mit denen er sich in einer weiteren Bank einkaufen konnte. Wahrscheinlich hatte Bert Lance aus Calhoun in Georgia nur gehandelt wie tausend andere Banker auch. Er kam aus einer kleinen, überschaubaren Welt, in der persönliche Bekanntschaft, Vertrautheit oder Freundschaft oft formelle Bürgschaften überflüssig machen. »Wenn ein Arbeitnehmer einer örtlichen Teppichfabrik, der nachweislich ein gutes Familienleben führte und zur Kirche ging, eine kleine Farm auf Kredit erwerben wollte, dann«, so schreibt Jimmy Carter in seinen Memoiren, »konnte er vernünftigerweise damit rechnen, daß Bert ihm gegenüber eine positive Haltung einnehmen würde. Berts Bank würde ihm später unentgeltlich einen reinrassigen Bullen oder eine Zuchtsau zur Verfügung stellen, um die Qualität der kleinen Herde des neuen Farmers aufzubessern. Sollte die Frau dieses Mannes krank werden, würde Bert ihr Blumen schicken; sollte sie sterben, würde der Bankpräsident Lance zum Begräbnis kommen.«

Doch der gute Kumpel aus Georgia stand jetzt im Rampenlicht. Er war der Diener eines Präsidenten, der besonders hohe ethische Maßstäbe setzte und in den Wahlkampf gezogen war, den Augiasstall in Washington auszumisten. Neun Wochen wurde die Affäre Lance in übertriebener Weise hochgespielt, dann kapitulierte der Präsident. Bert Lance, den er vor Wochen so demonstrativ gelobt, der Freund, dem er so lange die Treue gehalten hatte, war zur untragbaren Belastung geworden und schied auf »eigenen Wunsch«. Das Ansehen Carters, der sich stets den Anschein gegeben hatte, über dreckige Alltagspolitik erhaben zu sein, war angeschlagen. Für viele hatte der Baptist aus dem Süden sich als Heuchler demaskiert: Der Moralprediger dünkte sie nicht besser oder schlechter als jeder andere Politiker auch. Und die Grundeinstellung des Durchschnittsamerikaners gegenüber Politikern, gleich welcher Partei, wird nun einmal durch mehr und mehr Korruptionsaffären von tiefem Mißtrauen bestimmt.

Carters Aura, ein Besonderer zu sein, war dahin. Meinungsumfragen hatten im August 1977 noch eine Zustimmungsquote von 66 Prozent für den neuen Mann im Weißen Haus ermittelt. Im Winter sackte seine Popularität auf die 40-Prozentmarke ab. Was er selbst dazu in seinen Memoiren schreibt, trifft den Kern: »Es ist unmöglich, den Schaden zu überschätzen, der meiner Regierung durch die gegen Bert Lance erhobenen Vorwürfe zugefügt wurde ... Viele Amerikaner haben mich gefragt, was dies zu bedeuten hatte und wie es geschehen konnte. Die Fragen sind nicht leicht zu beantworten. Washington war damals noch von Watergate fasziniert, die Reporter und die Kongreßmitglieder, die den Rücktritt von Präsident Nixon herbeigeführt hatten, galten als Helden. Eine neue Geschichte aufzudecken, ganz gleich, ob sie stimmte oder nicht, wurde von ihnen als beachtliche Leistung gewertet.«

Der Kampf um Bert Lance hatte Kräfte gebunden, die an anderen Fronten – im Kongreß zur Durchsetzung der Energiepolitik und der Verträge über den Panamakanal – bitter fehlten. Und er legte als zentrale Schwäche des neuen Präsidenten dessen blindes Vertrauen in die sogenannte Georgia-Mafia bloß. Seine engsten Mitarbeiter, politische Kampfgefährten aus den Jahren des Gouverneurs – der Wahlkampf-Manager und spätere Stabschef Hamilton Jordan, Pressechef Jody Powell, Werbeexperte Gerald Rafshoon – waren sämtlich Südstaatler wie Bert Lance. Powell und Jordan hatten den Witz und den derben Charme von Naturburschen. An ihren Stiefeln klebte der rote Lehm Georgias, das hochnäsige Establishment Washingtons verspottete sie als Hinterwäldler. Es waren ruppige und ungeschliffene, aber ehrliche, witzige und sympathische Kerle, die Jeans, Stiefel und offene Hemden bevorzugten und sich nur widerwillig dem Zwang zu Krawatte und Nadelstreifen beugten. In ihrem Aufstand gegen die feinen Sitten lebte ein Stück anti-aristokratischer, anti-monarchistischer Tradition fort, die in den neuen Kolonien Ihrer Britischen Majestät einst tonangebend war. Wer sich an Burt Lancaster und Gary Cooper in dem Film »Veracruz« erinnert, weiß, wie Hollywood dies zum Klischee stilisierte. Er habe nicht die Absicht, in Washington zum Gesellschaftslöwen zu denaturieren, erklärte Jordan wenige Tage nach dem Einzug in das Weiße Haus. Entsprechend verhielt er sich. So wurde von dem Vertrauten des Präsidenten berichtet, daß ihm beim Staatsdiner für die Delegation Sadats der Anblick der prallen Brüste der Frau des ägyptischen Außenministers, neben die ihn das Protokoll gesetzt hatte, schlechthin die Sprache verschlug. Er habe schon immer die ägyptischen Pyramiden kennenlernen wollen, wußte die »Washington Post« ihn am nächsten Morgen zu zitieren. Es gab nicht wenige Stories wie diese. In einer Kapitale der Intrigen, vermerkte die Kolumnistin Sally Quinn spitz, wirkten die Männer aus Georgia wie ein fremder Eroberer-Stamm, der sich plötzlich ungewohnten Sitten und Tabus konfrontiert sah.

Die vielbelächelten, als rückständig geltenden Südstaatler hatten jahrelang durch dick und dünn zusammengehalten, um ihren Mann, die »trojanische Erdnuß«, ins Weiße Haus zu bringen. Doch statt nun mit den Etablierten in der Hauptstadt, mit dem nicht unbeträchtlichen intellektuellen

Potential in den Ministerien, den zahlreichen Think-Tanks und Forschungsinstituten zusammenzuarbeiten und Kontakt zu den Medien zu suchen, vertrauten sie vor allem der eigenen Kraft. Die verschworene Gemeinschaft igelte sich ein. Die Georgia-Mafia schirmte Jimmy Carter ab wie einst die Haldemans und Ehrlichmans ihren Richard Nixon durch die sogenannte Berliner Mauer.

Der Konflikt zwischen politisch unerfahrenen Außenseitern und den Experten, die seit Jahrzehnten die riesigen Apparaturen der Macht verwalteten, war vorprogrammiert. Auf der einen Seite die Zyniker des Establishments, die übersahen, daß eine Mannschaft, die einem außerhalb Georgias nahezu Unbekannten den Aufstieg zum Gipfel der Macht ermöglicht hatte, kaum aus dümmlichen Hinterwäldlern bestehen konnte. Auf der anderen Seite Carters Gefolgsleute, deren offen zur Schau getragene Verachtung für die alltägliche Korruption der Politik durch Interessentengruppen sie in jede erdenkliche Falle tappen ließ. Daß ein Präsident sich auch einmal mit Abgeordneten arrangieren muß, selbst wenn sie Partikularinteressen vertreten, daß er mit dem Kongreß nahezu alles, gegen die Abgeordneten und Senatoren auf dem Capitol fast nichts bewirken kann, gehört zu den schmerzlichen Erfahrungen, die sich ohne den Hochmut der Carter-Leute erübrigt hätten.

Die verhängnisvolle Unterschätzung der Rolle der Abgeordneten und Senatoren hatte ihre Wurzel in provinzieller Enge und war eingegangen in die populistische Wahlplattform, die das etablierte Washington schlechthin zum Feindbild stempelte, den Präsidenten Ford und den Kongreß, die Bürokratie und die Lobbies inbegriffen. Wann immer die Abgeordneten der Legislative in Georgia sich bockig gezeigt hatten, war der Gouverneur Carter vor die Kameras getreten, hatte über ihre Köpfe hinweg direkt an die Bürger appelliert und sich meistens durchgesetzt. Nach dem Erfolgsrezept von Atlanta gedachte Carter nun als Präsident in Washington zu verfahren. Er sollte damit den Kardinalfehler seiner Amtszeit begehen. Ein Kongreß, der seit Watergate selbstbewußt auf seine Rechte pochte, ließ sich durch unmittelbare Ansprachen an das Volk nicht länger disziplinieren. Andere Fehler kamen hinzu.

Als er sein Amt übernahm, besaß die größte Industrie-nation der Welt weder ein Energieministerium noch eine Energiepolitik. In gut einem Jahrzehnt hatten sich die USA, eine Nation exzessiver Energieverschwender, vom Ölexporteur in den größten Ölimporteur verwandelt. Jede zweite Tonne Rohöl, die Amerika verbrauchte, stammte nicht aus eigenen Quellen. In welch gefährliche Abhängig-keit die energiepolitisch einst autarke Großmacht inzwi-schen geraten war, machte der große Ölschock von 1973 klar. Aber den Regierungen Nixon und Ford hatte es an Mut und Weitsicht gefehlt, aus der Explosion der Ölpreise die Konsequenzen zu ziehen. Beide Präsidenten zeigten sich wie hypnotisiert von den inflationären Auswirkungen. Um sie zu bremsen, froren sie die Preise für amerikanisches Erdöl ein – eine Strategie, die kurzfristig zwar Vorteile brachte, aber die Krise langfristig nur verschärfen konnte. Eine intelligente Politik hätte die Preise für Inlandöl freige-geben, um die heimische Produktion anzukurbeln. Staat-lich festgezurrte Preise unter Weltmarktniveau konnten nur die Wirkung haben, die amerikanische Förderung zu dros-seln und den Importanteil am Gesamtverbrauch zu stei-gern. Da der Inlandpreis, den der amerikanische Konsu-ment für Benzin und Heizöl zu zahlen hatte, sich aus dem Mittel von teurem Importöl und billigerem Öl aus amerika-nischen Quellen errechnete und zudem nicht, wie in Eu-ropa, mit extrem hohen Steuern belastet war, gab es für die Amerikaner praktisch keinerlei Anreiz, Energie zu sparen. So nahmen Amerikas Importe weiter zu, und mit ihnen kletterte der Weltmarktpreis. Der unstillbare Öldurst der USA heizte damit die Weltinflation an und wurde schließ-lich zum Stein des Anstoßes zwischen den Bündnispart-nern. Zu Recht klagten die Westeuropäer, sie hätten die Ze-che für amerikanischen Leichtsinn und amerikanische Ver-schwendungssucht zu zahlen. Deshalb drängten Helmut Schmidt und Giscard d'Estaing seit dem Weltwirtschafts-gipfel von Rambouillet unermüdlich auf eine amerikani-sche Energiepolitik.

Jimmy Carter kommt zweifellos das Verdienst zu, als er-ster amerikanischer Präsident die Bedeutung des Energie-problems erkannt zu haben. Doch sein ehrenwerter Versuch, die richtige Erkenntnis in eine praktikable Politik umzusetzen, war von Anbeginn nicht frei von Stümperei. Seinen aufreibenden, nahezu vier Jahre währenden Feldzug für eine amerikanische Energiepolitik eröffnete er mit einer Gardinenpredigt gegen die Verschwendung. Mit einer Strickjacke angetan, saß der Präsident im Lehnstuhl vor einem lodernden Kamin im Weißen Haus, blickte treu in die Fernsehkameras und empfahl den Mitbürgern, erst einmal die Fenster zu schließen und die Heizungsthermostate herunterzudrehen. Auf eine Nation, die billige Energie im Überfluß stets als eine Art Natur- oder Geburtsrecht betrachtet hatte, verfehlten die Ratschläge des sparsamen Hausvaters jede Wirkung. Auch daß Carter ausgerechnet James Schlesinger zum persönlichen Notstandskommissar berief, der in nur drei Monaten ein umfassendes Energie-Programm vorlegen sollte, erwies sich als wenig glücklich. Schlesinger, der unter Gerald Ford als Chef des Pentagon gedient hatte, bis er sich mit Henry Kissinger überwarf, ist ein ebenso brillanter wie arroganter Technokrat. Ob es damit zu tun hatte, daß er einst dem Nachrichtendienst CIA vorstand, oder nicht – Tatsache war, daß er seinen neuen Auftrag wie eine geheime Kommandosache hütete. Er stützte sich auf wenige handverlesene, wenn auch hochkarätige Experten und dachte nicht daran, Schatzminister Blumenthal oder Charles Schultze, den Chef des wirtschaftspolitischen Beratergremiums des Präsidenten, in seine Planspiele einzuweihen. Sein Verfahren grenzte an politischen Wahnsinn, und insofern hatte es Methode: Schlesinger fürchtete, daß Konsultationen mit Ressortministern und den Repräsentanten der Fachausschüsse des Kongresses seinen großen Wurf nur verwässern konnten. Von Carter, der stets voll Verachtung auf Interessentengruppen herabblickte, sah er sich in dieser Haltung voll bestätigt. Nur als Paket, als ein *Grand Design,* das allen gleichermaßen Opfer abverlangte, so das Kalkül, hatte das Gesetz eine Chance, den Kongreß zu passieren.

Doch was da als entscheidender Durchbruch im Stil eines Mansteinschen Sichelschnitts angelegt war, entpuppte sich sehr bald als taktischer Fehler von geradezu kapitalen Ausmaßen. Im nachhinein mag sich Jimmy Carter damit trösten, daß Ronald Reagan mit seinem großen Steuerpaket später ähnliches Mißgeschick widerfuhr. Als Carter am 18. April 1977 der Nation verkündete, was James Schlesinger überhastet zusammengeschustert hatte, ahnte er nicht, wie schnell er mit seinem *Grand Design* bei den Volksvertretern beider Häuser auflaufen würde. Noch gab er sich voll naiver, stolzer Zuversicht.»Wie wir die Energiefrage lösen, wird zum großen Testfall für den Charakter des amerikanischen Volkes und die Fähigkeiten von Präsident wie Kongreß, diese Nation zu regieren«, erklärte der Präsident und schreckte weder vor Pathos noch hochtrabenden Vergleichen zurück:»Dieser schwierige Versuch ist das moralische Äquivalent des Krieges, nur mit dem Unterschied, daß wir unsere Kräfte zusammentun, um etwas aufzubauen, nicht, um zu zerstören.«

Das klang in der Tat nach einem großartigen Aufbruch, und in der Sache enthielt das Programm viele vernünftige Ansätze: eine Rohölsteuer, die den Konsum durch Verteuerung drosseln sollte; Maßnahmen zur Energiekonservierung; Rückgriffe auf die riesigen Kohlevorkommen, auf denen die USA geradezu schwimmen; schrittweise Anhebung der inländischen Ölpreise auf Weltmarktniveau und die etappenweise Freigabe der staatlich kontrollierten Erdgaspreise. Doch es sollte ganze vierzehn Monate dauern, bis auch nur die ersten Bruchstücke der geplanten Gesetzgebung verabschiedet wurden, und fast vier Jahre, bis ein umfassendes Energieprogramm Gesetzeskraft erhielt.»Die Vorlage dieses Energiegesetzes«, erinnert sich ein Mitarbeiter Carters,»war der größte Fehler, der uns in unseren ersten sechs Monaten unterlaufen ist. Als wir damit nicht durchkamen, setzte sich im Volk der Eindruck fest, der Präsident sei unfähig, die Regierungsgeschäfte zu führen. Von dieser Schlappe haben wir uns nie mehr erholt.« Carter selbst beschreibt anschaulich, was ihm da so unerwartet widerfuhr und was rechtzeitiger Kriegsrat mit Eingeweihten des verachteten Establishments vielleicht hätte verhindern können:»Die Sprecher (der Industrielobby) im Senat bildeten eine heimliche Koalition mit den Liberalen, die bei keiner für sie wichtigen Forderung nachgeben wollten. Sie (die Liberalen) wünschten überhaupt keine Freigabe der

Öl- und Gaspreise – die Industriellen verlangten die sofortige und totale Aufhebung der Preisbindung. Die Liberalen bestanden darauf, die durch höhere Preise erzielten zusätzlichen Gewinne für soziale Programme abzuführen – die Produzenten forderten, sie für produktionssteigernde Investitionen zu verwenden. Die Liberalen begünstigten Projekte zur Förderung der Sonnenenergie als eine Art Allheilmittel gegen die Energienöte der ganzen Welt – die Ölproduzenten wollten möglichst wenig Konkurrenz von Energiequellen, die sie selbst nicht unter Kontrolle hielten. Verbrauchergruppen forderten eine Gesetzgebung, die den hohen Benzinverbrauch bekämpfen sollte – die Autoindustrie wünschte niedrige Benzinpreise und keinerlei Beschränkung von Stil oder Größe ihrer Automobile. Einige Gruppen wollten alle Atomkraftwerke abschaffen, andere wünschten die Beseitigung aller Sicherheitsvorschriften, die, wie sie behaupteten, der Atomindustrie überflüssige Fesseln anlegten. Umweltschützer verlangten strengere Standardwerte gegen die Luftverschmutzung; Kraftwerk- und Atomindustrie wollten alle bereits vorhandenen Gesetze abgeschafft wissen. Aus völlig unterschiedlichen Gründen verwarfen diese mächtigen Gruppen den sehr ausgewogenen Entwurf, den wir vorgelegt hatten. Zusammen verfügten sie über eine große Mehrheit im Senat.«

Die erste Zwischenbilanz nach einem Jahr ergab, daß nichts, was dieser Jimmy Carter anpackte, ihm so recht gelingen wollte. Dabei war er zweifellos ein Mann guten Willens, der Sinn für Gerechtigkeit und sozialen Ausgleich zeigte. Er zählte zu jenen modernen Südstaatlern, die aus der Scham, die sie über die historische Erblast der Sklaverei empfanden, eine persönliche Verpflichtung zur Brüderlichkeit gegenüber den Schwarzen ableiteten. James Baldwin hatte einmal angemerkt, ein reuiger Südstaatler sei ihm allemal lieber als jene selbstgerechten Liberalen aus dem Norden, die schon immer für die Abschaffung der Sklaverei gekämpft hätten. Die im Norden, begründete der schwarze Schriftsteller, hätten überhaupt keine Ahnung vom schwarzen Mann, die im Süden hätten über Jahrhunderte hautnah mit ihm zusammengelebt. Wenn sie jetzt für

Brüderlichkeit einträten, wüßten sie wenigstens, wovon sie sprächen. Ihr Engagement sei aufrichtiger und überzeugender.

So gehört zu den Verdiensten, die bleiben werden, Carters Versuch, Angehörige von Minderheiten in den staatlichen Verwaltungsapparat zu integrieren und mit Führungsfunktionen zu beauftragen. In den ersten drei Wochen seiner Amtszeit ernannte er mehr Frauen, Schwarze und Hispanics (Angehörige der spanisch sprechenden Gruppen) zu Kabinettsmitgliedern oder stellvertretenden Ministern als je ein Präsident vor ihm. Wenn er nicht die Zustimmung des Senats für seine Ernennungen brauchte, sagte er einmal, dann wären 40 Prozent aller Juristen, die er zu berufen hätte, Frauen und zwölf Prozent Schwarze. Die Äußerung steht für ein ethnisches Proporzdenken und ein Quotensystem, in dem viele Liberale die einzig wirksame Garantie für Chancengleichheit sahen. Es war ein Denkansatz, der den rassischen und ethnischen Pluralismus der Nation in Rechnung stellte und die Diskriminierung von Minderheiten beschleunigt abbauen wollte. Doch im überwiegend konservativen Amerika der weißen Mittelklasse formierte sich bereits eine mächtige oppositionelle Grundströmung gegen diese Politik des Rassenproporzes; sie sollte, wie wir später sehen werden, der Sache der Demokraten im Wahlkampf erheblichen Schaden zufügen.

»Carter does good things badly« – Carter führt gute Sachen schlecht aus –, dieser Satz eines hohen Regierungsbeamten, dem »Washington-Post«–Reporter Don Oberdorfer zu Protokoll gegeben, traf den Nagel auf den Kopf. Die einst so machtvolle Institution der Präsidentschaft schien unter dem Regiment Jimmy Carters Tag für Tag an Einfluß zu verlieren. Ein allgemeines Gefühl der Verunsicherung und Schwäche, der Führungs- und Orientierungslosigkeit griff um sich. Dazu trugen gewiß auch objektive Faktoren bei, die der Mann im Weißen Haus nicht zu verantworten hatte. Als nach dem iranischen Bürgerkrieg im Mai und Juni 1979 die Benzinversorgung knapp wurde und sich Schlangen vor den Zapfsäulen bildeten, wurde die Stimmung im Volke explosiv. Carter zahlte hier den Preis für die Versäumnisse der Vorgänger und den Widerstand der

Interessentengruppen im Kongreß. Aber wer gab ihm dafür schon Kredit, da er doch seit über zwei Jahren gegen die Energielücke angepredigt hatte und offensichtlich nichts zum Besseren wenden konnte? Es war die Zeit, in der die OPEC wieder einmal die Ölpreise angehoben hatte. Experten rechneten dem Präsidenten vor, daß allein diese Verteuerung die Inflationsrate um weitere zweieinhalb Prozent nach oben drücken würde. Wenige Wochen zuvor hatte die Beinahe-Katastrophe im Atomkraftwerk auf der Drei-Meilen-Insel in Pennsylvania die Nation in Atem gehalten. Ein Aufgebot von über hundert Physikern und Sicherheitsexperten suchte die Ursache der Atompanne zu orten. Nach einer Woche der Mutmaßungen blieb der beklemmende Eindruck der Hilflosigkeit von Fachleuten und Notstandsplanern. Ein zentraler Glaubenssatz des modernen Amerika, das schier unbegrenzte Vertrauen in die Technik und in technische Lösungen für gesellschaftliche und politische Probleme, wurde durch den Unfall von Harrisburg zutiefst erschüttert.

Carters Popularitätskurve näherte sich jetzt den Tiefstwerten Richard Nixons zu Zeiten Watergates, und der ihm befreundete Meinungsforscher Patrick Caddell entdeckte einen alarmierenden Stimmungswandel im Volk: Der unverwüstliche Optimismus der Amerikaner machte einer rapide wachsenden pessimistischen Grundstimmung Platz. Jeder zweite hegte schon Zweifel an der persönlichen und an der Zukunft der Nation, war überzeugt, daß Regierung und Politiker unfähig seien, die entscheidenden Probleme zu lösen. Als Caddell diese Erhebungen durchführte, lag die monatliche Inflationsrate bei 14 Prozent, und Stuart Eizenstat, der Innenpolitiker im Stab des Weißen Hauses, hatte in einem ausführlichen Memorandum auf die verheerenden Folgen der Benzin- und Heizölkrise hingewiesen: »Die Benzinschlangen im Nordosten werden länger und greifen auf den Mittelwesten über ... Es gab lange nichts, was das amerikanische Volk derart in Verwirrung stürzte, was es so frustriert und so aufgebracht hat und was seinen Zorn so direkt auf Sie (den Präsidenten) lenken muß. Bürgermeister Koch von New York sagte mir, er habe seit Vietnam nichts erlebt, was der gegenwärtigen emotionalen Aufwallung im politischen Leben Amerikas vergleichbar sei.«

Pressechef Jody Powell bezeichnete die Ergebnisse der Caddellschen Umfragen als wahrhaft »apokalyptische Erkenntnisse«, und einem Mann wie Jimmy Carter, der für sich stets eine besondere Nähe zum Volk in Anspruch genommen hatte, stellten sie in der Tat ein vernichtendes Zeugnis aus. Doch fand Caddell nach gründlicher Analyse heraus, daß seine Daten weit mehr als nur Unzufriedenheit mit dem Inhaber des höchsten Amtes beinhalteten. Der tiefgreifende Pessimismus, so seine Deutung, spiegele Zweifel an der Machbarkeit aller Politik wider. Wenn diese These stimmen sollte, dann war in der Tat für die ganze Nation Gefahr im Verzuge: Amerika drohte, vollends unregierbar zu werden.

Es war typisch für einen Mann vom Schlage Jimmy Carters, daß er dies als eine Herausforderung verstand, die an ihn selbst gerichtet war, als letzte Chance, doch noch zu einem neuen, effizienten Stil des Regierens zu finden. Zehn Tage lang lud er Angehörige der Führungselite des Landes nach Camp David – Bischöfe und Nationalökonomen, Psychologen und Atomwissenschaftler, Gewerkschafter und Bosse der Industrie. Sie kamen in Gruppen zum Dinner und diskutierten anschließend in zwangloser Atmosphäre. Die langen Gespräche kreisten um die Ursache der nationalen »Malaise«, um die Mittel, mit denen ihr beizukommen sei. Anders als viele Vorgänger, die auf Druck und in bedrängter Situation meist aggressiv reagiert hatten, war Carter bereit, die eigene Person in Frage zu stellen. »Er saß auf dem Fußboden, hörte aufmerksam zu und machte unermüdlich Notizen«, erinnert sich einer der Geladenen. Andere hätten Rache geschworen, Abweichler in den eigenen Reihen gesucht und zu Sündenböcken gestempelt – Carter gab offen Fehler zu. Wenn die Botschaft richtig sei – daran hegte er noch immer keinen Zweifel –, aber niemanden erreiche, dann, so räumte er selbstkritisch ein, müsse etwas mit dem Übermittler nicht stimmen.

Soweit es sich um Schwächen der Selbstdarstellung handelte, waren die Fehler des Boten sattsam bekannt. Zwar wirkte Carter im kleinen Kreis, vor allem im Zweiergespräch, überzeugend, auf Fernsehpressekonferenzen brillierte er durch schnelle, knappe und präzise Antworten auch auf schwierige Fragen. *He was mastering the facts,* wie die Amerikaner sagen – er zeigte sich sachkundig und kompetent. Doch wann immer er eine Rede zu halten hatte, sprang kein zündender Funke über. Im Vortrag betonte er meist die falschen Worte oder Satzteile, und bewußt auf Pathos abhebende Sätze verlas er in einem langweiligen Singsang-Stil, der die Zuhörer vor Pein oft erstarren ließ. Vergebens hatte James Fallows ihm geraten, Sprechunterricht zu nehmen – Carter wollte bleiben, wer und wie er war. Der später abtrünnige Gefolgsmann vermißte freilich mehr als nur den rechten Redestil. »Carter glaubt«, so der frühere Redenschreiber in seiner bitteren Abrechnung mit dem Chef, »daß er führt, wenn er in der Sache richtig entscheidet. Er hat keine Vision anzubieten, die über das Problem, das gerade zur Lösung ansteht, hinausweist.« Folgt man Fallows, dann sah Carter die Probleme vordergründig technisch, ihre Entstehungsgeschichte spielte keine Rolle, denn dem Präsidenten fehlte jeder Sinn für die historische Dimension. Historie – das war für ihn Vietnam und Watergate, und wenn seine Regierung die Fehler vermeiden würde, die zu diesen tragischen Ereignissen geführt hatten, dann würde sie mit Gewißheit vor der Geschichte bestehen können. Daß Carter finanzpolitisch eher als Konservativer, gesellschaftspolitisch eher als linker Liberaler einzuordnen war, irritierte viele Anhänger in der eigenen Partei und nährte Zweifel, ob er über eine kohärente politische Grundüberzeugung verfüge. Fallows: »Mit einem Jigsaw-Puzzle, einem Puzzlespiel, ist niemand zu inspirieren.«

Solche Sätze hörte Carter häufig in den zehn Tagen kritischer Selbstprüfung, die er sich in der Abgeschiedenheit Camp Davids auferlegt hatte. »Ich verbrachte 90 Prozent meiner Zeit mit Zuhören«, vertraute er am 9. Juli seinem Tagebuch an; »die ganze Woche arbeitete ich hart ... es fällt mir nicht ganz leicht, Kritik zu akzeptieren und die Methoden meines Handelns zu überprüfen.« Die Ratschläge, die er erhielt, waren zahllos und widersprachen einander sehr häufig. Die einen klagten, er regiere nicht, sondern beschränke sich darauf, die Regierungsgeschäfte mit Ach und Krach am Laufen zu halten. Sie forderten mehr Führung. »Mr. President, halten Sie eine Rede über Blut, Schweiß und Tränen.« Andere behaupteten, das Volk sei heute »zu Opfern nicht bereit«, sprachen von einer »Malaise der Zivilisation« und meinten: »Wir sind die erste Generation, die erkennt, daß sie auch die letzte sein kann.«

In seiner Rede vom 15. Juli, vielleicht der besten seiner Laufbahn, suchte der angeschlagene Präsident dann die Flucht nach vorn. Aus dem Oval Office, mit der ganzen Autorität des Amts, sprach er von einer Vertrauenskrise, die »Herz, Seele und Geist des nationalen Willens« und die »politische und soziale Struktur Amerikas« zu zerstören drohe. »Bis zur Ermordung von John Kennedy, Robert Kennedy und Martin Luther King jr.«, sagte Carter, »waren wir sicher, die Nation des Stimmzettels und nicht die der Kugel zu sein. Man hatte uns gelehrt, daß unsere Armeen immer unbesiegbar, unsere Sache stets die gerechte sei, nur, um die Agonie von Vietnam zu erleben. Wir respektierten die Präsidentschaft als einen Platz der Ehre – bis zum Schock von Watergate. Wir erinnerten uns des Sprichworts ›gesund wie ein Dollar‹ als Symbol absoluter Verläßlichkeit, bis zehn Jahre der Inflation den Dollar und unsere Ersparnisse schrumpfen ließen. Wir glaubten, unsere Ressourcen seien unerschöpflich, bis wir 1973 die wachsende Abhängigkeit von fremdem Öl entdeckten. Diese Wunden sitzen tief. Sie wurden nie richtig geheilt.« An anderer Stelle betonte er, die Lösung der nationalen Probleme könne nicht von einem einsamen Mann im Oval Office, sondern nur in einer großen, gemeinsamen Kraftanstrengung vollbracht werden: »Die Stärke, die wir brauchen, wird nicht aus dem Weißen Haus, sondern aus jedem Haus in Amerika kommen.«

Er sagte dies nicht, um die Verantwortung zu relativieren, die auf dem Präsidenten lastet, er zog vielmehr die Summe bitterer Erfahrungen, die auch andere Präsidenten vor ihm machen mußten. Jimmy Carter hatte sicher viele Schwächen, aber sie allein erklären sein Scheitern nicht. Damit, daß er nur Bruchstücke seines innenpolitischen Programms hatte verwirklichen können, stand er ja nicht allein. John F. Kennedy, gewiß nicht der Führungsschwäche verdächtig, vermochte im Kongreß weniger durchzusetzen als Jimmy Carter. Der 39. Präsident der Vereinigten Staaten hatte nach Watergate und Vietnam unter erheblich erschwerten Bedingungen zu operieren: Er sah sich einem erstarkten Kongreß gegenüber, dessen Mitglieder Partei-Loyalität oder Fraktionsdisziplin geringachteten. Er hatte mit einer Presse und einer Öffentlichkeit zu kämpfen, die dem Amt und seinem Inhaber, denen sie früher erst einmal eine Vorgabe an Respekt eingeräumt hatten, nun von Anfang an mit grundsätzlicher Skepsis und tiefem Mißtrauen begegneten. Schmerzlicher als die Vorgänger erlebte er, was Godfrey Hodgson einmal als »das Paradox der präsidentiellen Macht« so umriß: »Nie hat es ein Amt mit solcher Machtfülle gegeben, wie sie der Präsident der USA besitzt. Nie war ein Führer so ohnmächtig, das durchzusetzen, was er wollte, was er zu tun versprochen hatte und was er für richtig hielt.« Hodgson zitiert Lyndon Johnson, der einmal stöhnte: »Die einzige Macht, die ich habe, ist die nukleare, und die kann ich nicht benutzen.«

Das Paradox der Macht besteht vor allem darin, daß die riesige Militärmaschine, daß die strategischen Atomarsenale, über die Amerikas Präsidenten gebieten, nur zu tun erlauben, was keiner will: die Ölfelder im Persischen Golf zu zerbomben oder die halbe Erde in Schutt und Asche zu legen. Gegen die Anhebung der Ölpreise, eine Revolution in Angola oder den Zerfall der westlichen Bastion Iran durch Bürgerkrieg vermögen sie nichts auszurichten. Paradox der Macht – das heißt zugleich, daß der mächtigste Mann der westlichen Welt im eigenen Land die Ohnmacht der Macht besonders drastisch erfährt. »Der Präsident kann nicht ernsthaft hoffen, den Kongreß zu überreden, mehr als ein ausgewrungenes Fragment seiner Gesetzesvorlagen zu verabschieden«, meint Hodgson und behauptet: »Die Präsidentschaft als Institution funktioniert nicht. Sie erlaubt dem Präsidenten nicht, das zu tun, was er für richtig hält oder was das amerikanische Volk von ihm erwartet.« So nennt er die amerikanische Präsidentschaft ein »falsches Versprechen« und ein gefährliches dazu, weil es den

45

Vereinigten Staaten und dem Rest der Welt Handlungsvoll-
machten und Entscheidungsspielräume vorgaukelt, die ein
Präsident nur zu Zeiten des nationalen Notstands hat.
Folgt man Hodgson, dann hat Jimmy Carter das Präsidentenamt zwar nicht erfolgreich gehandhabt, aber keinesfalls
schlechter als Eisenhower, Kennedy und Johnson, dagegen
sehr viel besser als Nixon und besser als Ford. Richard
Neustadt urteilt weniger entschieden, aber hat doch erhebliche Zweifel, ob die Verfassungsinstitution namens Präsident die ihr zugedachten Aufgaben erfüllen kann. »Ist die
Präsidentschaft überhaupt möglich, selbst in dem bescheidenen Sinn, daß die Maschinerie weiterläuft und das Amt
einigermaßen intakt übergeben werden kann?« fragt er. Im
Zeitalter des Fernsehens, angesichts der Bedrohung durch
die Inflation, vor allem aber wegen der Verflechtung mit
der Weltwirtschaft hängt nach Neustadt die Antwort auf
diese Frage von »Ereignissen und Organisationen ab«, die
entweder der »Kontrolle des Präsidenten entzogen sind
oder nur sehr mittelbar von ihm beeinflußt werden können«.

Die Erfahrungen der letzten zwei Jahrzehnte läßt viele
Politiker, Juristen und Politologen nach einer gründlichen
Reform der Verfassung rufen. Davon wird später noch die
Rede sein. Werfen wir zunächst einen Blick auf den Außenpolitiker Carter. »Die Vereinigten Staaten haben einen Präsidenten, aber zwei Präsidentschaften«, behauptet der Politologe Aaron Wildavsky, »die eine Präsidentschaft ist für
die Innenpolitik da, die andere ist mit Verteidigungs- und
Außenpolitik befaßt. Seit dem Zweiten Weltkrieg hatten
die Präsidenten mehr Erfolg bei der Kontrolle der Außen-
und Sicherheitspolitik als bei dem Versuch, die Innenpolitik zu steuern.« Die These trifft auf Eisenhower und Kennedy, auf Nixon und auf Ford zu. Sie scheint fraglich bei
Lyndon B. Johnson. Um ein Haar hätte sie bei Jimmy Carter gestimmt.

3.
Zwischen Menschenrechten
und Realpolitik

Selten hat die Außenpolitik einer Weltmacht eine abruptere Kehrtwendung erlebt als mit Carters Amtsantritt. Das Weltbild der Regierungen Nixon und Ford war ja weitgehend vom großen Ost-West-Gegensatz bestimmt, der alle anderen Fragen überschattete. Henry Kissingers Realpolitik zielte auf die Aufrechterhaltung der Machtbalance zwischen den Supermächten. Weil sie in seinem Denken absoluten Vorrang hatte, wurde die Elle der Ost-West-Konkurrenz auch da angelegt, wo die Interessen der Großmächte nur mittelbar berührt wurden: in Angola oder in Chile. Um die Schiffahrtsrouten im Südatlantik und die Mineralienschätze des südlichen Afrika zu sichern, paktierte Kissinger mit dem rassistischen Apartheidsystem gegen das revolutionäre, von kolonialen Fesseln befreite Angola. Und um Chile, bestenfalls ein Bauer auf dem Schachbrett der Geopolitik, vor sozialistischen Experimenten zu retten, unterstützte er rechtsextreme Militärs beim Sturz Salvador Allendes. Rechtsautoritäre Systeme wie das der griechischen Obristen blieben geschätzte Partner. Wo immer legitime demokratisch-revolutionäre Umwälzung die Bündnistreue oder das Gleichgewicht der Kräfte zu verändern drohte, entschied Kissinger zugunsten der Allianz und der Behauptung der Machtbastion. Zwar liebte man korrupte rechte Diktatoren nicht, aber wenn es darum ging, amerikanische Interessen zu sichern, wurden sie eng umarmt und finanziell aufgepäppelt, um sie nach innen zu stabilisieren – auch wenn sie die Menschenrechte mit Füßen traten.

Mit Kissingers Abgang betritt nun eine Mannschaft die politische Bühne, die der »übertriebenen Furcht vor dem Kommunismus« (Carter) geradezu demonstrativ abschwören will. Der alles beherrschende Ost-West-Konflikt verliert gegenüber der sich abzeichnenden globalen Auseinandersetzung zwischen Nord und Süd an Bedeutung; Amerikas Außenpolitik soll sich zur Dritten Welt öffnen, Verständnis für die regionalen Besonderheiten lateinamerikanischer, asiatischer und afrikanischer Staaten soll das Denken in geopolitischen Machtbastionen ablösen. Vor allem aber wird diese neue Außenpolitik auf ein ethisches Fundament gestellt: Die moralischen und philosophischen Prinzipien der amerikanischen Verfassung, die Menschenrechte, werden Leitmotiv und Richtschnur zugleich. *Human rights* – das ist die Vision, die Amerika über platten Materialismus und Massenwohlstand hinaus der Welt anbieten will. Daß diese Vision geeignet ist, die Aufmerksamkeit dieser Welt vom gewalttätigen, imperialistischen Amerika der Vietnam-Ära weg- und auf das andere, das bessere, das ursprüngliche Amerika hinzulenken, versteht sich am Rande. »Daß wir uns zwischen Idealismus und Realismus, zwischen Moral und Machtausübung zu entscheiden hätten, waren die gängigen Argumente, und ich war mit ihnen vertraut«, schreibt Jimmy Carter. »Dennoch wies ich sie zurück. Ich sah in der Demonstration des amerikanischen Idealismus einen praktischen und realistischen Zugang zur Außenpolitik, und moralische Prinzipien bildeten die beste Grundlage, um die Macht und den Einfluß Amerikas zur Geltung zu bringen.« In diesem Ansatz ausschließlich Zeichen von Naivität, provinzieller Enge oder einen Mangel an Weltläufigkeit zu sehen, hieße, ihn zu mißdeuten. Dahinter steckte eine ordentliche Portion Kalkül, das sich aus einer keinesfalls abwegigen Analyse amerikanischer Weltstellung herleitete.

Auch wenn dieser außenpolitische Ansatz schließlich nicht weit tragen sollte – am Ende seiner Amtszeit griff Carter auf die verachtete Geopolitik Kissingers zurück –, lohnt sich die Frage, woher er stammt, weil die Antwort Einblick in die Gestehungsbedingungen amerikanischer Politik erlaubt. Der außenpolitische Lehrmeister des Provinzpolitikers Carter war kein anderer als Zbigniew Brzezinski, der später, als Sicherheitsberater des Präsidenten, von den Sowjets als der schwarze Mann im Weißen Haus, als böser Geist bezeichnet werden sollte, der den Rückfall in den Kalten Krieg vorbereitete. Der Politikwissenschaftler und Kommunismus-Experte, in Polen geboren, in Kanada aufgewachsen, lehrte an der Columbia University in New York, als ihn David Rockefeller, der Chef der einflußreichen Chase Manhattan Bank, zum ersten geschäftsführenden Direktor der Trilateralen Kommission berief. Die Gründung dieses lockeren Gremiums von Politikern und Wissenschaftlern, Industriellen, Bankiers und Gewerkschaftsführern aus den NATO-Ländern Westeuropas, Nordamerikas und aus Japan erfolgte 1973, und Geburtshelfer war die Sorge um die künftige Entwicklung der Weltwirtschaft. In der Tat häuften sich Anfang der siebziger Jahre die Alarmsignale: Im Januar 1971 hatten die OPEC-Länder auf ihrer Konferenz in Teheran eine Preiserhöhung um 35 Cents je Barrel Rohöl beschlossen, eine Steigerungsrate, die heute lächerlich gering erscheint, aber damals als astronomisch galt. Im August 1971 dann, angesichts eines Rekorddefizits der amerikanischen Handelsbilanz, setzte Richard Nixons Finanzminister Conally über Nacht die Golddeckung des Dollars außer Kraft. Damit erhielt das Währungssystem von Bretton Woods, das die Weltkonjunktur der Jahrzehnte nach dem Krieg ermöglicht hatte, den Todesstoß. Es war ein System der festen Wechselkurse gewesen, die langfristige Auslands-Investitionen mit sicher zu kalkulierenden Renditen erlaubte. Mit dem nun einsetzenden Floaten der Währungen schwand solche Sicherheit dahin. Um ihr Handelsdefizit abzubauen, führten die USA eine zehnprozentige Importsteuer ein. Überall wurde der Ruf nach Protektionismus laut, der freie Welthandel schien gefährdet, zumal die Entwicklungsländer immer dringlicher eine Reform des Weltwirtschaftssystems durch die UNO forderten.

Brzezinski entwickelte ein Konzept, wie der Verunsicherung zu steuern sei: Er propagierte die verstärkte Zusammenarbeit der drei entwickelten Industrieregionen der kapitalistischen Welt. Nur eine große gemeinsame Anstrengung Nordamerikas, Westeuropas und Japans, eine Art trilaterale, konzertierte Aktion könne die Gefahr bannen, das Weltwährungssystem reformieren und den Welthandel durch einen Kompromiß zwischen den Interessen der reichen Nord- und der armen Südländer retten. David Rockefeller, dessen vielseitige Verbindungen und politische Kontakte im Welthandelszentrum New York ihn zu einem inoffiziellen Sprecher der Multis hatte avancieren lassen, fand Gefallen an Brzezinskis Ideen und schritt zur Tat. Die wahrscheinlich einflußreichste multinationale Denk- und Diskussionsfabrik der jüngsten Geschichte wurde aus der Taufe gehoben. Ihr Name: The Trilateral Commission. Einer der erwählten Amerikaner war James Earl Carter, der Gouverneur von Georgia, den David Rockefeller im November 1971 beim Lunch kennengelernt hatte.

Die Entstehungsgeschichte dieser Kommission und die Mitgliedschaft des späteren Präsidenten begünstigten Verschwörungstheorien von links wie rechts. Die Linke sah in den Trilateralen geradezu ein Paradebeispiel für die geschickte Steuerung der amerikanischen Politik durch die Interessen des Monopolkapitals. Auch den erzkonservativen Republikanern, die den harten Kern der Goldwater- und Reagan-Anhänger ausmachten und den großen Konzernen seit eh und je mißtrauten, war die Kommission verdächtig. Den liberal-konservativen Rockefellers in New York trauten diese Urkonservativen aus dem Westen ohnehin die schlimmsten Sünden zu, deren das Ostküsten-Establishment fähig war – selbst eine kapitalistische Verschwörung zwischen den Liberalen und den Multis mit dem Ziel einer dirigistischen Weltregierung. Der eine Vorwurf ist so lächerlich wie der andere töricht. Die trilaterale Kommission erarbeitet Empfehlungen zu besonderen Problemkreisen, aber ihre Berichte enthalten keinesfalls neue, kohärente Strategien. Tatsache freilich ist, daß führende Männer der neuen Administration sich in der Kommission kennenlernten und näherkamen. Außer für Carter schrieb Zbigniew Brzezinski außenpolitische Reden für den zweiten präsidentschaftsverdächtigen Demokraten unter den Trilateralen: Walter, genannt Fritz, Mondale, einen liberalen Senator aus Minnesota, der später als Carters Vize diente. Unbestritten ist weiter, daß neben Präsident, Vizepräsident und Sicherheitsberater drei weitere Schlüsselfiguren der neuen Regierung von den Trilateralen kamen: Außenminister Cyrus Vance, Finanz- und Schatzminister Michael Blumenthal und Paul Warnke, SALT-II-Unterhändler und Chef der Abrüstungsbehörde.

50

Die gemeinsame Zeit bei den Trilateralen legt zwei Schlußfolgerungen nahe: einmal, daß Zbigniew Brzezinskis Einfluß auf die Artikulation amerikanischer Außenpolitik unter Jimmy Carter kaum zu unterschätzen war. Und zweitens, daß die Mitglieder eines Teams, die einander über Jahre auf Konferenzen und in Diskussionen kennengelernt hatten, bestens hätten präpariert sein müssen, eine in sich stimmige Außenpolitik zu entwickeln und umzusetzen. Die erste Folgerung trifft zu, die zweite wurde schon bald nach Carters Amtsantritt durch eine Fülle verwirrender Signale, schriller Dissonanzen und durch Dilettantismus widerlegt.

Die zentrale Rolle, welche die Menschenrechte und die Öffnung Amerikas zur Dritten Welt in der Anfangsphase der Carterschen Außenpolitik spielten, haben mit einer Art kapitalistischer Urangst zu tun, die Brzezinski in einem Aufsatz in der Zeitschrift »Foreign Policy« 1976 auf die Formel brachte, Amerika drohe das Schicksal des »Kapitalismus in einem Land«. Was die Sowjetunion wegen des Ausbleibens der Weltrevolution in den Stalinismus getrieben habe – der Sozialismus in einem Land, die totale Isolierung des Sowjetstaats in einer kapitalistisch bestimmten Welt – könnte Amerika gegen Ende des 20. Jahrhunderts widerfahren. Die USA drohten zu einer kapitalistischen Insel in einem sozialistischen Meer zu werden. Nach dieser Analyse waren die Grundwerte der amerikanischen Gesellschaftsphilosophie – Individualismus und bürgerliche Freiheiten, so wenig Staat wie möglich, freies Unternehmertum und ein durch den New Deal nur bedingt eingeschränktes laissez-faire – weltweit auf dem Rückzug. Selbst die direkten Nachbarn der USA, Mexiko und Kanada, scheuten vor massiven staatlichen Eingriffen in die Wirtschaft nicht zurück, und wichtige Wirtschaftszweige in europäischen NATO-Ländern seien längst sozialisiert. An anderer Stelle verglich Brzezinski die drohende Isolierung Amerikas mit seiner Stellung nach dem Zweiten Weltkrieg, als die USA, getreu der eigenen revolutionären und antikolonialistischen Tradition, ihre europäischen Verbündeten zur Liquidierung ihrer riesigen Kolonialreiche gezwungen hatten. Damals habe sich Amerika im Einklang mit einer sich wandelnden Welt befunden. Männer wie Nehru und Suharto hätten nach Washington, nicht nach Moskau geblickt.

Für die Politik der neuen Administration ergaben sich aus solchen Überlegungen Tastversuche nach einer globalen Rahmenordnung für Süd und Nord. »Um Amerika vor der Isolierung zu bewahren«, erklärte Brzezinski noch im Dezember 1978 gegenüber James Reston von der »New York Times«, »müssen wir uns aktiv darum bemühen, breite und neuartige globale Institutionen sowie gerechtere Strukturen für eine weltweite Zusammenarbeit zu schaffen.« Das war eine im Ansatz aufgeklärte Politik, die den Polyzentrismus der Machtverhältnisse in Rechnung stellte und den Entwicklungsländern das Recht auf eigene Wege einräumte. Nicht jede sozialrevolutionäre Bewegung in irgendeinem Land der Dritten Welt galt nun automatisch als Agent Moskaus oder Kubas. Das Verhältnis zu den Vereinten Nationen, unter Kissinger gespannt und feindselig, wurde auf eine neue, rationalere Basis gestellt. Das Eintreten für die Menschenrechte bedingte kritische Distanz zum rassistischen Regime in Südafrika und half, nicht nur das Mißtrauen der schwarzafrikanischen Staaten abzubauen.

Sicher war Carters Politik der Menschenrechte als moralische Offensive konzipiert, aber sie diente zugleich der Verankerung amerikanischer Außenpolitik an der Basis im eigenen Land. Der Welt draußen bot er, wie er meinte, das Bild vom wahren, authentischen Amerika, das nicht ausschließlich verschiedenen Machtinteressen gehorcht. Den Amerikanern im Lande verschaffte er die Möglichkeit von Identifikation mit den besten Grundüberzeugungen der eigenen Tradition, und er rührte damit an eine Sehnsucht, die im amerikanischen Volk tief verankert ist und religiöse Wurzeln hat. Nur für eine anerkannt gute, über jeden Zweifel erhabene, gerechte Sache hatte sich die Massendemokratie USA ja in den Zweiten Weltkrieg führen lassen – eine Haltung, die konsequent zu der Forderung nach bedingungsloser Kapitulation der Achsenmächte geführt hatte.

»Wenn wir Krieg führen«, so Seymour Martin Lipset,

»dann tun wir das aus moralischer Überzeugung; wir kämpfen für das Recht und gegen das Böse, für Gott und gegen den Teufel. In einem Konflikt zwischen Gut und Böse gibt es keinen Kompromiß.« Die moralische Komponente in der amerikanischen Außenpolitik, keine Erscheinung jüngsten Datums, führt der Soziologe auf die vielen protestantischen Sekten im Lande zurück, die – im Gegensatz zu Katholiken, Anglikanern oder Lutheranern – stets ihre völlige Unabhängigkeit gegenüber dem Staat behauptet haben. Eine Ehe zwischen Thron und Altar, ein Gleichklang der Interessen von Kirche und Herrschenden habe es weder bei Puritanern, Methodisten, Baptisten, noch bei den zahllosen anderen amerikanischen Sekten gegeben – »statt dessen beharrten sie stets darauf, daß ihre Gemeindemitglieder ausschließlich dem eigenen Gewissen und nicht der Politik des Staates« unterworfen seien.

Die Cartersche Menschenrechtspolitik entsprach auch einer Grundstimmung der Wehmut, mit der sich das Amerika der Nach-Vietnam-Ära jenes ersten Nachkriegs-Jahrzehnts erinnerte, in dem hehre Ideale und eigene Machtbehauptung, Marshallplan und NATO-Gründung, Carepakete und die Strategie der Eindämmung anscheinend nahtlos ineinander gepaßt hatten. Carter gedachte an diese wundersame Zeit des Einklangs von moralischer Absolutheit und praktischer Politik anzuknüpfen, doch was er als neue politische Maxime verkündete, war von den Abgeordneten des Repräsentantenhauses vorgeplant. Schon 1973 hatte der Kongreß in ersten Signalen an die Regierung verlangt, der Präsident solle die Wirtschafts- und Militärhilfe an alle jene Staaten einstellen, die ihre eigenen Bürger »aus politischen Gründen internieren oder ins Gefängnis werfen«. Anfang 1974 setzte ein Unterausschuß im Kongreß die ersten Hearings über Menschenrechtsverletzungen an. Schließlich paukten beide Häuser des Kongresses Gesetze durch, welche die Regierung verpflichteten, die Sache der *human rights* im Ausland zu fördern und allen Staaten Hilfe zu entziehen, die sich nachweislich Verstöße gegen die Menschenrechte zuschulden kommen ließen – es sei denn, die Mittel kämen direkt Bedürftigen in diesen Ländern zugute. Zugleich wurde das State Department beauftragt, jährlich einen Bericht über die Beachtung der Menschenrechte in allen von den USA unterstützten Ländern vorzulegen.

Es ist gewiß nicht ohne Ironie, daß die einschlägigen Gesetze, welche die Cartersche Menschenrechtspolitik vorwegnehmen und ihr eine juristische Grundlage geben sollten, ausgerechnet von Präsident Gerald Ford vier Wochen vor Ende seiner Amtszeit, am 20. Dezember 1976, unterzeichnet wurden. Carters Aufbruch zu neuen Ufern war also von anderen längst vorbereitet, der neue Apostel der Menschenrechte entpuppte sich als ein rechtes Kind des Zeitgeists. Und der amerikanische Zeitgeist dieser Jahre war es nun einmal leid, stets die falschen Bundesgenossen zu haben und mit blutigen Diktatoren à la Somoza alliiert zu sein.

In der Praxis zeigte sich freilich bald, daß eine Politik der Menschenrechte, die sich nicht auf schöne Reden zum Fenster hinaus beschränkte, die Regierung vor unlösbare Probleme stellen mußte. Da gab es zunächst einen gespaltenen Erwartungshorizont im eigenen Land. Die eher linksorientierten Wähler wünschten natürlich Sanktionen vor allem gegen rechtsautoritäre Regimes wie in Chile oder Argentinien, konservative Gruppen dagegen drängten auf drakonische Strafaktionen gegen die Sowjetunion und ihre Verbündeten. Und nach außen mußte konsequentes Eintreten für die Menschenrechte gleich zu einer ganzen Serie von Komplikationen und zu wachsenden Spannungen führen. Die größte Komplikation bestand darin, daß ein Staat, der einen anderen wegen Menschenrechtsverletzungen an den Pranger stellt, selbst gegen das Gebot der Nichteinmischung in die inneren Angelegenheiten verstößt. Mochte er sich dabei noch so sehr auf die Menschenrechts-Charta der Vereinten Nationen oder die Schlußakte von Helsinki berufen, die Betroffenen würden stets behaupten, die gegen sie gerichtete Menschenrechtskampagne sei ein gezielter Versuch zur inneren Destabilisierung. Als weitere Komplikation trat hinzu, daß eine Menschenrechtspolitik, die konsequent gegen einen Gegenspieler wie die Sowjetunion eingesetzt würde, einer anderen Grundlinie der Carterschen Außenpolitik zuwiderlaufen mußte, die auf Kooperation angelegt war und Partnerschaft auf dem Gebiet der Rüstungskontrolle, der Nichtweiterverbreitung von Atomwaffen, aber auch für das angestrebte globale Rahmenwerk für die Nord-Süd-Problematik suchte. Konsequente Anwendung im eigenen Lager wiederum machte Auseinandersetzungen mit Männern und Regimes unausweichlich, die seit Jahrzehnten zu den zuverlässigsten Alliierten der USA zählten, vom Schah über Somoza bis hin zu Präsident Marcos auf den Philippinen. Die bequemste Lösung schließlich – nur die Gegner anzuklagen, aber die Freunde mit Blick auf die eigenen strategischen Interessen zu schonen – verbot sich ebenfalls, denn eine solche Haltung hätte der Regierung den berechtigten Vorwurf der Heuchelei und einer doppelten Moral eingetragen. Kurzum: Eine Außenpolitik, die vornehmlich auf die Verwirklichung der Menschenrechte zielte, steckte nicht nur voller Fallen und Widersprüche, sie erforderte vor allem eine geschickte Hand.

Robert W. Tucker von der Johns Hopkins University verwarf den neuen Ansatz in Bausch und Bogen als überzogen optimistisch und wenig durchdacht. »Es geht nicht so sehr darum«, schrieb er in einer vernichtenden Abrechnung mit der Carterschen Außenpolitik in der Zeitschrift »Foreign Affairs«, »ob diese Betonung der Menschenrechte politischem Kalkül oder philosophischer Überzeugung entsprang. Wahrscheinlich steckte von beidem etwas drin, und dazu kam noch der Wunsch, etwas völlig anderes zu machen, um sich eine besondere Identität zuzulegen. Hervorstechend ist vor allem die Annahme, daß diese Politik sich nach innen wie nach außen auszahlen und dabei wenig oder gar nichts kosten würde. Jedenfalls gibt es kaum Anzeichen dafür, daß am Anfang je über den Konflikt nachgedacht worden wäre, der zwischen einer noch so vorsichtig und geschickt geführten Politik der Menschenrechte und der Sicherung jener strategischen Interessen aufbrechen würde, denen sich die Regierung verpflichtet wußte.«

Wie schwer eine Politik der Menschenrechte mit einer rationalen, auf Ausgleich mit der Sowjetunion bedachten Außenpolitik zu vereinbaren war, erlebte Jimmy Carter unmittelbar nach Amtsantritt. Schon in seinem Glückwunschschreiben an den neuen Präsidenten hatte Leonid

Breschnew vorsorglich betont, das Prinzip der Nichteinmischung in die internen Angelegenheiten der anderen Seite müsse Grundlage jedes Geschäfts zwischen den Supermächten bleiben. Im ersten Gespräch mit Sowjetbotschafter Anatoly Dobrynin im Weißen Haus kam der Präsident darauf zurück: »Ich machte unmißverständlich klar«, erinnert sich Carter, »daß wir nicht daran dächten, uns in die inneren Angelegenheiten der Sowjetunion einzumischen, dabei aber von der Erwartung ausgingen, daß alle existierenden Abmachungen eingehalten würden einschließlich jener, welche die Menschenrechte betrafen ... Dobrynin antwortete mit dem Anflug eines Lächelns, daß unsere Nationen verschiedene Wertvorstellungen hätten. So nahm er für sich in Anspruch, daß in der Sowjetunion keiner ohne Arbeit sei und es keine Diskriminierung von Frauen gebe.« Es spricht zwar für die Lernfähigkeit der Regierung Carter, aber ist doch nicht ohne Ironie, daß ausgerechnet Carters UNO-Botschafter Andrew Young wenige Monate nach diesem Schlagabtausch den Botschafter Leonid Breschnews öffentlich unterstützen sollte. Bürgerliche und politische Freiheiten, so Young, stellten für den größten Teil der Menschheit, der unter Armut und Hunger leide, Luxusziele dar, die in ferner Zukunft lägen. Die Vereinigten Staaten müßten anerkennen, daß auf der Welt verschiedene, einander gleichwertige Auffassungen von den Menschenrechten existierten. »Die Sowjets«, so Young wörtlich, »haben eine völlig andere Konzeption; sie begreifen sie nicht als bürgerlich-politische, sondern als wirtschaftliche Rechte.« Für Carter kam solche Einsicht freilich spät.

Mitte Februar 1977 schrieb er einen Brief an den prominenten Physiker, Dissidenten und Bürgerrechtler Sacharow und versprach, sich für die Sache der Menschenrechte in der Sowjetunion einzusetzen. Das Foto eines glückstrahlenden Sacharow, der den Brief des amerikanischen Präsidenten in Moskau vor der Kamera schwenkt, machte seinen Weg durch die Weltpresse. Wollte Breschnew-Nachfolger Juri Andropow im Sommer 1983 Gleiches mit Gleichem vergelten, dann liefe das in etwa auf ein Schreiben des Kreml-Chefs an die Arbeits- und Obdachlosen von Detroit heraus, in dem er feierlich verspräche, sich in

Washington für ihr Recht auf Arbeit und menschenwürdige Unterkunft einzusetzen.

In seinem zweiten, schon bewußt in brüskem Ton abgefaßten Brief vom 25. Februar monierte Breschnew denn auch prompt die Korrespondenz Carters mit Sacharow und bezeichnete diesen als Renegaten, der von sich selbst behaupte, ein Feind des Sowjetstaats zu sein. Inwieweit Carters Brief an Sacharow direkt dafür verantwortlich zu machen ist, daß die Gespräche zwischen beiden Supermächten über SALT II nur schleppend in Gang kamen, läßt sich wahrscheinlich nie genau aufklären. Wenn die Verhandlungen über ein neues Abkommen zur strategischen Rüstungskontrolle ins Stocken gerieten, dann lag das wohl eher daran, daß Carter die bedächtig und konservativ feilschenden Gerontokraten im Kreml durch einen Überraschungscoup verwirrt hatte, indem er den radikalen Abbau der gegenseitig existierenden Vernichtungsarsenale forderte. Die mißtrauischen alten Männer im Kreml empfanden dieses Abweichen vom konventionellen Verhandlungspfad entweder als unseriös oder sie witterten irgendeinen Trick, mit dem Washington sich einseitig Vorteile sichern wollte. Jedenfalls erfuhr Carter, daß sprunghaft neue Wege einzuschlagen und auf Kontinuität des Verhandelns zwischen den Weltmächten zu verzichten, im Kreml als äußerst unfein gilt. So gingen auf dem entscheidenden Gebiet der strategischen Rüstungskontrolle wichtige Monate verloren, was sich 1980 dann bitter rächen sollte. SALT II wurde spät – im Frühsommer 1979 – in Wien unterzeichnet und nach der sowjetischen Intervention in Afghanistan nie vom Senat ratifiziert. Carters Brief an den Dissidenten Sacharow hatte erheblich zur Verschlechterung des sowjetisch-amerikanischen Klimas beigetragen und die Zweifel Moskaus am Verhandlungswillen des amerikanischen Präsidenten verstärkt.

Die Frage, ob die Politik der Menschenrechte Jimmy Carters insgesamt ein Fehlschlag war, ist damit freilich längst nicht beantwortet. Zunächst gebietet die Gerechtigkeit festzustellen, daß Carter selbst sich nie der Hoffnung hingegeben hat, er könne durch seine moralische Offensive Menschenrechtsverletzungen in kommunistischen Ländern abrupt stoppen. Dem Präsidenten war sehr wohl klar, daß er im Lager der politischen Gegner nicht viel mehr als eine Schärfung des Problembewußtseins bewirken konnte. Dissidenten wie Alexander Ginsburg, Georgy Vins oder Samuel Kusnetzow, die er nach ihrer Ausreise aus der Sowjetunion im Weißen Haus empfing, bestärkten ihn darin, den moralischen Druck auf das gegnerische Lager aufrechtzuerhalten, weil er damit Zeichen der Hoffnung setze, Solidarität bekunde, den Selbstbehauptungswillen stärke und zum Ausharren ermuntere.

Carter selbst führt als, wenn auch bescheidenes, Erfolgskriterium die wachsende Zahl der Juden ins Feld, denen die Ausreise aus der Sowjetunion gestattet wurde. Sie kletterte von 14261 im Jahre 1976 auf 51320 im Jahre 1979. Nach der Invasion Afghanistans durch sowjetische Truppen und der Antwort, die Carter darauf gab – Olympiaboykott und Getreideembargo – fiel sie jäh auf 9447 im Jahre 1981 ab. Den Schwerpunkt seiner Menschenrechtspolitik wollte Carter bei den autoritären Freunden im eigenen Lager setzen. »Zumindest in diesen Ländern war es nicht möglich, alle Verstöße gegen die Menschenrechte geheimzuhalten. Eine Verurteilung durch die Weltöffentlichkeit und unser eigener Einfluß müßten dort mehr Wirkungen erzielen als in kommunistischen Ländern«, schrieb Carter und fuhr fort: »Ich war entschlossen, die Unterstützung unserer mehr autoritären Freunde von der Förderung der Menschenrechte in deren Ländern abhängig zu machen.« Daß ihm selbst dabei sehr enge Grenzen gezogen waren, sollte sich bald zeigen.

So lief 1977 die Hilfe für Südkorea, Indonesien und die Philippinen trotz klar nachzuweisender schwerer Verstöße gegen die Menschenrechte ungekürzt weiter. Als Grund benannte das State Department dem aufbegehrenden Kongreß »übergeordnete Sicherheitsinteressen«. Auf die Gefahr hin, der Heuchelei bezichtigt zu werden, entschied sich Außenminister Vance zu einem pragmatischen Vorgehen. Die Androhung des Hilfs- oder Liebesentzugs durch die Großmacht wollte er selektiv handhaben, und damit schwankte die Balance zwischen Menschenrecht und Geopolitik plötzlich von Land zu Land. Was Vance mit dieser selektiven Politik erreichte, nimmt sich eher bescheiden aus. Chile hob 1978 den Belagerungszustand auf. Präsident Mobuto von Zaire erklärte eine Amnestie für politische Gefangene, weil die USA sonst den Lufttransport französischer Fallschirmjäger zum Schutz der von einer Invasion bedrohten Kongoprovinz verweigert hätten. Haiti, Paraguay, Argentinien und Peru ließen einige politische Gefangene frei, und in den letzten Jahren vor seinem Sturz legte Schah Reza Pahlevi dem Geheimdienst Savak Zügel an. Konservative Kritiker Carters behaupteten später, amerikanischer Druck habe den Schah im falschen Moment zu Liberalisierungsmaßnahmen gezwungen, die den Zerfall der westlichen Machtbastion beschleunigt hätten. Der Vorwurf zielt am Kern des Sachverhalts vorbei. Wahr ist vielmehr, daß Amerika fast ein Jahrzehnt nicht hatte wahrnehmen wollen, mit welchen Mitteln sein Regionalstatthalter am Golf die Macht nach innen behauptete. Es war vor allem Unkenntnis über den wahren Charakter des Schahregimes, die Washington zur Fehleinschätzung der inneren Stabilität des Iran verführte. Auf diese falsche Einschätzung geht letztlich eine verfehlte Politik gegenüber dem Schah zurück, die lange vor Jimmy Carter begann. Als sich die Situation im Iran in seiner Amtszeit dann dramatisch zuspitzte und Amerika den Zusammenbruch eines Eckpfeilers amerikanischer Außenpolitik nahezu tatenlos hinnehmen mußte, büßte Jimmy Carter nur zum Teil für eigene Schuld.

Der tiefgreifende Schock, der dem Verlust des Iran folgte, das Erlebnis der Ohnmacht in dem mehr als ein Jahr währenden Geiseldrama ließen über Nacht in Vergessenheit geraten, daß die Cartersche Außenpolitik der ersten Jahre einem rationalen Ansatz folgte und drei unstreitige Erfolge brachte. Der erste außenpolitische Triumph, der in Europa gelegentlich unterschätzt wird, gelang der neuen Regierung mit dem Abschluß der Verträge über den Panamakanal. Mit dem Verzicht auf die Hoheitsrechte über die Kanalzone nahm Washington demonstrativ Abschied von einem Stück Kolonialgeschichte und setzte damit ein Zeichen für ganz Lateinamerika. Der Kampf um diese Verträge im Senat war unerhört schwer, erforderte den ganzen Einsatz der Regierung und weckte Erinnerungen an die erbitterten Duelle, die sich Regierung und Opposition im deutschen Bundestag einst um die Ostverträge geliefert hatten. Gerade das Thema Panamakanal riß viele Amerikaner zu patriotischen Gefühlsausbrüchen hin. Der Bau des Kanals am Anfang des Jahrhunderts entsprach den seestrategischen Interessen der heranwachsenden Großmacht zwischen zwei Ozeanen und galt als die technische Großtat jener Zeit, vergleichbar nur der ersten menschlichen Landung auf dem Mond. Doch die politischen Begleitumstände, die ihn ermöglichten, wertete ganz Lateinamerika zu Recht als klassisches Beispiel für einen besonders brutalen kolonialistischen Zugriff, von dem in den patriotischen Geschichtsbüchern Amerikas wenig zu lesen stand. Weil nämlich die unabhängige Republik Kolumbien sich damals weigerte, einen den USA genehmen Vertrag über den Bau des Kanals abzuschließen, ermunterte Präsident Theodore Roosevelt, der »rauhe Reiter« von Kuba, die Provinz Panama zur Sezession. Gegen ganze 10 Millionen Dollar gewährte die von US-Subsidien abhängige neugeschaffene Republik dann im Vertrag von 1903 den USA die immerwährenden Souveränitätsrechte über einen 10 Meilen breiten Streifen Land zwischen den Meeren. Die amerikanischen Gerichtshöfe und Gefängnisse der Kanalzone, die amerikanischen Militärschulen und Polizeihauptquartiere in ganz Lateinamerika wurden Symbole des verhaßten und leidenschaftlich bekämpften Yankee-Imperialismus. Seit 1964, als heftige Unruhen in der Kanalzone über 20 Todesopfer forderten, hatten alle amerikanischen Regierungen versucht, den panamesischen Unwillen gegen die ungleichen Verträge von 1903 zu entschärfen – ohne Erfolg. Was die Regierung Carter schließlich durchsetzte, markiert also das Ende jahrzehntelanger Bemühungen und konnte sich durchaus sehen lassen. Erst für das Jahr 2000 überträgt der neue Vertrag der Republik Panama die ausschließliche Souveränität über die Kanalzone. Da er beide Partner verpflichtet, die Neutralität des Kanals gegen jeden Angriff zu verteidigen, haben sich die USA praktisch ein ständiges Interventionsrecht für das 21. Jahrhundert gesichert. Die konservative Opposition kämpfte gegen diesen angeblichen »politischen Ausverkauf« mit dem Schlachtruf Ronald Reagans: »Wir haben das Land gekauft, wir haben dafür bezahlt, also gehört es uns.« Carter tat nur das längst Überfällige, ohne ein Jota der strategischen Interessen der Nation zu opfern. Daß der von ihm geschlossene Vertrag in Wahrheit ein neokolonialistisches Meisterwerk ist, wird der Amtsnachfolger im Weißen Haus inzwischen längst zu schätzen wissen.

Zum bedeutendsten außenpolitischen Erfolg seiner Amtszeit geriet Carter dann das Abkommen von Camp David, das den Weg für den ersten Friedensvertrag zwischen Israel und einem seiner arabischen Nachbarn freimachen sollte. Sicher haben Historiker recht, wenn sie darauf verweisen, daß dieser Triumph ohne die totale Abkehr von seiner ursprünglichen Nahostpolitik unmöglich gewesen wäre. Aber Tatsache bleibt, daß der ägyptisch-israelische Frieden vor allem Carters beispiellosem persönlichen Einsatz und seinem unerhörten Mut zum Risiko zu verdanken ist. Vergleichbar einem Spieler, der alles auf eine Karte setzt, warf Carter sein ganzes persönliches Prestige, aber auch das Ansehen der Institution in die Waagschale. Später galt er als Paradebeispiel eines Mannes ohne Fortune. Als es in Camp David um den Frieden ging, gewann er das Spiel.

Sicher hatte seine Regierung am Anfang andere Wege gehen wollen. Sie suchte nach einer umfassenden Lösung für den Nahen Osten, die ohne Einbeziehung Syriens und der PLO undenkbar war. In einem gemeinsamen amerikanisch-sowjetischen Kommuniqué vom 1. Oktober 1977 wurde deshalb die Wiedereinberufung der Genfer Nahostkonferenz gefordert. Nicht nur die Israelis werteten diese Absicht als Alarmsignal. Vor allem Sadat, der die Sowjets 1972 aus Ägypten hinausgeworfen hatte, empfand sie als Schlag ins Gesicht. Mit seiner dramatischen Reise nach Jerusalem unterlief er die Bemühungen Washingtons, die Mithilfe der Sowjets für eine Nahostlösung zu suchen. Die Regierung Carter freilich reagierte ebenso schnell wie geschickt auf die neu geschaffene Lage, indem sie sich an die

Spitze der Entwicklung setzte. Praktisch führte Carter damit fort, was einst Kissinger begonnen hatte. Die Einsicht, daß ausschließlich Amerika über genügend Macht verfügte, um auf die Politik Israels entscheidenden Einfluß zu nehmen, hatte seinerzeit Sadat bewogen, die sowjetischen Militärberater des Landes zu verweisen. Auf dieser von Kissinger gelegten Basis folgte nun der zweite Schritt: Carter konnte Frieden stiften zwischen Ägyptern und Israelis, weil Amerika Jerusalem Sicherheits- und Hilfsgarantien bot, die es die Räumung des Sinai verschmerzen ließ. Europäische Kritiker haben von Anfang an darauf hingewiesen, daß die Rahmenabmachungen von Camp David, die dem palästinensischen Volk schrittweise Autonomie und Selbstbestimmung einräumen sollten, nicht viel mehr als ein Feigenblatt für einen israelisch-ägyptischen Separatfrieden darstelle und daß Menachim Begin diesen zweiten Teil des Abkommens schlicht mißachten werde. Auch wenn dieser Einwand zum Teil berechtigt ist, kommt Carter doch ein unstreitiges Verdienst zu: Die Gefahr eines neuen israelisch-arabischen Waffengangs scheint gebannt. Solange der Nahe Osten ein Pulverfaß für die Weltpolitik bleibt, ist der Weltfrieden durch Camp David zumindest ein bißchen sicherer geworden.

Der dritte große Erfolg, den Jimmy Carter außenpolitisch für sich buchen konnte, ist die Normalisierung der Beziehungen zu China. Sicher schrieb Carter auch hier im wesentlichen fort, was die vorangegangene Administration begonnen hatte, doch er tat dies mit der nötigen Konsequenz. Zwar mag man darüber streiten, ob der Zeitpunkt richtig gewählt und ob es ratsam war, volle diplomatische Beziehungen zu China vor dem Abschluß eines neuen SALT-Abkommens herzustellen. Es fehlte damals vor allem in Europa nicht an warnenden Stimmen, die darauf hinwiesen, daß ein Paktieren mit China die Sowjets vor den Kopf stoßen und einen neuen SALT-Vertrag gefährden werde. Carter freilich dachte genau umgekehrt: »Einige der Senatoren, von denen bekannt war, daß sie einem SALT-II-Vertrag mit der Sowjetunion skeptisch gegenüberstünden, hatten der Hoffnung Ausdruck gegeben, daß wir bessere Beziehungen zu China entwickeln sollten. Ich glaubte deshalb«, erinnert sich Carter, »daß die Unterstützung des Kongresses für bessere Beziehungen sowohl mit der Sowjetunion als auch mit der Volksrepublik China stärker sei, wenn die beiden Schritte in Richtung Frieden sich kombinieren ließen – ein Vertrag über SALT II mit den Sowjets und die Normalisierung mit den Chinesen.« Wenn europäische Kritiker meinen, die Regierung Carter habe nicht rechtzeitig erkannt, daß ihre China-Politik das zentrale Ost-West-Verhältnis, die Beziehungen zu Moskau, belasten würde, dann irren sie. Die damalige Administration war sich über die möglichen Komplikationen durchaus im klaren, aber sie sah sich schon damals einer wachsenden Opposition auf dem Capitol gegen einen neuen Vertrag mit Moskau konfrontiert, die sie durch das Abkommen mit Peking zu besänftigen suchte. Carters Kalkül zielte also auf den Kongreß, und das Ergebnis hat letztlich die Kritiker widerlegt: Die Normalisierung der Beziehungen zu China hat die Unterzeichnung eines neuen SALT-Abkommens nicht verhindert, sondern nur um einige Monate verzögert.

Daß die Russen außerordentlich nervös reagierten, belegt ein Brief Breschnews, der wenige Tage vor dem Besuch Deng Xiaopings im Weißen Haus eintraf und die Amerikaner davor warnte, den Chinesen Waffen zu liefern. Wenn es noch eines Beweises dafür bedurft hätte, daß die sowjetische Haltung gegenüber allem, was China betraf, von Besessenheit geprägt war, dann lieferte ihn Leonid Breschnew persönlich. Carter sprach von einer »beinahe paranoischen Reaktion«. In der Tat nutzte Deng Xiaoping nahezu jeden Auftritt vor amerikanischen Fernsehkameras, die Sowjets als Imperialisten, Kolonialisten oder, wie er am liebsten formulierte, als Hegemonisten an den Pranger zu stellen. Washington begegnete aufgebrachten russischen Kommentaren mit der Versicherung, es werde die Beziehungen zu den beiden kommunistischen Großmächten gleichgewichtig handhaben.

Die Normalisierung des Verhältnisses zu Peking, dessen Stimme Gewicht und Einfluß in der Dritten Welt hat, versetzte die Vereinigten Staaten in eine einzigartige, vorteilhafte Lage: Gemeinsam operierten Chinesen und Amerikaner nun in Asien und Afrika, um sowjetischer Durchdringung oder Expansion Einhalt zu gebieten. Die Sowjets sahen sich nicht nur eingekreist, sie gerieten in Asien und Afrika zunehmend in die Isolation. Welch unschätzbarer Stellenwert dem neu gewonnenen Verhältnis Washingtons zu China zuzumessen war, sollte sich nach dem Sturz des Schah und nach dem russischen Einmarsch in Afghanistan erweisen: Die verlorenen elektronischen Abhörstationen, mit denen die USA von der Grenze des Iran aus jahrelang sowjetische Raketenstarts im asiatischen Teil der UdSSR verfolgt hatten, wurden im chinesischen Sinkiang neu aufgebaut. Amerikanisch-chinesische Arbeitsteilung gibt es bis heute in Afghanistan: Die Chinesen liefern die Waffen für die Rebellen, die Amerikaner sichern ihre Nachschubbasen durch Finanz- und Militärhilfe für Pakistan. Die Öffnung zu China brachte die Krönung einer Politik, die bewußt der Vielfalt, dem Polyzentrismus in der Welt Rechnung tragen, die Amerika aus der einseitigen Fixierung gegenüber Moskau lösen und eine neue globale Rolle zuweisen wollte. Es war wahrlich kein dummes Konzept. Es bewies den Willen und die Entschlossenheit, der amerikanischen Außenpolitik eine über das tägliche Krisenmanagement hinausreichende Perspektive zu geben. Ohne das bittere, beinahe traumatische Erlebnis der Geiselnahme von Teheran, ohne dieses letzte, schmerzliche Jahr hätte Jimmy Carter um ein Haar zu jenen Präsidenten gezählt, denen außenpolitisch mehr gelungen ist als auf dem Felde der Innenpolitik.

4.
Iran und die Folgen

Als am frühen Morgen des 26. April 1980 der Präsident der Vereinigten Staaten vor die Fernsehkameras trat, um der Nation zu verkünden, daß eine Befreiungsaktion für die Geiseln in Teheran gescheitert war, schien es, als sei der Abstieg Amerikas als Weltmacht unaufhaltsam, ja nahezu vorprogrammiert. Carter sah übernächtigt und erschöpft aus. Gute drei Jahre im Amt hatten den Mann mit dem kunstvoll aufgesetzten Siegerlächeln um Jahre altern lassen. Wer ihn an diesem Morgen sah, wußte, daß sein politisches Schicksal besiegelt war. Nach dieser dramatischen Nacht vom 25. auf den 26. April machte er den Eindruck eines Gedemütigten und Geschlagenen, auch wenn er mannhaft in einer knappen Erklärung die volle Verantwortung für den Fehlschlag übernahm.

Die Nachricht vom Versagen in der Wüste südöstlich von Teheran traf das Land wie ein Schock. Die Nation hielt den Atem an. Es war schon schlimm genug, daß sich der bis an die Zähne gerüstete Gigant seit Monaten von ein paar reaktionären Mullahs verhöhnen und verspotten ließ. Noch schlimmer traf den Nationalstolz jetzt, daß Amerika sich da schwach gezeigt hatte, wo es sich ebenso unerreicht wie unfehlbar glaubte: auf dem Gebiet der Technik, in die es schon immer blindes Vertrauen setzte. Kritiker fragen bis heute, ob das gewagte Kommandounternehmen je hätte gelingen, ob 97 Elitesoldaten die Geiseln je aus dem besetzten Botschaftsgebäude heraus, außer Landes und in Sicherheit hätten bringen können. Der Verdacht, das Abenteuer hätte doch nur in einem blutigen Massaker enden können, ist bis heute nicht ausgeräumt, auch wenn die Planer der Befreiungsaktion versichern, alle Möglichkeiten so gründlich geprobt, geplant und bis ins einzelne genau durchgespielt zu haben, daß der Erfolg gewiß und gesichert schien. Auf den Gedanken, daß dieses prestigebeladene Unternehmen schon in der ersten Anlaufphase abzubrechen war, weil drei von acht Hubschraubern wegen Motorschaden und Hydraulikfehlern ausfielen, wären nicht einmal die Kassandras vom Dienst gekommen.

Das Geiseldrama von Teheran überschattete das letzte Jahr der Präsidentschaft Jimmy Carters, zehrte nahezu alle seine Kräfte auf und ließ ihn praktisch selbst zur Geisel werden. Der Wahltag 1980, der 4. November, an dem Ronald Reagan mit überwältigender Mehrheit zum neuen Präsidenten der USA gewählt wurde, war zugleich der erste Jahrestag der Geiselnahme in Teheran. Noch die letzte Nacht, die Carter im Weißen Haus verbrachte, war er damit beschäftigt, die Details jenes Handels zu überwachen, der 52 Amerikanern gegen die Überweisung von 12 Milliarden Dollar aus eingefrorenen iranischen Konten die Freiheit bringen sollte. Am 20. Januar 1981 um 11.00 Uhr morgens begann die feierliche Amtseinführung Ronald Reagans auf den Stufen des Capitols. Um 12.33 Uhr, Carter war schon nicht mehr Präsident und hatte dem Amtsnachfolger längst Glück gewünscht, übermittelte der Secret Service schließlich die erlösende Meldung, daß die erste Maschine mit Geiseln an Bord vom Flughafen Teheran abgehoben habe.

Als der Bestseller der Jahre 1977/78 wurde Paul Erdmanns »The Crash of 79«, der große Zusammenbruch von 1979, gehandelt, in dem äußerst spannend beschrieben wird, wie eine Auseinandersetzung zwischen den Ölgroßmächten Saudiarabien und Iran die Welt an den Rand des Abgrunds bringt. Erdmanns Story handelt von einem machtbesessenen Schah von Persien, der Wahnideen verfällt und Atombomben baut, um sich das Ölmonopol im Nahen Osten zu sichern und den Iran in den Rang einer Weltmacht zu heben. In der Tat brachte das Jahr 1979 einen großen Zusammenbruch – aber den des Schah-Regimes. Allerdings hatte Erdmann die Gründe für den Sturz des Königs der Könige und Herrn über alle Arier in seinem politischen Kriminalroman parodistisch treffend vorweg beschrieben, und George Ball, der langjährige Unterstaatssekretär im amerikanischen Außenministerium, bestätigt sie im nachhinein. Auch er sieht die Ursachen für den dramatischen Zerfall des Schah-Regimes vor allem im Größenwahn des Reza Pahlewi, der Persien zur fünftgrößten Nation der Erde machen wollte. Daß es freilich Amerikaner waren, die ihn in dieser Absicht bestärkten, unterstrich Ball in einem Memorandum an den Präsidenten, das vom 11. Dezember 1978 datiert. Da heißt es:»Wir haben mitgeholfen, den Schah zu dem zu machen, was er geworden ist. Wir haben seinen Hang zu grandiosen geopolitischen Vorstellungen genährt und ihm das Material geliefert, auf das er seine Phantasien stützen konnte.«

Die besonders engen Beziehungen zwischen dem Schah und den USA reichen in die frühen fünfziger Jahre zurück. Damals beauftragte Präsident Eisenhower den CIA, das nationalrevolutionäre Mossadeq-Regime zu stürzen und den Schah, der außer Landes geflohen war, wieder an die Macht zu bringen. Die Operation kostete nicht mehr als eine halbe Million Dollar und sicherte die Interessen der großen Erdölkonzerne. Politisch zeigte der dank amerikanischer Hilfe wieder inthronisierte Herrscher auf dem Pfauenthron sich zunächst wenig erkenntlich; er verfolgte eine Politik, die sich an den nationalen Interessen des Iran orientierte. Weil sich im Iran seit der gemeinsamen sowjetisch-britischen Besetzung im Zweiten Weltkrieg die Interessen des Westens und des Ostens kreuzten und das Land 2500 Kilometer Grenze mit der Sowjetunion teilt, war er um gute Beziehungen zu Moskau bemüht und versicherte, daß er fremde Stützpunkte auf iranischem Boden nicht dulden werde. Der Draht nach Moskau wurde von ihm auch dann weiter gepflegt, als er Anfang der siebziger Jahre deutlich näher an Washington heranrückte. Daß die Sowjetunion im Irak Fuß zu fassen begann und die radikalen Strömungen in der Golf-Region unterstützte, ließ den Schah nach Amerika blicken. Washington wiederum sah sich in diesen Jahren vor der Aufgabe, das durch den britischen Rückzug aus dem Nahen Osten entstandene Machtvakuum zu füllen. Vor dem Gedanken einer direkten militärischen Präsenz der USA in der Golf-Region schreckten Nixon und Kissinger freilich zurück, denn die traumatischen Erfahrungen von Vietnam verboten jetzt den Ausbau des weltweiten Stützpunkt-Systems. Im Sinne der Nixon-Doktrin, nach der die Eindämmung des Kommunismus befreundeten Mächten in der Region übertragen werden sollte, wurde nach Statthaltern gesucht, die die Interessen des Westens mit amerikanischer Hilfe wahren konnten. Für diese Rolle bot sich Schah Reza Pahlewi als geradezu idealer Partner an, doch stellte er zwei Bedingungen: Einmal sollten die Amerikaner die Kurden gegen den Irak unterstützen; zweitens hatten sie ihm für den Aufbau seiner Armee die modernsten Waffen zur Verfügung zu stellen. Die Explosion der Ölpreise 1973 versetzte den Schah in die Lage, eine Aufrüstung im großen Stil zu finanzieren, und Henry Kissinger erblickte darin die Chance, etliche Milliarden Dollar, die Amerika nun zusätzlich für Öl aus dem Nahen Osten zahlen mußte, wieder hereinzuholen. Der Handel war schnell perfekt. Kurdenführer Mustapha al-Barzani erhielt Dollars und amerikanische Militärberater, der Schah grünes Licht für sein gigantisches Rüstungsprogramm. Im Namen des Präsidenten wies Kissinger die Minister des Auswärtigen und der Verteidigung an, dem Iran die modernsten amerikanischen Düsenjäger des Typs F-14 und F-15 zu liefern, obschon der letztere sich noch im Entwicklungsstadium befand. Auch lasergelenkte Bomben, soeben erst an amerikanische Einheiten in Vietnam ausgeliefert, standen auf der Wunschliste Teherans. »In einem Stil, der deutlich mit der bisherigen amerikanischen Praxis brach, ordnete Kissinger an, daß die beiden Ministerien ohne Rücksicht auf ihr eigenes Urteil der iranischen Regierung zu liefern hätten, was sie begehrte«, schreibt George Ball und kommt zu dem Schluß: »Dem Schah oblag damit die letzte Entscheidung darüber, welche Rüstungsgüter er anschaffen wollte. Es ist klar, daß Nixon, als er den Schah zum Schutzherrn der westlichen Interessen in der gesamten Golf-Region salbte, ihn unwissentlich zu jenem Größenwahn ermunterte, der letztlich zu seinem Sturz beitragen sollte.« Wer dem Schah Zugang zu den modernsten technologischen Waffen im amerikanischen Arsenal verschaffte, handelte nach Ball wie ein Mann, der »einem notorischen Alkoholiker den Schlüssel zum größten Schnapsladen der Welt« überreicht.

Die entscheidende Ursache für den Sturz des Schah-Regimes ist freilich darin zu suchen, daß der Despot, der mit seiner hochgerüsteten Armee die Rolle der Vormacht am Golf anstrebte, nach innen ein konsequenter Reformer war. Schrittweise zunächst hatte er die Entmachtung der religiösen Führer angestrebt, den Einfluß des Islam zurückgedrängt und das Erziehungswesen wie die Justiz säkularisiert. Daß er eine Bodenreform durchsetzte, gab dem Konflikt mit den Ajatollahs zusätzliche Brisanz, denn die Geistlichen zählten zu den Großgrundbesitzern im Land. Die Spannung wuchs mit der Einführung der Gleichberechtigung der Frau, die gegen Buchstaben und Geist des Koran verstößt. Als er schließlich 1975 eine Kampagne gegen die Profitgier ins Leben rief und 7000 Händler sich vor Gericht verantworten mußten, brachte er den Bazar gegen sich auf. Das Wort Bazar steht für 60000 Ladenbesitzer und Handwerker in der iranischen Hauptstadt, ein wichtiges Element der iranischen Mittelklasse, das nun das Bündnis mit den Mullahs suchte.

Die schnelle Industrialisierung hatte Zehntausende von Wanderarbeitern vom Lande nach Teheran gelockt. Sie hofften auf Arbeit, vegetierten aber am Rande der großen Stadt zunächst in Armut dahin und boten sich den Mullahs geradezu als Partner an. Ohne Unterstützung durch die Armen am Rande der großen Stadt hätte der Koalition zwischen den Ajatollahs von Ghom und dem Bazar die Massenbasis gefehlt. Der Iran zeigte seit 1973 die klassischen Symptome einer überstürzten Entwicklung: War das Nationalprodukt bis dahin jährlich zwischen neun und zehn Prozent gestiegen, kletterte es von 1973 bis 1974 um 30,3, im nächsten Jahr gar um ganze 42 Prozent. Das rapide Wachstum stimulierte die Inflation und minderte das Realeinkommen der Arbeiter in den Erdölfeldern, deren Löhne festgezurrt blieben. Der Mangel an Facharbeitern und technischen Experten zog Fremde ins Land. Aus Amerika kamen vor allem Waffentechniker, aus Europa Ingenieure und Kaufleute. Weil sie alle deutlich mehr verdienten als Iraner in vergleichbaren Positionen, wuchs der Fremdenhaß. Damit waren alle Voraussetzungen für ein explosives Gemisch gegeben, das durch den zündenden Funken eine

Revolution in Gang setzen konnte, eine Entwicklung, die der Schah durch den verstärkten Zugriff seines brutalen Geheimdienstes Savak zu verhindern suchte. Nach Angaben von Schah-Gegnern saßen in iranischen Gefängnissen Mitte der siebziger Jahre mindestens 20000 politische Gefangene ein, der Schah bezifferte die Zahl dagegen auf nur 3000. Das hinderte Jimmy Carter, den Apostel der Menschenrechte, bei seinem Besuch Anfang 1978 nicht, den Iran als Säule der Stabilität im Mittleren Osten zu preisen.

Warum Amerika die Anzeichen der Krise im Iran so lange und so konsequent übersehen hat, ist eine Frage, die nicht nur an den CIA und den diplomatischen Dienst, sondern auch an die amerikanischen Medien zu richten ist. Es stimmt, daß keiner der amerikanischen Diplomaten, die doch die innenpolitische Szene des Gastlandes zu beobachten hatten, die drohende innere Umwälzung rechtzeitig erspürte. Es trifft zu, daß der CIA noch im August 1978 erklärte, der Iran befinde sich »weder in einer revolutionären noch gar in einer vorrevolutionären Situation«. Tatsache ist auch, daß der militärische Nachrichtendienst DIA (Defense Intelligence Agency) noch am 28. September 1978 erklärte, der Schah werde voraussichtlich weitere zehn Jahre fest im Sattel sitzen. Doch auch der sonst so kritische amerikanische Journalismus versagte vor der Aufgabe, über die innenpolitische Lage des strategisch eminent wichtigen Verbündeten aufzuklären, und wirkte an der Selbstblendung Amerikas nach Kräften mit. Daß der Schah sich als zwar teurer, aber doch verläßlicher Lieferant von Öl erwies, setzte ihn in freundliches Licht. Daß persisches Öl auch nach Israel floß, ließ manchen potentiellen Kritiker des Pahlewi-Regimes verstummen. Eine raffiniert gesteuerte Public-Relations-Kampagne der persischen Monarchie trug dazu bei, die Hybris der Macht und die Brutalität des persönlichen Regimes zu übersehen. Jedenfalls beschränkte sich der amerikanische Journalismus weitgehend darauf, die offizielle Lagebeurteilung von Außenministerium und CIA wiederzugeben. Er hatte damit teil an einem verhängnisvollen Kreislauf der Fehleinschätzungen, der schließlich mit einer Art politischem Informationsinfarkt enden sollte.

Dabei ist der entscheidende Fehler, der diesen tödlichen Kurzschluß letztlich bewirkte, im nachhinein mühelos zu orten. Als Preis für die Genehmigung der Installation elektronischer Abhöreinrichtungen entlang der persisch-russischen Grenze willigten die Amerikaner nämlich ein, ihre nachrichtendienstlichen Informationen zur Sicherung dieser Anlagen ausschließlich vom persischen Sicherheitsdienst zu beziehen. Und so ängstlich war die amerikanische Politik auf die Einhaltung dieses Pakts bedacht, daß US-Diplomaten nicht vor November 1978, als das Regime des Schah bereits in seinen Grundfesten wankte, vorsichtige Kontakte zu Oppositionellen suchten. Das CIA-Hauptquartier in Langley/Virginia bat den Journalisten Stephen Rosenfeld von der »Washington Post«, ihm ein Exemplar eines Khomeini-Werks auszuleihen, weil kein CIA-Büro des Nahen Ostens ein solches besaß oder es kurzfristig beschaffen konnte. Ausschließlich auf die Sicherung von Öl und strategischen Positionen bedacht, hatte sich die amerikanische Diplomatie selbst in ein Getto gesperrt. Nur wenige amerikanische Diplomaten waren des Farsi mächtig und verfügten über die nötige intellektuelle Neugier, um aus diesem selbst gebastelten Käfig auszubrechen. Die meisten beschränkten ihre Kontakte auf jene Mitglieder der englisch-sprechenden persischen Elite, die ihre Karriere unter dem Schah gemacht hatten und der Dynastie treu ergeben waren. Daß dem Schah im eigenen Lande eine mächtige religiöse Opposition erwachsen war, daß sich ein an westlichen Universitäten ausgebildeter Mittelstand entwickelt hatte, der jetzt die klassischen bürgerlichen Freiheiten der Rede, der Versammlung und der Presse für sich einklagen wollte, blieb Washington lange Zeit verborgen. Sicher spielt dabei auch eine Rolle, daß der Schah die persönliche Begegnung mit den Herren im Weißen Haus stets suchte und zu pflegen wußte. Die Champagner- und Kaviar-Empfänge, die sein Botschafter Zahedi in Washington gab, galten als gesellschaftliche Anlässe von Rang. Reza Pahlewi, der jeden amerikanischen Präsidenten seit Roosevelt kannte, wurde elfmal in den USA mit Pomp als regierender Herrscher und Freund Amerikas empfangen. Mit Ausnahme John F. Kennedys, der sein gesundes Mißtrauen gegen den Tand und Glitter orientalischer Despoten nie verlor, hatte er noch jeden amerikanischen Präsidenten um seinen Finger wickeln können – auch Jimmy Carter, auf dessen Feldzug für die Menschenrechte die bürgerlich-nationale Intelligenz im Iran Hoffnungen setzte. Sie erledigten sich mit der Lobpreisung des Schah durch den Staatsbesucher Carter an der Jahreswende 1977/78.

Möglich, daß diese unglaubliche, ja sträfliche Unkenntnis über die innere Stabilität der amerikanischen Bastion am Golf durch außenpolitische Aktionen befördert wurde, mit denen der Schah bis zuletzt den Eindruck von Stärke und entschlossenem Handeln vermittelte. Reza Pahlewi hatte ein iranisches Truppenkontingent auf die westliche Seite der Straße von Hormuz entsandt, um dem Sultan von Oman im Kampf gegen Rebellen zu helfen, die vom moskaufreundlichen Südjemen aus operierten. Gegen irakische Expansionsgelüste sprang er dem Scheich von Kuwait bei. Und noch wenige Monate vor seinem Sturz lieferte er Waffen nach Somalia, um den Vormarsch kubanischer und äthiopischer Truppen im umstrittenen Ogaden zu stoppen.

Wahrscheinlich auch, daß die amerikanische Außenpolitik an einem Systemfehler krankt, der sie daran hindert, mit mehr als einer Krise gleichzeitig fertigzuwerden. Die Israelis jedenfalls zeigten besseres Gespür. Den im Iran lebenden Juden empfahl Jerusalem schon im Juli 1978, das Land zu verlassen. Ihre skeptische Einschätzung der Entwicklung teilten sie auch den amerikanischen Freunden mit. Doch die Regierung Carter konzentrierte alle Energien auf den ägyptisch-israelischen Ausgleich, über den in Camp David zäh verhandelt wurde, als am 8. September, dem schwarzen Freitag von Teheran, Soldaten des Schah das Feuer auf fanatische Moslem-Demonstranten eröffneten. Mehrere hundert – die Opposition sprach von 4000 – Khomeini-Anhänger wurden einfach niedergemetzelt. Telefonisch bot Sadat von Camp David aus dem Schah Hilfe an. Von dem Ägypter gedrängt, sicherte auch Carter Unterstützung zu. Doch was zu tun sei, um dem bedrängten Alliierten zu helfen, blieb strittig. Washington hatte auch nach dem Debakel vom 8. September immer noch Mühe, das ganze Ausmaß und die Tragweite der Krise zu erkennen und die nötigen Schlußfolgerungen daraus zu ziehen. Ob freilich entschlossenes Handeln der Amerikaner zu jenem Zeitpunkt das vom Zerfall bedrohte Schah-Regime überhaupt noch hätte retten können, erscheint im nachhinein äußerst fraglich.

Die Art und Weise, in der die Regierung Carter nach einer Lösung suchte, spiegelte vor allem Ratlosigkeit wider. Jetzt, in der ersten außenpolitischen Krise, die er zu meistern hatte, zeigte sich, daß Jimmy Carter nicht über einen, sondern gleich über drei Außenminister verfügte, die einander nicht nur am Kabinettstisch widersprachen, sondern in aller Öffentlichkeit über ihre unterschiedlichen Auffassungen stritten. Da war zunächst Cyrus Vance, Chef des State Department, gestandener Liberaler und Anwalt aus New York – ein typischer Vertreter jenes Ostküstenestablishments also, das seit Jahrzehnten die Außenpolitik Amerikas bestimmt hatte. Sein Weltbild war durch den Vietnamkrieg geprägt, an dem er sich als ehemaliger Armeeminister unter Präsident Johnson mitschuldig fühlte. Die Vietnam-Erfahrung ließ ihn zu einem Mann des Ausgleichs werden, der Allianzen mit korrupten und despotischen Partnern scheute und neue militärische Engagements in Übersee vermeiden wollte. Carter bezeichnete »Cy« in seinen Memoiren als den engsten Freund im Kreis der Kabinettsmitglieder. Doch der Freund, der die Außenpolitik der Nation zu vertreten hatte, kündigte dem Präsidenten die Mitarbeit auf, als Carter den Beschluß über den riskanten Befreiungsschlag für die Geiseln von Teheran faßte. In den verschiedensten Phasen, welche die iranische Krise durchlief, riet Vance stets zu Mäßigung; er vertraute auf diplomatischen Druck und Handelssanktionen und warnte vor dem Einsatz militärischer Macht.

Da war zweitens Andrew Young, ein ebenso aufrechter wie naiver Pastor aus Georgia und Mitstreiter Martin Luther Kings, der in seiner Funktion als UN-Botschafter zu einer Art Nebenaußenminister für die Dritte Welt aufgestiegen war. Dem schwarzen Bürgerrechtler fehlte jede außenpolitische Erfahrung, doch seine kompromißlose Haltung gegen Rassismus, Kolonialismus und Apartheid verschafften ihm Ansehen bei den Vertretern der Entwicklungsländer und legten die Basis für eine neue amerikanische Afrika-Politik. Moralische Rigorosität im Urteil und Mangel an diplomatischer Rücksichtnahme brachten dem unkonventionellen Botschafter zahllose Konflikte ein. Die kubanischen Truppen in Angola nannte Young einmal einen Faktor der Stabilität. Da die Angolaner die Kubaner ins Land geholt hatten, um Einfälle südafrikanischer Kommandoeinheiten abzuwehren, war Young von der Wahrheit gar nicht so weit entfernt, doch verstieß er mit dieser Bemerkung gegen die offizielle Linie der amerikanischen Außenpolitik. Auf viele seiner Reden folgten Rügen oder Richtigstellungen durch das State Department. Einer französischen Zeitung gab er einmal zu Protokoll, daß nach seiner Überzeugung in amerikanischen Gefängnissen Hunderte, wenn nicht gar Tausende politischer Gefangener einsäßen. Als Beispiel führte er ausgerechnet Patricia Hearst an, die wegen Beteiligung an einem Raubüberfall verurteilte Tochter eines stockkonservativen amerikanischen Zeitungsmillionärs. Schwarze in Stockholm, so eine Young-Attacke gegen die neutralen Schweden, würden nicht besser behandelt als im New Yorker Stadtteil Queens; und die Russen, befand er in gleichem Atemzuge, seien »überhaupt die schlimmsten Rassisten«. Mit der beherzten, franken Fröhlichkeit eines Christenmenschen spazierte dieser Andrew Young oft meilenweit vor der offiziellen amerikanischen Außenpolitik daher. Als er Kontakte mit einem Vertreter der PLO aufnahm – eine Sache, die inzwischen viele Amerikaner von Rang anraten, darunter der Friedensstifter von Camp David, Carter, und sein Amtsvorgänger Ford –, geriet er ins Fadenkreuz der mächtigen israelischen Lobby und sah sich zum »Rücktritt auf eigenen Wunsch« veranlaßt. Im Ayatolla Khomeini erblickte Carters UN-Botschafter einen »mißverstandenen Heiligen«, und den Schah von Persien verglich er ungerührt mit Eichmann: Was dieser den Juden, habe der Schah den eigenen Iranern angetan.

Da war drittens Zbigniew Brzezinski, der in einem Zimmer im Westflügel des Weißen Hauses residierte und damit dem Präsidenten näher saß als alle anderen. Brzezinski gebot über den kleinen, rund 30 Experten zählenden Stab des National Security Council (NSC), des Nationalen Sicherheitsrats, der 1947 als Instrument der Entscheidungsfindung für die Außen- und Verteidigungspolitik geschaffen worden war. Hier, im Stab des Sicherheitsrats, fließen die wichtigsten Meldungen und Lagebeurteilungen von CIA und Pentagon, Außenministerium und US-Botschaften zusammen. Aufgabe der Mitarbeiter ist es, aus dieser Flut von Informationen aus aller Welt ein überschaubares Bild der politischen und militärischen Gesamtlage herauszufiltern, über die der Sicherheitsberater dem Präsidenten täglich Bericht erstattet. Zu den Pflichten des Stabs und seines Chefs zählt, die möglichen Abläufe und Konsequenzen unterschiedlicher Entscheidungen durchzuspielen, um den Sicherheitsrat – ihm gehören außer dem Präsidenten, dem Außen- und Verteidigungsminister der Chef des CIA, der Vorsitzende der Vereinigten Stabschefs und der Nationale Sicherheitsberater an – alternative Modelle vorzulegen, an denen er seine Beschlüsse orientieren kann. Da die wichtigsten Weichenstellungen für die globale Strategie der Weltmacht USA in diesem Gremium fallen, sitzt der Chef des NSC in der Tat wie die Spinne im Netz. Ehe Henry Kissinger Außenminister wurde, nutzte er diese Position viele Jahre, um außenpolitische Entscheidungen vorzubereiten, von denen der nominell für die Außenpolitik verantwortliche Außenminister Rogers nicht den Schimmer einer Ahnung hatte. Um solche Geheimdiplomatie am zuständigen Ministerium vorbei und Doppelspiele innerhalb der eigenen Regierung von vornherein zu vermeiden, war die Carter-Mannschaft mit dem edlen Vorsatz angetreten, die Rolle des außenpolitischen Sprechers dem Außenminister vorzubehalten. Es war dies eine der zahllosen guten Absichten Carters, die seinen Weg zur Hölle des Scheiterns pflastern sollten. Denn solange es einen NSC-Stab mit einem auf den Präsidenten eingeschworenen Sicherheitsberater an der Spitze gibt – und welcher Präsident ernennt schon einen Sicherheitsberater, dem er nicht absolut vertraut –, solange wird es auch ein natürliches Konkurrenzverhältnis mit dem State Department geben, das in der kleinen Expertengruppe im Weißen Haus eine außenpolitische

Gegenregierung wittern muß. Das war so zur Zeit des Sicherheitsberaters Kissinger und des Außenministers Rogers; es wiederholte sich in den vier Jahren Carters, als die Differenzen zwischen Cyrus Vance und Zbigniew Brzezinski Schlagzeilen machten; und obschon Ronald Reagan aus den Fehlern des Vorgängers lernen wollte, wurde das Grundmuster doch nur erneut bestätigt: In den ersten zwei Jahren seiner Amtszeit opferte Reagan erst Sicherheitsberater Richard Allen seinem Außenminister Alexander Haig, um anschließend Haig auf Anraten des neuen Sicherheitsberaters Clark in die Wüste zu schicken.

Folgt man der Erfahrung Carters, dann liefern die Berufsdiplomaten des riesigen Außenministeriums zwar die differenziertesten, abgewogensten und ausgefallensten Schilderungen des Status quo selbst in den entlegensten Winkeln der Welt, aber Denkanstöße für neue Problemlösungen produzieren sie nie. Brzezinski und sein vergleichsweise winziger Stab dagegen »zeigten sich besonders begabt bei der durchdringenden Analyse strategischer Konzepte und produzierten unentwegt neue Ideen«. Freilich wurde der Gegensatz zwischen Vance und Brzezinski anfangs stark übertrieben. Daß Brzezinski so oft nach vorne preschte, die Politik der Administration in der Öffentlichkeit interpretierte oder die Rolle eines Blitzableiters übernahm, erklärt sich zum großen Teil aus dem Charakter des Außenministers. Cyrus Vance scheute die Presse, war kein Meister der Rede und zog es vor, in Deckung zu bleiben. »Ich hätte begrüßt«, schreibt Jimmy Carter, »wenn der Außenminister die Aufgabe übernommen hätte, die amerikanische Öffentlichkeit über die Außenpolitik aufzuklären. Außenminister Vance war nicht besonders geneigt, diese Rolle dauernd zu übernehmen; sie erfordert viel Zeit und ist nicht immer angenehm.« Brzezinski dagegen war immer bereit, »auch für unpopuläre Entscheidungen anderer einzustehen. Interessentengruppen, die mit irgendeiner Politik unzufrieden waren, richteten ihre Vorwürfe deshalb gegen Brzezinski statt gegen die verantwortlichen Personen – gegen mich oder Außenminister Vance.« Brzezinski selbst schreibt in seinen Erinnerungen, Vance habe eigentlich nur zum Außenminister für ruhige Zeiten getaugt: »Er war glänzend, wenn er mit anständigen Partnern zu verhandeln hatte ... Er versagte, wenn er es mit den Raubmördern dieser Welt zu tun bekam.« Da es dem Führungsstil Carters entsprach, verschiedenen Meinungen und Vorstellungen zuzuhören und sie zu hinterfragen, um danach selbst zu entscheiden, setzte sich mal der eine, dann wieder der andere seiner drei Außenminister durch. In der Regel folgte der Präsident dem vorsichtigen Vance. Doch gegen den Rat des Außenministers, der eine Belastung der SALT-II-Verhandlungen mit Moskau befürchtete, und auf Insistieren Brzezinskis entschloß sich Carter zur Normalisierung der Beziehungen mit China. Und gegen den Rat von Vance, der empfahl, Kontakte mit dem Ayatollah Khomeini in der Nähe von Paris aufzunehmen, stützte er das Regime des iranischen Ministerpräsidenten Shahpur Bakhtiar.

Der Schah hatte bürgerkriegsähnliche Unruhen nach dem schwarzen Freitag mit der Ausrufung des Kriegsrechts beantwortet, aber er zögerte, diese Waffe mit voller Schärfe einzusetzen. Das Ergebnis war eine Situation, die der amerikanische Kolumnist Joseph Kraft mit dem Satz umschrieb, zwar herrsche Kriegsrecht, zugleich aber auch nicht. Die Opposition fühlte sich dadurch zu drastischeren Aktionen ermutigt. Im September und Oktober kam es zu einer Welle großer Streiks, Anfang November griffen Unruhen von der Universität Teheran auf das Stadtzentrum über. Banken, Theater und die britische Botschaft gingen in Flammen auf. Nach Rücksprache mit Brzezinski, der ihm volle amerikanische Unterstützung zusicherte, entschloß sich der Schah, die Macht dem Militär zu übertragen. Aber da war es schon zu spät.

In einer Studie des konservativen Center for Strategic and International Studies der Washingtoner Georgetown University machen die Autoren Michael A. Ledeen und William H. Lewis vorausgegangene Pressionen der Carter-Administration für das Zögern des Schah verantwortlich. Unter dem Druck der Menschenrechtskampagne Washingtons, aber auch wegen internationaler Proteste gegen die Unterdrückung im Iran habe der Schah sich zwei Jahre vor Beginn der Unruhen zu einer schrittweisen Liberalisierung entschlossen und mit Blick auf Washington dann nicht mehr gewagt, sie wieder zurückzunehmen. Er habe vermutet, Jimmy Carter werde eine neue Welle der Repression weder unterstützen noch dulden. In der Tat sendete Washington in dieser kritischen Phase widersprüchliche Signale aus. Während Brzezinski den Schah im Namen des Präsidenten ermunterte, notfalls die Armee einzusetzen und seine »eiserne Faust« zu gebrauchen, drängte Amerikas Botschafter Sullivan vor Ort auf eine politische Lösung der Krise durch Einsetzung eines Reformkabinetts.

Aus dem Exil sollte der Schah Monate später selbst alle Spekulationen widerlegen, nach denen ihn die Rücksicht auf die Amerikaner am harten Durchgreifen gehindert habe. »Mir wird heute gesagt, ich hätte das Kriegsrecht härter anwenden sollen. Dies wäre meinem Land nicht so teuer zu stehen gekommen wie die blutige Anarchie, die sich jetzt breitmacht. Aber ein Souverän kann seinen Thron nicht dadurch retten, daß er das Blut seiner eigenen Landsleute vergießt. Das kann ein Diktator tun, denn er handelt im Namen einer Ideologie, von der er meint, daß er ihr ohne Rücksicht auf die Kosten zum Siege verhelfen muß. Ein Souverän ist kein Diktator. Zwischen ihm und seinem Volk gibt es einen Bund, den er nicht brechen kann.« Wahrscheinlich ist, daß auch der Schah, damals schon von Krankheit geprägt, völlig ratlos war, welchen Kurs er einschlagen sollte. Längst befand er sich in einer ausweglosen Lage. Vor dem Gedanken, alle Macht einem gemäßigten Reformkabinett zu übertragen, das sich gegen den Ansturm der von Khomeini fanatisierten Massen nur schwer behaupten könne, schreckte er offenbar ebensosehr zurück wie vor dem Einsatzbefehl an die Armee, die damals noch loyal zu ihm stand.

Als im November die Lage sich nach einem Generalstreik weiterhin dramatisch zuspitzte, unternahm die amerikanische Diplomatie einen letzten Versuch zur Stabilisierung des Iran. George Ball wurde nach Teheran entsandt, um vor Ort zu prüfen, welche Mittel und Möglichkeiten es noch gab, den Schah vor dem Sturz zu bewahren. Seine Empfehlung an den Präsidenten: Die Dynastie sei, wenn überhaupt, nur dann zu retten, wenn Reza Pahlewi seine Macht einer Regierung übertrage, die dem Volk entgegen-

78

komme. Das Problem war freilich, daß nach Jahrzehnten des persönlichen Regimes, in denen sich eine liberale und gemäßigte Opposition nicht hatte entwickeln und organisieren können, weit und breit keine Person von Format zu sehen war, die an der Spitze einer solchen Regierung hätte stehen können. So griff der Schah schließlich auf die alte nationalrevolutionäre Garde aus den Zeiten Mossadeqs zurück. Doch kaum zum Premierminister ernannt, forderte der Mann, den er schließlich erwählt hatte, Shahpur Bakhtiar, den Herrscher auf, umgehend den Iran zu verlassen. Wie hilflos die amerikanische Weltmacht in dieser Phase der iranischen Krise operierte, wird von keinem Geringeren als Carter selbst beschrieben. Botschafter Sullivan, so Carter in seinen Memoiren, habe offensichtlich jede Selbstkontrolle verloren und in einem Kabel vom 10. Januar an den Außenminister in einem »Appell an die Vernunft« gefordert, Washington solle umgehend Kontakt mit Khomeini aufnehmen. »Er schien unfähig, eine objektive Analyse der komplizierten Lage im Iran zu geben. Mir war klar, daß er, wenn überhaupt, dann einige meiner Weisungen nur halbherzig ausgeführt hatte. Nachdem er seine Meinung über die Unterstützung für den Schah in den letzten Wochen völlig geändert hatte, büßte er durch seine Handlungen und seine Erklärungen viel von dem Vertrauen ein, das er früher beim Schah und dessen Umgebung, aber auch bei mir genossen hatte. Ich sagte dem Außenminister, er solle Sullivan aus dem Iran abberufen, aber Cy bestand darauf, daß es angesichts der sich abzeichnenden Krise um die Nachfolge (des Schah) ein Fehler wäre, dort einen neuen Mann zu installieren.«

Statt dessen entsandte Washington den Luftwaffengeneral Robert Huyser nach Teheran. Er sollte unabhängig von Sullivan engen Kontakt zu den iranischen Militärs halten, die nach Einschätzung des Weißen Hauses eine Schlüsselrolle bei der künftigen Entwicklung des Iran spielten. Huyser hatte putschlüsterne Generäle vom Losschlagen abzuhalten und sie auf die Stützung der Regierung Bakhtiar einzuschwören. Hinter der Huyser-Mission steckte der Gedanke, die amerikanisch ausgerüstete und von einem in Amerika gedrillten Offizierskorps geführte Armee lasse sich als eine mächtige innenpolitische *Fleet-in-beeing,* als stets präsenter Machtfaktor, intakt halten, gegen dessen erklärten Willen sich keine andere Kraft durchsetzen könne. Spätestens nach dem Weggang des Schah und dem triumphalen Einzug Khomeinis in Teheran wurde auch diese Überlegung als Illusion entlarvt. Die gewaltige Militärmaschine des Schah zerfiel ganz einfach, und am 11. Februar trat die Regierung Bakhtiar zurück. An die Stelle des aufgeklärten Despoten Reza Pahlewi, der sein Land überstürzt in eine westliche Industrienation hatte umwandeln wollen, trat ein reaktionärer Theokrat, der von den heiligen Stätten in Ghom den Marsch zurück ins Mittelalter predigte.

Rechte Republikaner verglichen den Zerfall des Iran mit dem historischen Verlust Chinas durch den Sieg Mao Tsetungs über Tschiang Kai-schek. Einige Monate mühte sich die amerikanische Diplomatie zu retten, was zu retten war. Um zu verhindern, daß der revolutionäre Iran durch Konfrontation mit dem Westen die Allianz mit Moskau suche, steuerte Washington einen betont neutralen Kurs und war sichtlich um Entspannung mit Khomeini bemüht. Brzezinski erblickte in der fundamentalistischen Bewegung des Islam eine Kraft, die möglicherweise auch auf die südlichen Republiken der Sowjetunion übergreifen und die kommunistische Gegenmacht an ihrem weichen Unterleib destabilisieren könne. Der sowjetische Einmarsch in Afghanistan sollte später belegen, daß Carters Sicherheitsberater gar nicht so unrecht hatte. Zweifellos suchten die Sowjets gerade mit Blick auf die Ereignisse im Iran mit diesem Einmarsch ein ihnen freundliches Regime zu stabilisieren und gegen jede Ansteckungsgefahr prophylaktisch abzuriegeln. Doch wagten sie dies erst, als das iranische Desaster die ganze Aufmerksamkeit und Kraft Washingtons band und die Weltmacht USA den Eindruck eines hilflosen Riesen machte. Die Lage im Iran spitzte sich weiter zu, als Carter auf Drängen Henry Kissingers und David Rockefellers, der das Vermögen des Schah verwaltete, dem krebskranken Reza Pahlewi Ende Oktober die Einreise zu einer operativen Behandlung in New York gestattete. Am 4. November 1979 überrannten Khomeini-Anhänger die amerikanische Botschaft in Teheran. Die Mitarbeiter der Botschaft wurden als Geiseln gefangengehalten, um die Auslieferung des Schah zu erzwingen, dem die moslemischen Revolutionäre im Iran den Prozeß machen wollten. Im nachhinein ist sicherlich müßig, darüber zu streiten, ob die Entscheidung Carters richtig und weise war. Voller Nationalstolz versicherten mexikanische Ärzte später, die Operation hätte ebensogut in Mexiko-City vorgenommen werden können. Vorsorglich hatte Carter den zuständigen Abteilungsleiter im State Department, Henry Precht, zusammen mit dem amerikanischen Geschäftsführer Bruce Laingen bei der Regierung Bazargan in Teheran sondieren lassen, ob sie Sicherheit und Schutz amerikanischer Bürger im Iran gewährleisten könnte, falls dem Schah aus »humanitären« Gründen der vorübergehende Aufenthalt in New York gestattet würde. Die Antwort der iranischen Beamten auf die Fragen der amerikanischen Diplomaten beschreibt Carter so: »Sie hatten erwidert, daß es zweifellos zu einer scharfen Reaktion im Lande kommen werde, aber sie könnten den Schutz garantieren.« Auch wenn eine solche Zusage nicht vorgelegen hätte, wäre die Regierung Carter mit einer Verweigerung der Einreise innenpolitisch in eine schwierige Lage geraten: Jene konservativen Kritiker, die sie zu Unrecht beschuldigten, den Sturz des Schah-Regimes geduldet oder gar durch Zaudern und taktisches Zickzack erst herbeigeführt zu haben, hätten ihr dann vorgeworfen, Amerika stehe nicht einmal in der schlimmsten Not zu seinen besten Freunden.

Die Frage war jetzt vielmehr, wie eine angemessene Reaktion auf die Geiselnahme aussehen sollte. Da gab es von Anfang an Männer von Rang und Namen, die auf eine Demonstration militärischer Kraft vor den Küsten des Iran setzten und den Gedanken an ein Ultimatum erwogen, nach dessen Ablauf die Ölfelder des Iran zerbombt und seine Hafenanlagen zerstört werden sollten. Amerika rüstete zum Vorwahlkampf, und so verlangte George Bush, damals Gegenkandidat Ronald Reagans, eine paramilitärische Aktion zur Befreiung der Geiseln. Ein anderer republikanischer Präsidentschaftsbewerber, John Conally, der ehemalige Gouverneur von Texas, redete einer Neuauflage der alten Kanonenbootdiplomatie das Wort und beschuldigte die Carter-Regierung, die Geiselnahme sei nur deshalb möglich gewesen, weil Amerika noch nicht über die von ihm geforderten Stützpunkte am Golf verfüge. Die solches forderten, übersahen bewußt, daß Amerika am ersten Tag der Geiselnahme teils im Persischen Golf, teils im Arabischen Meer dreizehn Kriegsschiffe, darunter den Flugzeugträger »Midway«, stationiert hatte. Zusammen mit der 6. Flotte, die im Mittelmeer patrouilliert, verfügten die USA zum Zeitpunkt der Geiselnahme über eine stattliche Streitmacht im Nahen Osten, die vernichtende Schläge austeilen und ganze Landstriche mit konventionellen wie atomaren Waffen verwüsten konnte. Nur war sie schlecht gerüstet, um Geiseln weitab vom Meer aus der Hauptstadt eines fremden Landes herauszuholen, das sich jeder Aktion militärisch widersetzen würde. Zudem drohten die Geiselnehmer, die gefangengehaltenen Amerikaner im Botschaftsgebäude sofort hinzurichten, falls auch nur ein Schuß aus amerikanischen Schiffskanonen abgefeuert würde. Interessanterweise meldete sich in dieser Debatte Ronald Reagan mit einem maßvollen Beitrag zu Wort: »Jede militärische Intervention ist sinnlos«, erklärte der aussichtsreichste republikanische Präsidentschaftsbewerber im Fernsehen, »um die Botschaft zu entsetzen, müßten wir eine regelrechte Invasion beginnen und das Land blitzartig okkupieren. Aber sobald der erste GI iranischen Boden betritt, werden die Menschen, die wir retten und befreien wollen, umgebracht.«

Was Reagan spät, aber mit drastischer Deutlichkeit formulierte, war den Mitgliedern des Nationalen Sicherheitsrats schon in den ersten Krisentagen klar. Denn weder ließ sich die Geiselnahme von Teheran mit der Situation von Mogadischu, noch gar mit der von Entebbe vergleichen. In Entebbe waren die Geiseln in einer direkt am Flugplatz gelegenen Halle untergebracht – die entscheidende Voraussetzung für den erfolgreichen israelischen Befreiungsschlag. Und in Mogadischu war die Regierung von Somalia mit den Befreiern im Bund; sie erlaubte die Landung und den Einsatz der deutschen Antiterror-Einheit GSG 9.

So faßte Jimmy Carter den Entschluß, die Krise »auszusitzen«, wie man in Amerika sagt, also auf Zeitgewinn zu spielen, auf diplomatischen Druck und auf Handelssanktionen zu bauen. Das Leben der Geiseln hatte oberste Priorität, der alles andere unterzuordnen war, selbst die Staatsraison, die nach Meinung konservativer Kritiker Schaden nehmen mußte, solange der Ayatollah die Weltmacht Amerika als hilflosen Papiertiger entlarven konnte. Um das Leben der Geiseln zu schonen, war mit Bedacht jede amerikanische Reaktion zu vermeiden, welche die Geiselnehmer zu weiteren irrationalen Handlungen hätte hinreißen können – dies das erste Element der Carterschen »Aussitz«-Strategie. Das zweite betonte den Willen der USA, sich nicht erpressen zu lassen. Deshalb wurde die Forderung auf Auslieferung des Schah brüsk abgelehnt. Das dritte Element zielte auf die internationale Isolierung des Iran. Daß der Sicherheitsrat der Vereinten Nationen einen amerikanischen Antrag auf Freilassung der Geiseln unterstützte, den Wunsch des Iran nach einer Debatte über die Verbrechen des Schah dagegen ablehnte, wurde als erster Erfolg dieser Strategie gewertet.

Dabei hatte Carter klar die Grenze gezogen, die der Iran nicht verletzen durfte, wenn er einem amerikanischen Vergeltungsschlag entgehen wollte: Würde auch nur eine amerikanische Geisel getötet, so seine Warnung, werde der Befehl an die US-Navy ergehen, iranische Installationen zu bombardieren oder iranische Häfen zu verminen. Um dieser Drohung Nachdruck zu verleihen, hatte er mittlerweile eine Flotte von zwei Flugzeugträgern und elf Begleitschiffen im Arabischen Meer zusammengezogen.

Die besonnene, kühle und vorsichtige Politik des Präsidenten fand anfangs wenig Anklang im Lande. Mit Bitterkeit, Zorn und mühsam zurückgestauter Aggressionslust quittierte Amerika das Gefühl der Ohnmacht gegenüber den Vorgängen im Iran. Die Nation dürstete nach Rache, der Ruf nach dem Draufschlagen hallte durchs Land. In Milwaukee und New Orleans, in Los Angeles und Atlanta schuf sich die wütende Volksseele mit der demonstrativen Verbrennung iranischer Fahnen Luft. Psychologen erkannten darin die spiegelbildliche Wiederholung jener Provokationen, die das amerikanische Fernsehen seit der Besetzung der US-Botschaft in Teheran täglich aus dem Iran in die

Wohnzimmer der amerikanischen Bürger strahlte. Selbst die seriöse »New York Times« veröffentlichte auf ihrer Titelseite ein Foto mit dem Slogan »Bratet keinen Truthahn, nehmt einen Perser.« Das vornehme Blatt glaubte, damit das Kochen der Volksseele nur zu dokumentieren, nicht, sie anzustacheln.

Viele Beobachter nicht nur in Washington plagte damals die Überlegung, wo denn die Grenze zwischen Menschlichkeit und Großmachtinteresse zu ziehen sei. Hatte der Baptist aus Georgia, den eine große deutsche Wochenzeitung wenige Monate zuvor verächtlich als den »Krisenstümper im Weißen Haus« apostrophiert hatte, etwa zugunsten der Menschlichkeit überzogen? Doch je länger die amerikanisch-iranische Krise dauerte, desto mehr Verständnis fand Carter für eine Politik, die eine weitere Eskalation vermeiden wollte. Zudem war sie ja nicht nur an der Menschlichkeit, sondern am eigenen Interesse orientiert. Mit einem Vergeltungsschlag gegen den Iran hätte Amerika vor allem sich selbst und den ganzen Westen getroffen. »Okay, wir können den ganzen Iran zerbomben«, schrieb William Greider in der »Washington Post«, »Amerika verfügt über die Mittel, keiner könnte uns daran hindern. Aber die sichere Konsequenz daraus wäre eine weltweite Wirtschaftsdepression, wenn nicht ein Weltkrieg, falls andere Nationen der Dritten Welt die Reihen schlössen und ihr Öl dem Westen verweigerten. Wir könnten Truppen schicken und diese Nation erst einmal auf Dauer besetzen.« Doch das erinnerte Greider nur an eine Bemerkung von General Westmoreland, dem in Vietnam gescheiterten Kommandeur, der einmal gesagt hatte: »Ich weiß zwar, wie ich sie (die Truppen) hinschicke, aber ich weiß nicht, wie ich sie wieder herausholen soll.« Auch die Gefahr, daß Khomeini nach einem Vergeltungsschlag Amerikas mit einem Aufruf zum Heiligen Krieg in weiten Teilen des Nahen Ostens und der islamischen Ölländer Gehör finden könnte, war keinesfalls auszuschließen.

In der Regel hatten amerikanische Präsidenten auf Herausforderungen kleinerer Mächte mit Großmachtdemonstrationen klassischen Stils reagiert, zuletzt noch Gerald Ford, als er ein Bataillon der US-Marines eine Insel im

Golf von Siam stürmen ließ, um die dort vermeintlich gefangengehaltene Besatzung des entführten Frachtdampfers »Mayaguez« herauszuhauen. Doch auch vor der Iran-Krise gab es Beispiele dafür, daß die USA darauf verzichtet hatten, ihre volle Macht gegen einen Herausforderer einzusetzen. Als das elektronische Spionageschiff »Pueblo« mit 83 Mann an Bord von Nordkoreanern geentert und entführt wurde, schreckte Präsident Johnson vor einer militärischen Antwort zurück, denn er brauchte keinen Nebenkriegsschauplatz zu Vietnam. Der Zwischenfall machte einige Tage Schlagzeilen, dann geriet er langsam in Vergessenheit. Stille Diplomatie führte Monate später zur Freilassung der Besatzung. Freilich hütete sich Präsident Johnson damals bewußt, die »Pueblo«-Entführung hochzuspielen. In keiner seiner Reden fand der Zwischenfall mehr Erwähnung. Jimmy Carter aber tat, sehr zum eigenen Schaden, genau das Gegenteil. Nahezu täglich versicherte er, daß er weder rasten noch ruhen werde, bis die Geiseln wieder in Freiheit seien. Kein Auftritt und keine Rede, in der er nicht das schlimme Schicksal der Gefangenen von Teheran beschwor. Und wie die Berliner »Bild-Zeitung« die Tage nach dem Bau der Mauer zählte, so führte Walter Cronkite, der Moderator der meistgesehenen *news show* des amerikanischen Fernsehens, Buch über die iranische Gefangenschaft, indem er jeweils am Schluß seiner Sendung mit patriotischem Pathos in der Stimme verkündete: Dies war der 100. oder 200. Tag, den Amerikaner im Iran als Geiseln in Gefangenschaft verbringen.

Dies alles hielt nur das Bewußtsein der eigenen Ohnmacht wach. Als schließlich feststand, daß weder Druck der Vereinten Nationen noch Wirtschaftssanktionen der Bündnispartner die Revolutionäre im Iran zum Einlenken bringen konnten, gab Carter, längst selbst zur Geisel der Geiselkrise geworden, grünes Licht für das Kommandounternehmen. Und weil er Freunde und Alliierte zu den von ihm geforderten Sanktionen nur mit der Versicherung hatte bewegen können, auf den Einsatz von Gewalt zu verzichten, nannte er es schlicht »eine humanitäre Rettungsaktion«. Dabei ehrt ihn, daß er noch zu dieser Logik stand, als das Unternehmen vorzeitig abgebrochen werden mußte. Er folgte bewußt nicht dem Rat jener, die für den Fall des Fehlschlags auf ein gewaltiges Bombardement drängten, um die leidige Geiselfrage ein für allemal mit einem riesigen Blutbad zu erledigen, das die Ehre der Nation wieder herstellen sollte. Er blieb sich, seinen Prinzipien und Idealen treu und wendete damit größeres Unheil ab. Auf beinahe tragische Weise verhielt sich dieser Jimmy Carter vernünftig. Am Ende stand er als doppelt Gescheiterter da.

Daß die Sowjets das Cartersche Taktieren gegenüber dem Iran als eindeutiges Symptom der Schwäche deuteten, durch das sie sich zur Invasion Afghanistans ermuntert fühlten, ist wahrscheinlich, aber beweisen läßt es sich nicht. Doch wirkte ihr Einmarsch auf viele, als ob Moskau der Carterschen Außenpolitik nunmehr den Gnadenstoß erteile. Dabei hatte Carter das Problem Afghanistan bei seiner Begegnung mit Breschnew zur Unterzeichnung des SALT-II-Vertrages angesprochen und dem Sowjetchef die amerikanische Zurückhaltung nach dem Sturz des Schah ausdrücklich als Beispiel angepriesen. »Im Iran und in Afghanistan gibt es viele Probleme, aber die Vereinigten Staaten haben sich in die inneren Angelegenheiten dieser Nationen nicht eingemischt«, sagte er im Juni 1979 in Wien, »wir erwarten, daß sich die Sowjetunion genauso verhält.« Daß in dem lange um Neutralität bemühten Afghanistan Monate zuvor ein moskaufreundliches Regime die Macht ergriffen und Amerika dem nicht widersprochen hatte, mochte die Sowjets in dem Glauben bestärkt haben, die USA hätten die Einbeziehung Afghanistans in die sowjetische Einflußsphäre widerspruchslos hingenommen. Schließlich war der Invasion im September 1979 die Entsendung von einigen Tausend sowjetischer Militärberater vorausgegangen, ohne daß Amerika dagegen protestiert hatte. Erst als Moskau in einer dramatischen Luftbrückenaktion Zehntausende sowjetischer Soldaten nach Afghanistan einflog und dort stationierte, wachte Washington auf. Plötzlich sprach Carter von einer brutalen Aggression gegen ein »freiheitsliebendes Volk«. Daß Präsident Hafizullah Amin, der Moskau angeblich um die Intervention gebeten hatte, ermordet und umgehend durch einen Nachfolger ersetzt wurde, der sich zuvor in der Sowjetunion aufgehalten hatte, wertete Washington als besonders zynischen Akt. Die Sowjets, erklärte Brzezinski, hätten gegen den ungeschriebenen Kodex der Entspannung verstoßen. Der eher konservative Robert Tucker, Politikwissenschaftler an der Johns Hopkins University, schrieb dagegen in der Zeitschrift »Foreign Affairs«: »Die Spielregeln, die sie verletzt haben sollen, wurden ausschließlich von uns aufgestellt. Die Sowjetunion hat ihnen niemals zugestimmt. Im Gegenteil, die sowjetischen Führer haben immer betont, daß sie sich beim Wettlauf um Macht und Einfluß in der Dritten Welt nicht durch irgendwelche Gesetze gebunden fühlen, die vom Westen erfunden wurden ... Mit dem Einmarsch in Afghanistan haben die Russen ihre Macht eingesetzt, um eine ihrer Einflußsphären zu schützen, und zwar eine, die ihnen ganz klar von den Vereinigten Staaten zugestanden worden ist. Daß Amerika zuvor eine benachbarte Einflußsphäre im Iran durch kraftvolles Handeln entweder nicht behaupten wollte oder konnte, unterstreicht nur die unterschiedlichen Auswirkungen russischer und amerikanischer Macht.« Die Amerikaner, meint Tucker, reagierten besonders aufgebracht, weil sie sich so lange etwas vorgemacht hätten. Damit war er nicht so weit von der Reaktion mancher Europäer entfernt, die eher dazu neigten, den sowjetischen Einmarsch als defensive Aktion zu betrachten und die, allen voran Helmut Schmidt und Giscard d'Estaing, die amerikanische Reaktion für weitaus überzogen hielten.

Carter und Brzezinski freilich urteilten anders. Sie wußten, daß Moskau nie gezögert hatte, sowjetische Truppen einzusetzen, wenn es darum gegangen war, seine Vorherrschaft in den Ländern des Warschauer Pakts zu behaupten. Doch außerhalb ihres Bündnissystems hatten die Sowjets die militärische Sicherung ihrer Interessen bislang stets Stellvertretern vorbehalten – den Kubanern in Afrika und den Vietnamesen in Kambodscha. Afghanistan stellte nach dieser Einschätzung den ersten Fall dar, in dem Moskau eigene Truppen einsetzte, seinen Machtbereich auszudehnen. Erstmals seit 1945 hatte die Sowjetunion nach Meinung des Weißen Hauses über die ihr in Jalta gezogenen

Grenzen der Macht hinausgegriffen. Da der Abgang des greisen Marschall Tito bestenfalls eine Frage von Monaten war, galt dies als drohendes Signal für die politische Zukunft Jugoslawiens. Seit langem machten in Washington Gerüchte die Runde, nach denen Moskau die innere Spannung zwischen den Volksgruppen Jugoslawiens nach Titos Tod schüren und gezielt dazu nutzen wollte, entweder die ganze jugoslawische Föderation oder einige seiner Teile dem eigenen Lager einzuverleiben. Nicht zuletzt mit Blick auf Jugoslawien dünkte es Washington deshalb nötig, ein Exempel zu statuieren. Die scharfe Reaktion Carters wurde auch von einer Analyse des CIA beeinflußt, nach der sich die Sowjetunion in den achtziger Jahren vom Ölexporteur zum Ölimporteur entwickle, eine Fehleinschätzung, die, wie wir heute wissen, auf falschen Daten beruhte.

Hatten die Vereinigten Staaten bislang in jeder großen internationalen Krise seit 1945 aus einer Position der strategischen Überlegenheit heraus handeln können, so galt für die Krise am Golf, daß sie erstmals von der strategischen Parität der Supermächte bestimmt war. Die Vereinigten Staaten fanden sich nach dem Zerfall ihrer strategischen Bastion im Iran in einer nahezu hoffnungslosen Lage. Noch vor wenigen Jahren war jedem Ausgreifen der Sowjetunion nach den Ölfeldern am Golf ein strategischer Riegel vorgeschoben, der von der Türkei über den Iran bis nach Pakistan reichte. Afghanistan spielte die Rolle eines neutralen Pufferstaates. Nun, da nicht nur der Iran verloren, sondern der neutrale Puffer zum sowjetischen Sprungbrett geworden war, hatte sich die strategische Balance »dramatisch und eindeutig zugunsten der Sowjetunion verändert« (Brzezinski), zumal die Amerikaner über keine Rückfallpositionen verfügten.

Aus dieser Erkenntnis wurde schließlich die Carter-Doktrin geboren, welche die Sicherung der Ölfelder am Persischen Golf zum vitalen amerikanischen Interesse erklärte und die Strategie des *containments,* der Eindämmung des Kommunismus, nicht regionalen Statthaltern überließ – die gab es seit dem Sturz des Schah nicht mehr, oder sie waren, wie die Saudis, zu schwach und unwillig, die Rolle zu übernehmen –, sondern direkt amerikanischen Streitkräften übertrug. Zügig trieb das Pentagon jetzt den Ausbau einer mobilen Einsatzreserve voran, die im Konfliktfall die Ölfelder am Persischen Golf zu sichern hatte. Die US-Navy begann große Vorräte an Ausrüstungen, Waffen und Munition in Häfen in Kenia, Somalia und Oman anzulegen. Im Indischen Ozean, den Carter einst von der Konkurrenz der Großmächte hatte freihalten wollen, wurde das kleine Insel-Atoll Diego Garcia, gut 4000 Kilometer von der Straße von Hormuz entfernt, zum Flottenstützpunkt und unsinkbaren Flugzeugträger für Atombomber des Typs B-52 ausgebaut.

Dem Weltbild des Moralisten Carter entsprach, daß er die Sowjets für ihren Verstoß gegen die internationalen Spielregeln erst einmal drastisch »strafen« mußte, auch wenn der Kreml diese Regeln nicht anerkannte. So rief er zum Boykott der Olympischen Spiele in Moskau auf, bei dem ihm freilich in Europa nur die Deutschen Gefolgschaftstreue zeigten, und er verhängte das Getreideembargo. Manches an dieser heftigen Reaktion erklärt sich allerdings aus innenpolitischen Zugzwängen, die Carter zunehmend in Schwierigkeiten brachten. Der beschleunigte Niedergang amerikanischer Weltgeltung seit dem Sturz des Schah hatte die rechte Opposition im Senat gestärkt, die nun Sturm lief gegen die Ratifizierung des SALT-II-Vertrages. Um den Angriff von rechts abzuwiegeln und sich der Hilfe liberaler Republikaner für die Verabschiedung des Abrüstungsabkommens zu versichern, hatte Carter schon im Sommer den Bau der mobilen MX-Raketen beschlossen, was nach den Regeln von SALT II zulässig war. Als die republikanische Gruppierung um den früheren Präsidenten Ford und Henry Kissinger ihre Zustimmung zur Ratifizierung des Vertrags von einer drastischen Verstärkung der konventionellen Rüstung abhängig machte, kündigte Carter eine Steigerung der Rüstungsausgaben um reale fünf Prozent über mehrere Jahre an. Von 138 Milliarden Dollar im Haushaltsjahr 1980 sollten die Militärausgaben im Jahr 1981 auf 157 Milliarden klettern, um binnen fünf Jahren schließlich die 200-Milliarden-Grenze zu überschreiten. So tief saß der Schock von Afghanistan, daß Jimmy Carter nicht einmal davor zurückschreckte, erste Schritte zur Wiedereinführung der in Amerika äußerst unpopulären allgemeinen Wehrpflicht in die Wege zu leiten. Den SALT-II-Vertrag, der nach der Invasion Afghanistans im Senat auch trotz des angekündigten Aufrüstungsprogramms keine Chance einer Ratifizierung mehr gehabt hätte, zog er zunächst selbst zurück und legte ihn erst einmal auf Eis. Eine neue atomare Zielplanung, niedergelegt in der Präsidentendirektive PD 59, hob darauf ab, vorrangig sowjetische Raketensilos und Kommandoleitzentralen außer Gefecht zu setzen. Carters Militärplaner behaupteten, dies stelle nur eine Antwort auf die erhöhte Treffgenauigkeit der neuesten sowjetischen Raketengeneration dar. Kritiker werteten die Entscheidung freilich als Beleg dafür, daß die USA für den Fall eines großen Konflikts nun zum Erstschlag rüsteten.

So fand der Mann, der seine Amtszeit mit dem Vorsatz begonnen hatte, Amerikas Außenpolitik aus der starren Fixierung auf den alles überschattenden Ost-West-Konflikt zu lösen, in seinem letzten Jahr im Weißen Haus zum manichäischen Weltbild der Kalten Krieger zurück. Gewiß hätte dieser Jimmy Carter in einer zweiten Amtszeit einen neuen Anlauf gemacht, um die Ratifizierung des SALT-II-Vertrages schließlich doch durchzusetzen. Mag vielen Europäern seine Reaktion auf die Invasion Afghanistans auch heute noch immer übertrieben scheinen, so war er doch kein Hysteriker; er verfiel auch nicht dem Traum, Amerika könne das Zeitalter der Parität zwischen den Supermächten durch die Wiedererringung amerikanischer Superiorität beenden. Der Verantwortung beider Supermächte für den Weltfrieden war er sich stets bewußt und suchte gerade deshalb eine rationale Beziehung zu Moskau. Doch er blieb ein *one-term President,* eine zweite Amtszeit war ihm nicht vergönnt. Von seinem letzten Amtsjahr ist deshalb vor allem festzuhalten, daß er dem Nachfolger und dessen ehrgeizigen Rüstungsplänen viele Weichenstellungen im voraus besorgte. Kein Zweifel, Jimmy Carter hatte das Bett für Ronald Reagan bestens bereitet.

5.

Die Krise der Institutionen

Wer am Schreibtisch im Oval Office des Weißen Hauses arbeitet, wird gern als der mächtigste Mann der westlichen Welt bezeichnet, der über das Schicksal einzelner wie ganzer Völker bestimmen kann. Und doch wird seine Macht gewaltig überschätzt. Schon vor 180 Jahren klagte einer der Gründungsväter, die Bürde dieses Amtes sei zu schwer, als daß ein Mensch allein sie tragen könne. Damals war Amerika ein Agrarstaat, der den Händeln der europäischen Mächte bewußt den Rücken kehren wollte. Dem entsprach auch der Zuschnitt des Weißen Hauses, mit dem sich jedes bessere Herrenhaus östlich der Elbe messen konnte. Nimmt sich der Sitz des Präsidenten in der Pennsylvania Avenue Nummer 1600 eher maßvoll aus, läßt sich am Capitol, das an Höhe von keinem Bauwerk im District of Columbia übertroffen werden darf, architektonische Bescheidenheit bestimmt nicht rühmen. Der bewußt der Antike entlehnte monumentale und pompöse Stil meldet Herrschaftsanspruch an. Das Capitol, sagte schon Alexander Hamilton, ist das politische Zentrum und das Herz der Nation. Es ist zugleich eine Art Walhalla, eine Ehren- und Ruhmeshalle für verdiente Amerikaner, vollgestopft mit Büsten, Bildern und Statuen großer Staatsmänner oder Generäle, ein Wallfahrtsort für jeden patriotisch gesinnten Bürger. 535 Männer und Frauen zählt der Kongreß, das sind 535 Machtfaktoren, die meist keine Partei- oder Fraktionsdisziplin bindet und mit denen jeder Präsident zu rechnen hat. Die Senatoren und die Mitglieder des Repräsentantenhauses auf dem Capitol, dieser weiß schimmernden Marmorpracht, die, halb Tempel, halb Festung, alles in Washington überragt, haben im letzten Jahrzehnt die Machtbalance dramatisch zu ihren Gunsten verändert. Es war dies eine durchaus legale Revolution, und sie trug wesentlich zu jener Führungsschwäche der Vormacht des Westens bei, über die Carters Kritiker immer wieder bewegte Klage führen sollten. Watergate und Vietnam haben zum Umsturz eines ganzen Machtsystems geführt; zu den Verlierern zählen eindeutig der Präsident, das State Department und der Stab des Weißen Hauses. Hatte seit Pearl Harbour die Parole gegolten: *Politics stop at the waters edge* – zu deutsch etwa: Der innenpolitische Streit endet da, wo das Meer beginnt; er macht halt vor der Außenpolitik –, mischte sich der Kongreß nun zunehmend in die Außenpolitik ein, die von 1941 bis zum Krieg in Vietnam unstrittig Domäne des Präsidenten war. Präsident Harry S. Truman durfte sich rühmen, er allein bestimme den Kurs der Außenpolitik, und noch Dean Rusk, Außenminister unter Kennedy wie Johnson, konnte kategorisch behaupten, Außenpolitik werde vom Präsidenten gemacht.

Tatsächlich war die Außenpolitik der ersten zwei Nachkriegsjahrzehnte nicht nur vom Kalten Krieg geprägt, sondern auch von einem breiten nationalen Konsensus getragen. Was immer ein Präsident in diesen Jahren für nötig hielt, um den Kommunismus in seine Schranken zu weisen, er durfte der Zustimmung des amerikanischen Kongresses sicher sein. Es waren die Jahrzehnte der imperialen Präsidentschaft, eine Zeit beinahe mystischer Verklärung der Macht des Präsidenten.

Einigen einflußreichen Senatoren war selbst dies nicht genug. So klagte Senator Fulbright noch 1961 über eine exzessive Neigung zu Kirchturmspolitik, die im Kongreß anzutreffen sei, und monierte, die öffentliche Meinung nehme zu viel Einfluß auf außenpolitische Entscheidungen, ohne daß sie über entsprechende Kenntnisse verfüge. Seine Folgerung: Es sei an der Zeit, der Exekutive alle Fesseln abzustreifen und ihr die alleinige Vollmacht für die Führung der Außenpolitik zu überantworten. Im Jahr 1974 war dann ein anderer Senator Fulbright zu hören. Im Rückblick auf die Jahre der »starken Präsidentschaft« kritisierte er jetzt, daß der Präsident sich zum Diktator über Amerikas Außenpolitik erhoben habe. Der »magische Glanz« eines Roosevelt, die »milde, väterliche Güte« eines Eisenhower, der »strahlende, ritterliche Schimmer« eines Kennedy, dies alles habe die Weisheit der Verfassungsväter vergessen lassen, nach der aller Macht prinzipiell zu mißtrauen sei. Und als einzigen Schutz gegen den Mißbrauch der Macht erkannte der neue Fulbright nach dem Debakel von Vietnam und Watergate wieder das institutionalisierte Zusammenspiel einer Vielzahl politisch unabhängiger und unterschiedlicher Meinungen. Die berühmten *checks and balances* der amerikanischen Verfassung wurden von ihm jetzt für die Außenpolitik neu reklamiert. »Ich glaube, daß die Institution des Präsidenten ein Amt voller Gefahren geworden ist, das dringlicher einer Reform bedarf als jede andere amerikanische Regierungsinstitution ... Was immer man auch gegen den Kongreß einwenden mag – daß er langsam ist, ineffizient und eigensinnig, daß er hinter der Zeit zurückbleibt –, es gibt auch einiges, was für ihn spricht: Er stellt keine Gefahr für die Freiheit des amerikanischen Volkes dar.« Beide Positionen, die der Senator Fulbright im Abstand von nur dreizehn Jahren bezog, werden von der Verfassung gedeckt, die ja die Zuständigkeit für den Entwurf und die Durchführung von Außenpolitik nur äußerst vage umreißt. Sie legt fest, daß jeder Vertrag, den der Präsident mit auswärtigen Mächten schließt, der Zustimmung von zwei Dritteln aller Senatoren bedarf, und wenn ein Präsident im Rahmen seiner Außenpolitik einen anderen Staat durch Wirtschafts- oder Militärhilfe unterstützen will, dann muß jeder Dollar vom Repräsentantenhaus genehmigt werden. Verfassungsrechtler bezeichnen diese Machtverteilung deshalb gelegentlich als eine Einladung zum Streit über die außenpolitischen Kompetenzen von Präsident und Kongreß. Hat der Präsident ein Monopol für die Außenpolitik? Ist der Kongreß ein gleichberechtigter Partner? Oder hat der Kongreß das Recht, die Außenpolitik in ihren Grundlinien zu bestimmen und den Spielraum des Präsidenten bei der Durchführung dieser Politik einzuengen?

Bis heute gibt es keine definitive Antwort auf diese Fragen, doch die amerikanische Geschichte kennt Phasen, in denen die Vormachtstellung des Kongresses unbestritten war, und wieder andere, in denen der Präsident außenpolitisch unangefochten die Führung hatte. In Zeiten großer internationaler Spannungen oder in Kriegen erstarkt zumeist der Präsident, bei Abebben der Spannungen oder gegen Ende eines Krieges schlägt das Pendel der Macht in der Regel zum Kongreß zurück.

Wie es zwei Senatoren Fulbright gab, gab es auch zwei Präsidenten Carter: Der eine zeigte anfangs Verständnis für die Beschneidung der Rechte der Exekutive nach Watergate und Vietnam. Doch als er sich 1978 auf den Weg zum Bonner Weltwirtschaftsgipfel begab, erkannte er, daß er als ein Partner minderen Ranges kam; seine Verhandlungsvollmacht erschöpfte sich nämlich darin, den Konferenzteilnehmern vorauszusagen, wie der amerikanische Kongreß die ihm zugeleitete Energiegesetzgebung mutmaßlich umgestalten werde. So klagte der andere Carter im Juni 1978, als er die volle Wucht des Pendelrückschlags zu spüren bekam, daß der exzessive Gebrauch des Einspruchrechts der Legislative die Fähigkeit der Weltmacht beeinträchtige, auf die rapide wechselnde Weltsituation jeweils angemessen zu reagieren. Der »andere« Carter damals: »Ein vernünftiges Maß an Flexibilität ist nun einmal Voraussetzung für eine effektive Regierung.«

Knapp zwei Jahrzehnte, ehe er zu einem der großen Präsidenten aufsteigen sollte, im Jahre 1885, hatte der Jurist Woodrow Wilson mit seiner Doktorarbeit eine ebenso brillante wie vernichtende Kritik des amerikanischen Regierungssystems veröffentlicht. Da zur Zeit der Drucklegung wieder einmal der Kongreß die unangefochtene Vormachtstellung innehatte, schrieb Wilson, die Geschicke Amerikas würde von Kongreßausschüssen mit wechselnden Mehrheiten bestimmt. Die politische Macht sei nirgendwo fest verankert, der Kongreß, der inzwischen selbst die Details des Regierungsalltags an sich gerissen habe, verhalte sich weder verantwortlich noch berechenbar. Besondere Klage führte er über den amerikanischen Senat, welcher der Regierung oft die Zustimmung zu außenpolitischen Verträgen verweigere. Vor ihm hatte schon John Hay, einst der Privatsekretär Lincolns und um die Jahrhundertwende dann der Chef des State Department, den Senat beschuldigt, durch sein Verhalten seriöse außenpolitische Verhandlungen nahezu unmöglich zu machen.

Was Wilson später widerfuhr, belegt auf tragische Weise, daß er mit den Thesen seiner Doktorarbeit letztlich wider seinen Willen recht behalten sollte. Im Ersten Weltkrieg war er zu einem starken Präsidenten geworden, auch wenn die Kriegsbeteiligung Amerikas nie von einem breiten Konsensus getragen wurde, der sich der späteren Zustimmung des amerikanischen Volks zum Zweiten Weltkrieg vergleichen ließ. Gerade weil Wilson sich der Gefahren bewußt war, die ein feindseliger Kongreß für seine Friedenspläne darstellen konnte, hatte er seine 14 Punkte im Alleingang, ohne vorherige Konsultation mit dem Kongreß, veröffentlicht. Und seine große utopische Idee eines neu zu schaffenden Völkerbundes als Garant für den Frieden der Welt hatte er so innig mit dem Abschluß des Friedensvertrages von Versailles verwoben, daß er überzeugt war, er habe dem mächtigen Senat, in dem die Republikaner die Mehrheit hielten, jede Möglichkeit zum Veto schon im Vorfeld entwunden.

Doch das großartige Konzept einer Weltorganisation der Völker für die Behauptung des Friedens war so lange nichts wert, als der Völkerbund im Ernstfall nicht eine internationale Streitmacht gegen Aggressoren ins Feld schicken konnte. Ohne militärische Macht mußte das Prinzip der kollektiven Sicherheit, auf das der Völkerbund den Frieden stützen sollte, Schall und Rauch bleiben. Artikel 10 des Vertrages über die *League of Nations* sah deshalb vor, daß der Rat des Völkerbunds im Falle einer Aggression oder einer unmittelbaren Gefahr Empfehlungen an die Mitglieder aussprechen könne, mit welchen Mitteln sie ihrer Verpflichtung zur Wahrung des kollektiven Friedens nachzukommen hatten. Die konservative und isolationistisch orientierte republikanische Mehrheit im Senat schöpfte sofort Verdacht. Amerika, so die Befürchtung, könne durch Mehrheitsbeschluß einer internationalen Organisation quasi automatisch und unter Umgehung des Kongresses, dem ja allein das Recht zustand, den Kriegszustand zu verkünden, in internationale Auseinandersetzungen verwickelt werden. Der Streit, der sich darüber zwischen Wilson und dem republikanischen Senator Lodge entwickelte, der den Vorsitz im außenpolitischen Ausschuß führte, kreiste im Kern folgerichtig um die sogenannten *war powers,* um die Frage also, wer im Zweifelsfall zu entscheiden habe, ob die USA Teile ihrer Streitkräfte oder die ganze Armee in den Krieg schicken sollten. Und frühzeitig entschloß sich der Senat, den europäischen Großmächten am Verhandlungstisch in Versailles zu signalisieren, daß allein er für solche Fragen die Verantwortung trage, nicht aber der Chef der Exekutive, welchen der Senator Lodge als einsamen idealistischen Traumtänzer zu diskreditieren suchte. Vergebens appellierte Woodrow Wilson damals an die Vereinigten Staaten, für immer aus der Isolierung herauszutreten und sich zu weltpolitischer Verantwortung zu bekennen. Die USA stünden vor der Frage, entweder jetzt »als ein Führer in die Weltpolitik einzutreten oder aber später durch mißliche Umstände in diese Rolle hineingezwungen zu werden«, betonte er, wahrhaft hellsichtig, immer aufs neue. Sicher unterliefen Woodrow Wilson im Kampf um diese entscheidende historische Weichenstellung taktische Fehler, welche die eigene Niederlage begünstigten. Daß er mit seiner Warnung recht behielt, der Rückzug der USA aus der Weltpolitik, ihre Rückkehr in die Isolation, würde den Ausbruch eines neuen, weitaus schlimmeren Krieges nur beschleunigen helfen, kann über die Niederlage, die er erlitt, kaum hinwegtrösten. Die Ablehnung des Vertrags über den Völkerbund durch den amerikanischen Senat ebnete den Weg für zwanzig Jahre außenpolitischer Führung durch den amerikanischen Kongreß. Wie sich bald erweisen sollte, zeigte die Volksvertretung wenig Gespür für die weltpolitische Verantwortung einer Macht vom Range der USA. Fast ohne Widerspruch folgten die Präsidenten Harding, Coolidge und Hoover der isolationistischen Tendenz der Abgeordneten. Selbst Franklin D. Roosevelt, der die Macht des Präsidentenamts nach innen meisterhaft auszubauen verstand, fühlte sich in seinen ersten beiden Amtsperioden außenpolitisch vom Kongreß an die Kette gelegt.

Dabei war unstreitig, daß sich der Kongreß in Übereinstimmung mit einer breiten Grundströmung im amerikanischen Volk befand, das die Beteiligung an neuen internationalen Verwicklungen zutiefst verabscheute. Noch 1937, Hitler war schon vier Jahre an der Macht, hielten zwei Drittel aller Amerikaner den Eintritt Amerikas in den Ersten Weltkrieg für einen Fehler. Gegen den entschiedenen Widerspruch Roosevelts stimmte der amerikanische Kongreß 1935 für jene Pittmann-Resolution, die dem Präsidenten untersagte, irgendeiner kriegführenden Nation Waffen zu liefern. Ob die Waffen etwa den Aggressoren oder den Opfern einer Aggression zugute kommen sollten, ließ die Urheber dieser Resolution völlig ungerührt. Als Japan 1937 China mit Krieg überzog, wurde der *Permanent Neutrality Act* verabschiedet, der die USA zu einem Kurs dauernder Neutralität verpflichtete. Und als der Kongreß 1938 schließlich den beschleunigten Ausbau der US-Navy beschloß, ließ sich die Mehrheit der Abgeordneten nicht etwa von dem Gedanken leiten, daß Amerika bald in den Zweiten Weltkrieg eingreifen müsse, ausschlaggebend war vielmehr eine Art Festungsdenken: Amerika sollte, notfalls auf sich allein gestellt, für jeden erdenklichen Angriff voll gewappnet sein, um zurückschlagen zu können. Noch 1939, Hitler hatte die Tschechoslowakei längst besetzt, lehnte die Führung von Repräsentantenhaus und Senat, von Roosevelt ins Weiße Haus geladen, jede Modifizierung der Neutralitätsakte ab. Die Situation änderte sich schlagartig mit dem japanischen Angriff auf Pearl Harbour.

Der japanische Überfall markiert den Anfang einer Phase, die rund 25 Jahre währen sollte und in der Amerikas Außenpolitik so gut wie unumstritten blieb, weil sie von der Zustimmung einer breiten Mehrheit im Volk und von beiden Parteien im Kongreß getragen wurde. In diesem Vierteljahrhundert wurde die Weltmacht von voll verhandlungsfähigen Präsidenten geführt, die auch nach Ende des Zweiten Weltkriegs in der Lage waren, jederzeit Truppen in die entlegensten Winkel der Welt zu entsenden. Ein Harry S. Truman konnte sich erlauben, amerikanische GI's nach Korea zu schicken, ohne zuvor den Kongreß um Zustimmung zu bitten. Zwar monierte Senator Taft, der Präsident habe gegen die Verfassung verstoßen, weil amerikanische Truppen gemäß der Resolution der Vereinten Nationen in einem unerklärten Krieg kämpfen müßten: »Ich glaube nicht«, erklärte der Republikaner, »daß der Präsident die Vollmacht hat, ohne ausdrückliche Zustimmung des Kongresses Truppen in irgendein Land zu senden, um es gegen einen möglichen oder wahrscheinlichen Angriff durch ein anderes Land zu verteidigen.« In dem Streit zwischen dem konservativen Taft und der Regierung Truman steckte die bis heute nicht klar beantwortete Frage, wo das Recht des Präsidenten als Oberkommandierender durch die dem Kongreß vorbehaltene Vollmacht, Krieg zu erklären, Streitkräfte zu unterhalten und sie zu finanzieren, seine Grenze findet. Von seinem Recht als Oberkommandierender hatte schon Thomas Jefferson Gebrauch gemacht, als er die amerikanische Flotte vor die Küste Tunesiens segeln ließ, um nordafrikanischen Piraten das Handwerk zu legen. Doch stellte diese Art Kanonenbootdiplomatie eine relativ kleine militärische Operation von kurzer Dauer dar und verlangte keine zusätzliche Finanzierung durch den Kongreß. Wenn der Disput, der zwischen Taft und Truman aufbrach, nicht bis zum bitteren Ende ausgetragen wurde, dann hat das mit jener Angst und Ungewißheit zu tun, die in den Jahren des Kalten Krieges herrschten und die, wie der Historiker Arthur Schlesinger betont, ganz natürlich die Tendenz verstärkten, die Kontrolle der Außenpolitik einschließlich des Einsatzes der Streitkräfte beim Präsidenten zu zentralisieren. Hinzu kam, daß amerikanische Präsidenten erstmals in Friedenszeiten über riesige stehende Heere verfügen konnten, die sich kurzfristig in Marsch setzen ließen.

Wie sehr das Verhältnis von Kongreß und Präsident in diesen Jahren von einem Harmoniebedürfnis der Abgeordneten geprägt war, zeigt die Tatsache, daß der Kongreß nicht einmal da, wo seine Rechte gänzlich unumstritten waren – etwa bei der Bewilligung von Auslandshilfe –, den Wünschen »imperialer Präsidenten« Widerstand leistete, ganz im Gegenteil. Gelegentlich suchten die Abgeordneten die Exekutive noch zu übertrumpfen – etwa, als sie 1948 über die von der Regierung geforderten Mittel hinaus weitere 400 Millionen Dollar für Nationalchina bewilligten oder im Jahre 1950 gegen erklärte Bedenken der Regierung eine Auslandsanleihe für das zwar stramm antikommunistische, aber immerhin faschistische Franco-Spanien erzwangen.

Erst als der imperiale Präsident Johnson die Weltmacht

in einen ausweglosen Landkrieg in Asien verstrickte, begann der Kongreß langsam, sich auf seine angestammten Rechte zu besinnen. Als dann der nicht minder imperiale Präsident Nixon das neutrale Kambodscha ohne Genehmigung durch den Kongreß mit einem Bombenhagel überzog, und diese Operation die Steuerzahler über 160 Millionen Dollar kosten sollte, fühlten sich die Abgeordneten endlich zum Aufstand ermuntert. Der 29. Juni 1973 markiert denn auch als »Tag der Bastille« das Ende der imperialen Präsidentschaft und die Rückeroberung der Kontrolle über die amerikanische Außenpolitik durch den amerikanischen Kongreß. Es war der Tag, an dem der Präsident kapitulierte, indem er das Recht des Kongresses anerkannte, das militärische Engagement der USA in Indochina umgehend zu beenden und jedes weitere Bombardement Kambodschas zu untersagen. Schritt für Schritt schränkte der Kongreß jetzt die außenpolitische Handlungsvollmacht des Präsidenten ein. Zügig strichen die Abgeordneten die Militärhilfe für Südvietnam, Laos und Kambodscha zusammen. Allein für Vietnam und Laos hatte die Regierung 1,6 Milliarden Dollar gefordert, doch der Kongreß bewilligte nur 907 Millionen. Der Hinweis von Henry Kissinger, daß die USA, wenn sie sich schon selbst davonstehlen wollten, wenigstens ihren Freunden die Mittel bewilligen müßten, die sie für ihre Selbstverteidigung nötig hatten, fruchtete wenig.

Nationen, die Kriege verlieren, erleben nicht selten Revolutionen an der Heimatfront. Die Revolution nach dem verlorenen Vietnamkrieg sah den Kongreß als Sieger. Die Opposition gegen den Krieg in Vietnam hatte den Volksvertretern das Gewissen geschärft, und vom Standpunkt der Moral aus verdient ihre Haltung alle Achtung. In den Augen der Alliierten, die sich plötzlich im Stich gelassen und geopfert fühlten, stand die Weltmacht Amerika freilich als unzuverlässiger, unberechenbarer Verbündeter da. Vergebens appellierte die Regierung an den Kongreß, Südvietnam nach dem Abzug der amerikanischen Truppen wenigstens ausreichend Geld für Munition, Ersatzteile, Treibstoff und Arzneimittel zur Verfügung zu stellen. Mehr Hilfe, erklärte Senator Michael Mansfield, ein Mann von unerbittlicher Strenge und Moral, bedeute nur mehr Kämpfe und noch mehr Mord, und all dies müsse endlich ein Ende haben. Die Völker Südostasiens sollten ihre Differenzen hinfort allein und auf ihre Weise austragen. Die letzte Niederlage in diesem Rückzugsgefecht erlitt Präsident Ford am 21. April 1975, als der Kongreß sogar die Gelder für die humanitäre Hilfe für Flüchtlinge aus Vietnam verweigerte; 90 Republikaner stimmten damals zusammen mit den Demokraten gegen ihren eigenen Präsidenten.

Kritiker der neuen Machtstellung des Kongresses wie der republikanische Senator John Tower befürchten, die Fesselung des Präsidenten durch den Kongreß werde die USA daran hindern, künftig eine aktive Rolle in der Dritten Welt zu spielen und sowjetische Expansionsgelüste in Afrika oder Asien einzudämmen. Tower entwarf die Schreckensvision einer Welt des Jahres 1990, in der die wichtigsten Rohstofflieferanten und die strategisch bedeutsamen Entwicklungsländer längst zu Verbündeten oder Vasallen der Sowjets geworden sind. Und häufig berufen sich Kritiker der Vormachtstellung des Kongresses auf Alexis de Tocqueville, der als erster darauf hingewiesen hatte, daß Demokratien durch den natürlichen Meinungsstreit und die für sie nun einmal charakteristischen und unausbleiblichen innenpolitischen Auseinandersetzungen um die Macht bei der Konzipierung und Durchsetzung einer kohärenten Außenpolitik erheblich behindert seien. In der Tat repräsentieren die Abgeordneten und Senatoren im Kongreß oft regionale oder lokale Interessen, die mit denen der Nation, wie sie die Exekutive definiert und artikuliert, nur wenig gemein haben. Wer Außenpolitik als geopolitisches Schachspiel betrachtet, wie der Senator Tower, kann zu Recht darauf verweisen, daß Schach kein Teamsport ist. Freilich ist ihm entgegenzuhalten, daß keine demokratische Regierung in der Lage ist, auf Dauer eine Außenpolitik zu führen, die sich nicht auf die Zustimmung einer möglichst breiten Mehrheit stützt.

Die wichtigste Fesselung des Präsidenten durch den Kongreß, der sogenannte *War Powers Act* von 1973, ist zweifellos das Ergebnis jahrelanger Frustrationen, die auf den Vietnamkrieg zurückzuführen sind. Mit seiner Verabschiedung wurde die Fähigkeit jedes amerikanischen Präsidenten, in Krisenfällen schnell und machtvoll zu reagieren, erheblich eingeschränkt. Zwar steht es noch immer im Belieben der Exekutive, amerikanische Truppen zur Sicherung amerikanischer Interessen einzusetzen, aber die Regierung ist verpflichtet, den Kongreß innerhalb 48 Stunden einen Bericht über die voraussichtliche Dauer und das vermutliche Ausmaß der Feindseligkeiten vorzulegen. Danach bleibt ihr eine Frist von 60 Tagen, um die Truppen entweder zurückzuziehen oder aber die Zustimmung für ein weiteres militärisches Engagement vom Kongreß einzuholen. Doch John Tower, der Vorsitzende des Verteidigungsausschusses des amerikanischen Senats, erblickt in diesem Zwang zur Offenlegung der Ziele einer amerikanischen Intervention in einer internationalen Krise eine schwere Gefährdung des amerikanischen Nationalinteresses. Der Feind, argumentiert Tower, operiere unter ungleich vorteilhafteren Bedingungen, denn er sei zu solcher Offenlegung nicht verpflichtet. Zudem könne jeder Gegner nun unschwer ermessen, welche Risiken er mit seinen Maßnahmen laufe, weil jedes Überraschungselement auf amerikanischer Seite ausgeschaltet sei. Erschwerend kommt nach Meinung konservativer Kritiker hinzu, daß der Kongreß auch die Aktivität des amerikanischen Geheimdienstes unter seine Kontrolle nahm. So monierte schon Henry Kissinger, daß das Pendel zu weit zurückgeschlagen sei und die außenpolitische Machtstellung des Kongresses die Regierung daran hindere, amerikanische Interessen zu sichern. Ihm hatte das *Clark-Amendment* untersagt, der sowjetischen Durchdringung Angolas und der Stationierung kubanischer Truppen mit sogenannten verdeckten Aktionen des CIA entgegenzuwirken. »Der Gedanke, daß Außenpolitik der Exekutive anzuvertrauen sei, ging in den Flammen Vietnams unter«, schreibt Arthur Schlesinger, doch er macht zugleich beide, Legislative wie Exekutive, für außenpolitische Fehler von historischer Tragweite verantwortlich: »Vietnam hat die Führung der Außenpolitik durch die Exekutive so gründlich diskreditiert wie Versailles (die Absage an den Völkerbund) und der Neutralitäts-

101

akt die Führung der Außenpolitik durch den Kongreß.« Ob es Amerika in den kommenden Jahren gelingen wird, die rechte Balance der Kompetenzen zu finden, hängt nicht zuletzt davon ab, ob es einen neuen außenpolitischen Konsensus finden kann, der von einer breiten politischen Mehrheit getragen wird. Noch ist ein solcher Konsensus nicht in Sicht.

Dabei kommt dem Kongreß unstreitig das Verdienst zu, daß er die Vielfalt der Volksmeinungen artikuliert und früher oder später – im Fall Vietnams eindeutig zu spät – außenpolitische Abenteuer verhindert, die auf Dauer nicht vom Willen des Volkes gedeckt werden. Das Grundproblem einer auf Kontinuität hin angelegten, in sich schlüssigen Außenpolitik der Weltmacht Amerika hat keiner treffender umrissen als Dean Acheson. »Die Schlüsselfrage«, schrieb der langjährige Außenminister Harry Trumans, »ist nicht, ob der Kongreß stärker zu sein hat als der Präsident oder umgekehrt. Sie lautet vielmehr, wie Kongreß und Präsident gestärkt werden können, damit beide die ihnen zugewiesenen Aufgaben erledigen, und wie beide möglichst gut zusammen arbeiten können.« Das Problem war damit zwar glänzend beschrieben, aber gelöst ist es bis heute nicht. Denn so sehr einerseits stimmt, daß der Einfluß des amerikanischen Kongresses auf die Außenpolitik gelegentlich heilsame oder auch überflüssige Kurskorrekturen erzwingt, so gewiß ist andererseits, daß durch innenpolitischen Druck bedingte Kursschwankungen einer Großmacht von ihren Freunden oder Alliierten als Mangel an Geradlinigkeit oder gar Treuebruch empfunden werden.

Am Kern des Problems, das die spezifisch amerikanische Form der Gewaltenteilung für die Führung der Außenpolitik der Großmacht darstellt, änderte auch der Spruch des Obersten Gerichts vom Juni 1983 wenig. Indem das Gericht dem Kongreß das Vetorecht gegen Ausführungsmaßnahmen des Präsidenten nahm, untersagte es, worauf sich Legislative und Exekutive zu Zeiten Herbert Hoovers geeinigt hatten: Damals hatte der Kongreß dem Präsidenten erheblichen Spielraum und Flexibilität bei der Durchführung von Gesetzen und Beschlüssen eingeräumt, doch zugleich, gewissermaßen als Preis für diesen in der Verfassung nicht vorgesehenen Freiraum der Exekutive, sich durch das Recht des Vetos gegen Mißbräuche geschützt. Langfristig wird das Urteil des Supreme Court nur zur Folge haben, daß der Kongreß den Präsidenten durch präzisere Formulierung der Gesetze und Einzelbeschlüsse wieder enger an die Kette legt.

Die Machtstellung des amerikanischen Kongresses in außenpolitischen Fragen schafft auch deshalb Probleme, weil Amerika eben doch nicht jener große Tiegel ist, der alle einwandernden Volksgruppen spurlos einschmelzen kann. Weil zumindest Reste ethnischer Identität bei vielen Emigranten lebendig bleiben, gibt es heute nicht wenige einflußreiche »Bindestrich-Amerikaner«, die sich, bestens organisiert, für die besonderen Interessen ihres Herkunftslandes einsetzen oder massiven Druck auf die amerikanische Außenpolitik ausüben. Das trifft vor allem auf die späten Einwanderer des 20. Jahrhunderts zu, aber besagt nicht, daß sie, ganz gleich, ob sie nun griechische oder türkische, israelische oder arabische Interessen verfechten, an doppelter Loyalität krankten. Die meisten verhalten sich den USA gegenüber völlig loyal, aber bekennen zugleich eine spezielle Neigung für das Land ihrer Vorfahren, ohne dies als Widerspruch zu empfinden. Wie sähe eigentlich heute die amerikanische Nahostpolitik aus, fragte einmal der liberal-konservative republikanische Senator Charles Mathias aus Maryland, wenn es ebenso viele Amerikaner arabischer wie jüdischer Herkunft gäbe? Und welche Politik würde Amerika an der Südflanke der NATO betreiben, wenn die Türken über eine Einwanderer-Lobby in Amerika verfügten, die es an Kraft und Einfluß mit jener der Griechen aufnehmen könnte?

Ein erstes Beispiel dafür, daß ethnische Lobbies direkt auf die amerikanische Außenpolitik einwirken, lieferten die Irisch-Amerikaner, die durch ihre antibritische Haltung Amerikas Engagement zugunsten Englands in zwei Weltkriegen verzögerten. Präsident Wilson führte Klage, daß es keine wahre Waffenbrüderschaft zwischen Briten und Amerikanern geben könne, solange das Problem Irland ungelöst sei. Und Roosevelt beschwerte sich 1940 über eine

»geradezu wilde irisch-isolationistische Opposition« gegen seine Politik – eine Opposition, die ironischerweise von seinem eigenen Botschafter am Hofe von St. James, dem irischstämmigen Joseph Kennedy, Vater des späteren Präsidenten, gefördert wurde.

Bei seinem ersten Besuch in Moskau mußte sich der damalige Vizepräsident Nixon von Chruschtschow zur Rede stellen lassen, weil der amerikanische Kongreß am 17. Juli 1959 eine *Captive Nations Week* proklamiert hatte. Die Verkündung dieser »Woche der gefangenen Nationen« stellte eher eine Routinereaktion auf die Forderung osteuropäischer Emigranten dar, deren Heimatländer nach Kriegsende im sowjetischen Machtbereich verblieben waren. Da in dieser Resolution auch integrale Bestandteile der Sowjetunion wie Georgien, Armenien oder die Ukraine angesprochen wurden, beschuldigte Chruschtschow Amerika der groben Einmischung in die inneren Angelegenheiten der UdSSR. Mit dem Hinweis, daß kein amerikanischer Präsident über die Macht verfüge, dem Kongreß einen Maulkorb umzulegen, zog sich Nixon damals aus der Affäre. Viel freilich brachte die Osteuropa-Lobby nicht zuwege. Sie konnte einige Jahre verhindern, daß Jugoslawien die Meistbegünstigungsklausel erhielt, und vorübergehend boykottierte sie den Import polnischer Schinken. Entscheidender war, daß ihre Aktivität im sowjetisch besetzten Osteuropa falsche Hoffnungen weckte, die durch amerikanisches Nichtstun beim Volksaufstand am 17. Juni 1953 in der DDR und bei der Erhebung der Ungarn 1956 bitter enttäuscht werden sollten. Als weitaus gefährlicher erwies sich da schon die griechische Lobby, die sich in den zwanziger Jahren zunächst mit dem Ziel organisiert hatte, das griechische Kulturerbe unter den Einwanderern aus Griechenland zu pflegen und zu bewahren. Die progressive griechisch-amerikanische Erziehungsorganisation AHEPA wollte ursprünglich mit Hilfe von 400 regionalen Gruppen und Vereinen dazu beitragen, griechischen Emigranten die Eingliederung in die neue Umwelt und den sozialen Aufstieg zu erleichtern. Obschon sie nur 25 000 eingeschriebene Mitglieder zählt, gelang es ihr später, durch geschicktes Zusammenspiel mit den griechisch-orthodoxen Kirchen den Kongreß gegen die türkische Invasion Zyperns zu mobilisieren. Die Türken hatten ihre ersten Truppen am 14. August 1974 auf Zypern gelandet. Am 30. August klagte Mike Mansfield, der Führer der demokratischen Mehrheitsfraktion im Senat, er werde von einer Lawine von Telegrammen begraben, die allesamt drakonische Strafmaßnahmen gegen die Türken forderten. Der Druck griechischer Organisationen und die geschickte Public-Relations-Kampagne des eigens für diesen Zweck gegründeten American Hellenic Institute (AHI) erzwangen schließlich ein amerikanisches Waffenembargo gegen die Türkei und führten zu einer drastischen Revision der traditionellen Politik Amerikas, das bis dahin die beiden Partner an der Südflanke der NATO stets gleichrangig behandelt hatte.

Seit der Verkündung der Truman-Doktrin hatten die Generäle des Pentagon Griechenland und die Türkei als gleichermaßen unverzichtbare Stützpfeiler der NATO betrachtet. Zwar waren beide Länder seit Jahrzehnten untereinander zerstritten, aber gemeinsam banden sie nach Berechnungen der NATO-Stäbe 26 Divisionen des Warschauer Pakts. Vor Ort, an der Südostflanke der NATO, waren die Türken stärker an Zahl und technisch besser gerüstet. Doch in den USA verfügten die Griechen über die mächtigere Lobby. Zwar gab es insgesamt nicht mehr als drei Millionen Amerikaner griechischer Abstammung, aber die Türkisch-Amerikaner zählten nur 45 000 zu den ihren, und als Neuankömmlinge waren sie nur schlecht oder gar nicht organisiert. So folgte der Kongreß den Argumenten der griechischen Lobby: Weil die Türken sich bei der Invasion Zyperns amerikanischer Waffen bedient hatten, beschlossen Amerikas Volksvertreter, den türkischen Verbündeten nun mit einem Waffenembargo zu strafen. Als der rationaler urteilende Senat den Beschluß annullierte, riefen Freunde Griechenlands zu einer gewaltigen Massenversammlung auf den Stufen des Capitols auf. Mit 232 gegen 206 Stimmen verwarf das Repräsentantenhaus daraufhin das Veto des Senats und setzte die Sanktionen gegen die Türkei am 24. Juli 1974 wieder in Kraft. Die Abgeordneten schadeten damit vor allem amerikanischen Interessen. Denn Ankara revanchierte sich jetzt mit der Schließung von 26 amerikanischen Basen in der Türkei, darunter etlichen Monitor-Stationen und elektronischen Horchposten entlang der türkisch-sowjetischen Grenze, die wichtige Einblicke in den Stand der sowjetischen Raketenrüstung gestatteten. Nur mit Hilfe der jüdischen Lobby gelang es der Regierung Ford schließlich, das Embargo teilweise aufzuheben. Die Freunde Israels hatten dabei freilich weniger die Sicherheit der NATO oder das nationale Interesse der USA im Sinn. Wenn die jüdische Lobby der Regierung Ford in dieser kritischen Frage beisprang, dann vor allem, weil sich Israel von den an der Sowjetgrenze stationierten Horchposten wichtige Erkenntnisse über den sowjetischen Nachschub nach Syrien versprach. Erst der Regierung Carter gelang es schließlich, das Waffenembargo gegen die Türkei völlig aus der Welt zu schaffen.

Die unstreitig stärkste und einflußreichste aller ethnischen Lobbies ist das American Israel Public Affairs Comittee (AIPAC), das von Vertretern nahezu aller wichtigen jüdischen Organisationen in den USA gegründet wurde. AIPAC widmet sich ausschließlich Fragen, die für Israel wichtig und bedeutsam sind, und seit seiner Gründung in den fünfziger Jahren vermochte es zahllose Siege an seine Fahnen zu heften. Als beispielsweise Henry Kissinger einem der moderaten Herrscher in Nahost, König Hussein von Jordanien, mit Raketen des Typs Hawk bestückte Luftabwehrbatterien versprach, schrillten die Alarmglocken im AIPAC-Hauptquartier. Eine ad hoc zusammengerufene Researchgruppe erstellte unter tatkräftiger Mithilfe des israelischen Geheimdienstes ein zwei Seiten umfassendes Memorandum oder *fact sheet,* das pünktlich am Montagmorgen, dem Beginn der entscheidenden Sitzungswoche, jedem Mitglied des amerikanischen Senats vorlag, lange ehe ein Gutachten des State Department verfügbar war. Anhand zahlloser Daten und Fakten belehrte das AIPAC-Memo die Senatoren, daß die Hawk-Batterien eben doch nicht, wie Henry Kissinger behauptete, ausschließlich für Verteidigungszwecke geeignet seien, sondern im Zweifel auch dazu dienen konnten, Angriffsoperationen gegen Israel aus der Tiefe abzusichern. Und während das State Department in den üblichen Wochenendtiefschlaf verfallen war, hatte AIPAC den Samstag wie den Sonntag genutzt, die 400 größeren jüdischen Gemeinden im Land mittels Telegramm oder Telefon zu mobilisieren, damit die Abgeordneten in den Wahlkreisen auch ja den vollen Druck der sogenannten *grass roots* zu spüren bekamen. Auch befreundete Organisationen, die Juden zu führenden Mitgliedern zählten – die Gewerkschaft AFL/CIO oder die linksliberalen Americans for Democratic Action –, wurden gegen das geplante Jordaniengeschäft aufgewiegelt. Binnen 24 Stunden waren die Schreibtische der Senatoren und Abgeordneten auf dem Capitol mit Telegrammen und Briefen überschwemmt, die Telefone in den Vorzimmern standen nicht still. Die für Jordanien zuständige Unterabteilung des State Department wurde durch protestierende Anrufer, Besucher und durch eine Flut wütender Telegramme nahezu lahmgelegt.

Wann immer israelische Interessen im Kongreß auf dem Spiel stehen, AIPAC ist rechtzeitig zur Stelle, liefert Daten, Argumente, Dokumentationen und nützt häufig gezielte *leaks,* Informationen aus den verschiedensten Ministerien, die der jüdischen Lobby von Sympathisanten zugesteckt werden. Zu den sichtbarsten Erfolgen AIPACs zählt das sogenannte *Jackson-Vanik-Amendment,* das den Abschluß eines Wirtschaftsabkommens mit der Sowjetunion von der Bereitwilligkeit Moskaus abhängig machte, die Auswanderung sowjetischer Juden zu erleichtern. Kaum hatte der einflußreiche demokratische Senator Henry Jackson seine Absicht erklärt, den Kongreß für einen solchen Vorbehalt zu gewinnen, stieß AIPAC nach und schrieb Tausende jüdischer Persönlichkeiten von Rang und Namen an. Als der Abgeordnete Vanik den Zusatz im Kongreß schließlich einbrachte – Jackson konnte ihn nur im Senat verfechten –, hatten sich 295 Abgeordnete seiner Vorlage als Mitunterzeichner angeschlossen. Freilich bleibt die Frage, ob dieser stolze Erfolg nicht eher einem Pyrrhussieg gleicht. Die Sowjets bekundeten wenig Neigung, sich auf derlei Erpressungsmanöver einzulassen. Vielmehr gab sich Moskau verärgert und beschloß, auf das Handelsabkommen mitsamt der darin enthaltenen Meistbegünstigungsklausel ganz zu verzichten. Wer ein Paradebeispiel dafür sucht, daß eine gutgemeinte Initiative das angestrebte Ziel nicht nur nicht erreicht, sondern kontraproduktiv wirkt, sollte einen Blick auf die Zahl der jüdischen Auswanderer aus der Sowjetunion in jenen Jahren werfen. Vor dem *Jackson-Vanik-Amendment* im Jahre 1973 hatten die Sowjets noch 35 000 Juden ziehen lassen, 1977 wurde nur noch 17 000 die Ausreise gestattet. Der Trend sollte sich erst wieder umkehren, als der Abschluß von SALT II in greifbarer Nähe schien. Zu Recht sprach Henry Kissinger damals von einem schweren Fehler, der den jüdischen Organisationen unterlaufen sei, denn kein Land könne solchen Druck auf die eigenen innenpolitischen Entscheidungen ungestraft hinnehmen. Da das Abkommen den Wirtschaftsaustausch zwischen den USA und der Sowjetunion erleichtern und damit eine Basis für das schaffen sollte, was der Ostblock gern die »Materialisierung der Entspannung« nennt, wurde das *Jackson-Vanik-Amendment* zum Schlag gegen die gesamte Politik der Detente. Der demokratische Senator Mansfield klagte gegenüber Präsident Ford, damit sei ein Präzedenzfall geschaffen, der die künftige Außenpolitik der Vereinigten Staaten schwer belasten werde.

Zu einer geradezu dramatischen Kraftprobe zwischen der jüdischen Lobby und der Regierung Carter sollte es 1978 mit dem sogenannten Waffendreiecksgeschäft kommen, das die Lieferung amerikanischer Kampfflugzeuge nicht nur an Israel, sondern gleichzeitig an Ägypten und Saudiarabien vorsah. Israel zeigte sich vor allem besorgt über die Aufrüstung der Saudis, die im Gegensatz zu den Ägyptern noch nicht aus der arabischen Einheitsfront gegen Tel Aviv ausgeschert waren und die PLO nicht nur mit Worten, sondern auch mit Geld unterstützten. Was sich im Kampf um dieses Geschäft abspielte, belegte auf eine eindrucksvolle Weise, wie sehr die ausländischen Partner der USA sich inzwischen auf die neue Machtverteilung in Washington einzustellen wissen. Staatschefs und Außenminister, Königshäuser und Prinzen, ja Verteidigungsminister und Fraktionsvorsitzende aus Parlamenten verbündeter Staaten haben längst gelernt, nicht nur den Zuständigen in den Ministerien, sondern vor allem den mächtigen Senatoren und Abgeordneten auf dem Capitol ihre Aufwartung zu machen. Für den überragenden Einfluß der israelischen Lobby spricht freilich, daß Israels Außenminister Mosche Dajan in diesen Tagen nicht etwa als Bittsteller zum Hill fuhr, sondern die wichtigsten Senatsmitglieder zu einem Empfang zu sich ins Hotel Watergate bat. Dort hielt er, wie Kritiker spöttisch vermerkten, »eine Rumpfsitzung des auswärtigen Ausschusses« ab. AIPAC-Vertreter Morris Amitay warnte in einem Hearing die Senatoren vor einem »Kreislauf der Erpressung«, der nie enden werde, wenn die USA den Saudis moderne Düsenjäger als »Belohnung für ihre Zurückhaltung beim Ölpreis« lieferten. Und um die eher rationalen Argumente emotional zu untermauern, schickte AIPAC jedem Kongreßabgeordneten ein Exemplar des »Holocaust« zu, das Buch zu jener Fernsehserie, die wenige Monate zuvor tiefen Eindruck beim amerikanischen Publikum hinterlassen hatte.

Diesmal freilich setzten sich die Saudis, denen 60 Maschinen des modernen Typs F-15 zugesagt waren, ebenso geschickt wie energisch zur Wehr. Angehörige des Königshauses reisten nach Washington und suchten in Einzelgesprächen mit amerikanischen Kolumnisten und Politikern für ihre Sache zu werben. Public-Relations-Firmen erhielten Großaufträge und investierten Millionen in Anzeigen, die in den großen überregionalen Zeitungen des ganzen Landes Saudiarabien als zuverlässigen Partner Amerikas priesen. Und erstmals konnten die Saudis in dieser Auseinandersetzung auf eine arabisch-amerikanische Lobby zurückgreifen, die National Association of Arab Americans (NAAA), die sich inzwischen konstituiert hatte, um gegen die bedingungslose Unterstützung Israels und die totale Mißachtung der Sicherheitsinteressen der arabischen Staaten im Nahen Osten durch die amerikanische Außenpolitik zu protestieren. Allerdings war ihre Stoßkraft noch gering. Die Israel-Lobby konnte sich auf immerhin sechs Millionen amerikanische Juden stützen. Eine nennenswerte Einwanderung aus arabischen Ländern hatte es vor dem Zweiten Weltkrieg dagegen nicht gegeben, und die gekommen waren, stammten zumeist aus christlichen Gemeinden Syriens und des Libanon. Erst nach der Teilung Palästinas wanderten Araber vermehrt nach Amerika ein; die Zahl der Amerikaner arabischer Herkunft wird inzwischen auf knappe zwei Millionen geschätzt.

Im Kampf um das Waffendreiecksgeschäft steckte die jüdische Lobby ihre erste große Niederlage ein. Wenn bei der Schlußabstimmung im Senat 54 Senatoren für und nur 44 gegen die Vorlage der Regierung Carter votierten, dann auch, weil AIPAC seine Druckmittel diesmal gar zu unverhohlen, zu heftig und zu massiv eingesetzt hatte. AIPAC-Vertreter hatten Resolutionsentwürfe oder ganze Kataloge voll kritischer Fragen an Regierungsvertreter für Senats-Hearings vorbereitet, und einige seiner Experten nahmen sogar an Gruppensitzungen teil. Das mußte allergische Reaktionen bei einigen Senatoren geradezu provozieren. Diese Art Politik, erklärte der Senator Culver, ekle ihn geradezu an (»I'm sick and tired of that kind of politics, I'm sick and tired!«). Senator Mike Gravel meinte, er wisse sehr wohl, wie riskant es sei, für das Geschäft mit den Saudis zu stimmen: »Es kostet mich erhebliche finanzielle Unterstützung.« Nach der Abstimmung bezeichnete er diese Schlacht als die »Wasserscheide für den jüdischen Einfluß im Land«. Da er erstmals gegen die jüdische Lobby gestimmt hatte, genoß er das Gefühl wiedergewonnener Freiheit: »Wer einmal ein Ultimatum stellt, kann es nicht zwei- oder dreimal wiederholen, denn das Opfer erfreut sich inzwischen längst totaler Unabhängigkeit.«

Freilich wäre es falsch, den Ausgang dieses Kampfes als Sieg der arabischen und als Niederlage der israelischen Sache zu werten. Senator Charles Mathias betont mit Recht, daß der amerikanische Kongreß Israel über Jahre nicht etwa deshalb unterstützt hat, weil er in Furcht vor der israelischen Lobby lebte, sondern weil die meisten Abgeordneten im Kongreß die Unterstützung Israels als echte moralische Verpflichtung empfinden und der Überzeugung sind, Hilfe für Israel sei im nationalen Interesse der USA geboten. Aber als »Erfolg der Aktivitäten der Lobby« stellt er immerhin die Tatsache in Rechnung, daß diese Grundüberzeugung durch das »Wissen um mögliche politische Sanktionen« erheblich verstärkt worden sei. Daß die Senatoren sich diesmal den Wünschen der jüdischen Lobby widersetzten, war vor allem als Sieg für eine nüchterne amerikanische Politik zu betrachten, welche erstmals der Vielfalt der amerikanischen Interessen im Nahen Osten gerecht zu werden versuchte. »In dieser Weltgegend treffen die Interessen Israels und Saudiarabiens zusammen«, hieß es in einer Erklärung von Mathias, die direkt auf seine jüdischen Wähler zielte. »Beide haben eine antisowjetische Orientierung. Beide treten für unsere Interessen ebenso wie für die ihrigen ein, wenn sie gegen die radikalen Kräfte Front machen. Beide sind gute Freunde der USA. Beide brauchen unsere Unterstützung.« Daß vor allem griechische und jüdische Gruppen ihren Einfluß machtvoll zur Geltung bringen können, hat nicht nur mit der Tatsache zu tun, daß beide in wenigen großen Regionen oder Städten wie Chicago, New York, Miami oder Los Angeles leben und, derart konzentriert, beachtliche Wählerpotentiale repräsentieren. Aus den armen jüdischen und griechischen Familien der ersten Einwanderer-Generation sind längst erfolgreiche Geschäftsleute, Anwälte und Manager hervorgegangen, die wichtige Positionen in Handel und Industrie, Banken und Medien, Gewerkschaften und Parteien innehaben. Mit dem gezielten, besonders geschickten Einsatz von Werbung oder Geld allein ist das Geheimnis ihres Erfolgs nur unzulänglich erklärt. Zwar stammt von Sam Rayburn, dem langjährigen Sprecher des Repräsentantenhauses, der klassische Parlamentarierspruch, es sei »erste Pflicht eines Abgeordneten, für seine Wiederwahl zu sorgen«, und natürlich sind Abgeordnete, die nach dieser Maxime handeln, an ihrer Basis stets erpreßbar. Doch der große Erfolg ethnischer Lobbies ist vor allem darauf zurückzuführen, daß die Vorkämpfer dieser speziellen Interessen aus tiefer Überzeugung handeln, und das trifft vor allem auf die amerikanischen Juden zu.

Amerika ist auch heute noch ein Einwandererland, in das jährlich 1,5 Millionen legale und illegale Immigranten strömen, deren Masse freilich heute aus Asien und Lateinamerika kommt. Damit deutet sich das Entstehen neuer ethnischer Lobbies an, die ihren Anspruch, die Außenpolitik Amerikas mitzubestimmen, wenn nicht morgen, dann doch übermorgen, mit Nachdruck anmelden werden. Der Harvard-Professor Nathan Glazer und der neokonservative demokratische Senator Daniel P. Moynihan sprechen deshalb von der Gefahr einer Ethnisierung oder Partikularisierung der amerikanischen Außenpolitik. Eine Einwanderernation, die aus verschiedenen Rassen und Volksgruppen zusammenwachse, werde mit ihrer Außenpolitik stets Rücksicht auf ihre ethnische Zusammensetzung zu nehmen haben. Für Deutsche, die glauben, auf Dauer mit ein paar Hunderttausend Türken in ihrer Mitte nicht zusammenleben zu können, mögen solche Gedanken in der Tat schwer nachvollziehbar sein. Doch Glazer und Moynihan meinen: »Ohne viel zu übertreiben, läßt sich sagen, daß der Einwanderungsprozeß die wichtigste Determinante für die amerikanische Außenpolitik darstellt. Wie dieser Prozeß verläuft, entscheidet schließlich über die ethnische Zusammensetzung der amerikanischen Wählerschaft. Und Außenpolitik wird immer auf diese ethnische Mischung reagieren.« The Great Republic, die große Republik Amerika, sagen die Autoren voraus, werde deshalb auch künftig vom Richtungsstreit ethnischer Lobbies nicht verschont bleiben, auch wenn sich völlig neue Kräftekonstellationen herausbilden würden. So dürfte die ständig wachsende Zahl der US-Bürger lateinamerikanischer Herkunft eines Tages auf Washingtons Haltung gegenüber den Nachbarn im Süden der Hemisphäre durchschlagen. Und schon heute fragen militante Führer der 20 Millionen schwarzen Amerikaner, warum sie nicht zugunsten Afrikas bewirken könnten, was die Juden längst für Israel vollbrachten.

Aber nicht nur ethnische Lobbies, auch ausländische Mächte suchen ihren Einfluß auf die Gestaltung amerikanischer Außenpolitik direkt vor Ort auszuüben, einige legal, andere mit illegalen Mitteln. Die legal wirken wollen, greifen zumeist auf renommierte Anwälte, frühere Minister oder Abgeordnete außer Diensten zurück, die wissen, wo der Hebel anzusetzen ist. So vertrat der frühere Außenminister William Rogers viele Jahre die Interessen des Iran, und Nixons einstiger Justizminister Kleindienst beriet Algerien. Selbst ein Mann vom Range eines William Fulbright ging nach seinem Ausscheiden aus dem Senat unter die Lobbyisten und nahm die Interessen der Vereinigten Arabischen

Emirate wahr. Sind dies zumeist legitime Versuche, Mittler- und Beraterdienste zwischen auswärtigen Mächten und den USA zu leisten, so zeigt der Fall »Koreagate«, daß gelegentlich auch kriminelle Mittel eingesetzt werden, prekäre Sonderinteressen im amerikanischen Kongreß durchzusetzen. Als sich Berichte über Menschenrechtsverletzungen durch den koreanischen Geheimdienst häuften und die Regierung von Südkorea befürchten mußte, die Fortführung der Wirtschafts- und Militärhilfe werde vom Kongreß in Frage gestellt, suchte sie die nötigen Stimmen im Kongreß einfach zu kaufen. Agenten des koreanischen Geheimdienstes bestachen Kongreßabgeordnete mit Geld, Pelzen, Juwelen, kostenlosen Flugreisen oder teuren Bewirtungen; Südkoreas Botschafter Kim Dong Jo zeichnete plötzlich unerhört großzügige Wahlkampfspenden für wichtige Abgeordnete. Der Senator Ted Stevens aus Alaska erinnert sich, daß er 1972, als seine Wiederwahl anstand, einen Scheck über 2500 Dollar von einer Fischfabrik mit dem Vermerk erhielt, Freunde aus Korea hätten darum gebeten, das Geld an ihn weiterzuleiten. Der Skandal um die koreanische Bestechungsaffäre führte schließlich 1974 zu einem Gesetz, das Wahlkampfspenden fremder Staatsbürger untersagte. Es war eine Zeit, in der der Vorsitzende des Auswärtigen Ausschusses des Repräsentantenhauses, Zablocki, selbstkritisch fragte, ob ein Kongreß, der allzu bereitwillig auf Pressionen von Lobbies oder ethnischen Gruppen reagiere, nicht das nationale Interesse aus den Augen verliere und sich damit für eine außenpolitische Führungsrolle selbst disqualifiziere.

Mehr als durch solche Einflußversuche von außen wird die amerikanische Außenpolitik freilich durch die Tatsache geprägt, daß die Abgeordneten und Senatoren inzwischen über eine gewaltige Bürokratie gebieten, die jederzeit in der Lage ist, Vorlagen der Regierung zu überprüfen, Etatansätze durchzurechnen und nicht selten Gegenvorschläge zu präsentieren. Insgesamt arbeiten den Abgeordneten und Senatoren heute 39 000 Mitarbeiter zu, die jährlich 1,3 Milliarden Dollar an Löhnen und Gehältern kosten. Nicht wenige mächtige Senatoren unterhalten Stäbe von hundert und mehr Mitarbeitern, darunter Experten und Spezialisten, die bis zu 75 000 Dollar im Jahr verdienen. Die wichtigsten Senats- und Kongreßausschüsse verfügen zudem über eigene Stäbe, die – als kleine Gegenministerien – bei Bedarf in kürzester Frist Expertisen erstellen, welche jeden Senator in die Lage versetzen, einen Fachminister mit dessen eigenen Waffen zu schlagen. Der Justizausschuß des Senats beschäftigt 134, der Auswärtige Ausschuß 59 ständige Stabsmitglieder, die jederzeit auf 849 Mitarbeiter des Congressional Research Service zurückgreifen können, um Zahlen oder Daten, Biographien oder politische Analysen beizusteuern. Das von der Regierung meistgefürchtete Amt, das dem Kongreß untersteht, ist zweifellos das General Accounting Office mit seinen 5182 Angestellten. Zusammen mit dem Office of Technology Assessment ist es in der Lage, die Wirksamkeit, die Effizienz und die Kostenfaktoren selbst modernster Waffensysteme durchzurechnen. In den Debatten über die beste Stationierungsmethode für die neuen MX-Raketen wußten die Experten beider Kongreß-Ämter die Generäle und Techniker des Pentagon das Fürchten zu lehren. Auch erwiesen sich ihre Schätzungen der durch Reagans Steuersenkungen rapide wachsenden Defizite des amerikanischen Staatshaushalts in der Regel als realistischer als die geschönten Berechnungen des Schatzministeriums.

Das Wachsen dieser riesigen Bürokratien, auf die sich der Kongreß heute bei der Kontrolle der Regierung stützen kann, ist eine direkte Folge der Schocks von Watergate und Vietnam. Daß Präsident Johnson die Abgeordneten mit falschen Lagebeurteilungen zur Bewilligung immer neuer Milliarden für die Fortführung des Krieges in Indochina bewegen konnte, förderte den Wunsch, künftig nicht ausschließlich von Zahlen und Daten abhängig zu sein, die Experten der Regierung auf die jeweiligen Ausschußtische packten. Daß Nixon seine Verachtung für den Kongreß nicht verhehlte, tat ein übriges. So steht der Macht des amerikanischen Präsidenten, der über das Herrschaftswissen riesiger Ministerien gebietet, mit dem Kongreß heute eine potentielle Gegenregierung gegenüber, die jede Behauptung der Exekutive auf ihren Wahrheitsgehalt überprüfen, politische Lageeinschätzungen korrigieren und der vom Weißen Haus, vom State Department oder dem Pentagon verfolgten Politik notfalls eigene Alternativen entgegenstellen kann. In der Theorie wenigstens.

In der Praxis zeigt sich immer wieder, daß der amerikanische Kongreß mehr denn je zersplittert ist, weil die beiden großen Parteien ihre Abgeordneten nicht länger in die Disziplin der Fraktionen einbinden können. Nach Jahren oft bitterer Auseinandersetzungen schreibt Jimmy Carter rückblickend: »Wenn die Interessen mächtiger Lobbyisten auf dem Spiel standen, kapitulierte die Mehrheit der Kongreßmitglieder oft vor einer Kombination von politischen Drohungen und der Verlockung durch große Wahlkampfspenden ... Bedenkt man, wie zersplittert und wie konfus unser politisches System ist, wie stark die Kräfte sind, die auf schlechtberatene Entscheidungen drängen und wie sehr die führenden politischen Persönlichkeiten zu Irrtümern neigen, dann grenzt es fast schon an ein Wunder, wie gut unsere Nation das überlebt und sich weiterentwickelt.«

Auch Henry Kissinger klagt, daß Partikularisierung im Kongreß die amerikanische Außenpolitik zunehmend behindere. »Das Zusammentreffen von Watergate und Vietnam«, urteilte er 1980, »war absolut tödlich. Es hat das Präsidentenamt geschwächt, aber auf eine Art auch den Kongreß. Ich höre immer wieder, der Kongreß habe auf Kosten der Präsidentschaft an Macht gewonnen. Aber das stimmt nicht. Noch 1969 gab es fünf Senatoren und vielleicht zehn Kongreßabgeordnete, die für ihren Bereich über einen längeren Zeitraum hinweg die Führung übernahmen; mit ihnen konnte man über Außenpolitik diskutieren und eine gemeinsame Strategie ausarbeiten. Das gibt es heute nicht mehr. Weil nicht einmal die sogenannte Führung im Kongreß weiß, was die verschiedenen Gruppen wollen, ist es technisch unmöglich, mit dem Kongreß eine Vereinbarung zu treffen. Und das ist eine ernsthafte Behinderung unserer Außenpolitik.«

Nun mag man darüber streiten, ob die Wiedererstarkung des amerikanischen Kongresses nicht doch Segen stiftet in einer Zeit, in der Präsident Reagan Rüstungsprogramme verkündet, die den Krieg der Sterne, bislang eine Sache der Science Fiction, mit immer neuen Steuermilliarden in die Wirklichkeit umsetzen sollen. Daß ein Kongreß wahnwitzige Rüstungspläne eines Präsidenten, der ganz offensichtlich den Durchblick verloren hat, konterkariert oder drastisch zusammenstreicht, zählt, wie die Kontrolle des Mißbrauchs der Macht durch die Exekutive, zu den positiven Seiten der amerikanischen Gewaltenteilung und ist durch Buchstaben und Geist der Verfassung voll gedeckt. Schwierigkeiten bereitet die amerikanische Art der Gewaltenteilung freilich dann, wenn mangelnde Vorabstimmung zwischen Exekutive und Legislative oft zu monate-, wenn nicht jahrelangem Tauziehen um außenpolitisch relevante Entscheidungen führt, ein Vorgang, der Amerika immer häufiger den Vorwurf der Unberechenbarkeit einhandelt. So stellt sich zweihundert Jahre nach der Unabhängigkeitserklärung immer dringlicher die Frage, ob Amerikas Verfassung noch zeitgemäß ist. Taugt für eine Weltmacht des zwanzigsten Jahrhunderts, was aufgeklärte Plantagenbesitzer und gebildete Handelsmänner für einen Agrarstaat zurechtgeschneidert haben, der den Händeln der Welt bewußt den Rücken kehren wollte? Mehr und mehr Politiker und Verfassungsrechtler beantworten diese Frage mit einem klaren Nein und rufen nach einer Grundüberholung des amerikanischen politischen Systems in Richtung auf eine parlamentarische Demokratie.

Daß die Exekutive von der einen, die Legislative von der anderen Partei beherrscht werden können, zählt zu den immanenten, den angeborenen Schwächen des amerikanischen politischen Systems. Solange die Außenpolitik von einem breiten Konsensus getragen ist, der die wichtigsten Teile beider Parteien einschließt, behindert die fehlende parteipolitische Verklammerung von Legislative und Exekutive den Präsidenten freilich ausschließlich auf dem Felde der Innenpolitik. Und dabei zeigt sich dann stets, daß ein konservativer Präsident durch einen demokratisch beherrschten Kongreß weniger behindert wird als umgekehrt ein Demokrat im Weißen Haus durch ein Repräsentantenhaus mit republikanischer Mehrheit. Denn der rechte Flügel der Demokratischen Partei steht traditionell dem Zentrum der Republikaner nun einmal näher als den Liberalen in der eigenen Partei. Nur deshalb gelang es Ronald Reagan ja in den ersten zwei Jahren seiner Amtszeit, wichtige Teile seines konservativen Wirtschaftsprogramms gegen eine demokratische Mehrheit im Kongreß durchzusetzen. Die Rechtsabweichler unter den Demokraten, die meist aus dem tiefsten Süden kommen, versagten dem demokratischen Fraktionschef schlicht die Gefolgschaft. Vor diesem Hintergrund wird auch verständlich, warum der Republikaner Eisenhower sechs von insgesamt acht Jahren seiner Amtszeit mit einem demokratisch beherrschten Kongreß leben konnte, ohne daran Schaden zu nehmen.

Belastungen für die Außenpolitik entstehen vornehmlich durch das Verfassungsgebot, daß jeder außenpolitische Vertrag, den der Präsident abschließt, der Billigung von zwei Dritteln aller Senatsmitglieder bedarf. Daran scheiterte der Demokrat Jimmy Carter in einer wahrlich entscheidenden Frage, obschon die Demokraten, als es zum Stechen kam, in beiden Häusern eindeutig über die einfache Mehrheit verfügten.

Die Reformer können sich auf eine Studie des anerkannten sowjetischen Amerikanisten Yuri I. Nyporko über die Beziehungen zwischen Kongreß und Präsident aus dem Jahre 1979 berufen, der mit Genugtuung vermerkt, daß in letzter Zeit in diesem »bourgeoisen Mechanismus« immer häufiger Spannungen zu verzeichnen seien. Der Autor kommt übrigens zu dem Schluß, daß sowjetischen Interessen am besten gedient sei, wenn ein republikanischer Präsident von einer demokratischen Mehrheit, möglichst im Senat, behindert werde. Einen demokratischen Präsidenten, der mit einer republikanischen Mehrheit zu kämpfen habe, notiert Nyporko als zweitbeste Möglichkeit für den Kreml. Als besonders unangenehm und wenig wünschenswert erscheint ihm eine politische Lage, bei der die Zusammenarbeit zwischen Präsident und Kongreß reibungslos funktioniert, weil der Chef der Exekutive sich auf eine Mehrheit seiner Couleur in beiden Häusern stützen kann.

Ob die sowjetische Führung stets so denkt wie der von ihr geschätzte Experte Nyporko, der sich offensichtlich eine außenpolitisch gelähmte amerikanische Exekutive erhofft, steht freilich dahin. Eines der stichhaltigsten Beispiele, mit denen Lloyd N. Cutler, Rechtsberater des Weißen Hauses unter Jimmy Carter, auf eine Reform der Verfassung drängt, handelt nämlich von der Nichtratifizierung des SALT-II-Vertrags. »Wir wählten Präsident Carter«, schrieb Cutler in einem Aufsatz in »Foreign Affairs« 1980, »dessen Programm als eines der wichtigsten Elemente den erfolgreichen Abschluß der SALT-II-Verhandlungen einschloß, die seine beiden Vorgänger seit 1972 geführt hatten. Präsident Carter beendete die Verhandlungen und unterzeichnete den Vertrag im Juni 1979, weil er und sein Kabinett ihn im Interesse der nationalen Sicherheit der Vereinigten Staaten für nötig erachteten. Ohne Rücksicht auf die gegenwärtigen Ereignisse (gemeint ist die Invasion Afghanistans) halten der Präsident und sein Kabinett an dieser Auffassung fest, ja sie glauben in der Tat, daß die wachsende Konfrontation mit der Sowjetunion es für beide Supermächte nur noch wichtiger macht, Regeln auszuarbeiten und einzuhalten, welche die Zahl und die Qualität der atomaren Arsenale beider Seiten betreffen und jeder Seite die Verifizierung dessen erlaubt, was die andere tut. Aber weil wir nicht eine ›richtige Regierung‹ bilden«, so Cutler, »war es Präsident Carter nicht möglich, diesen wichtigen Teil seines Programms zu verwirklichen.«

Was Cutler unter einer »richtigen Regierung« versteht, orientiert sich am parlamentarischen System und meint das Ineinandergreifen von Legislative und Exekutive bei der Konzipierung, Verabschiedung und Ausführung von politischen Maßnahmen, Programmen oder Gesetzen. Der Chef einer parlamentarischen Regierung wird problematische Vorhaben stets mit der ihn tragenden Fraktion oder Koalition im Parlament absprechen und kann deshalb in aller Regel auf Zustimmung rechnen, wenn er entsprechende Vorlagen einmal zur Abstimmung stellt. In kritischen Fällen hilft die Einbindung der Parlamentarier in die Fraktions- oder Parteidisziplin. Doch in Amerika stehen Präsident und Abgeordnete einander oft als feindliche Mächte gegenüber, auch wenn beide derselben Partei angehören. Einer der Wortführer der Opposition gegen den SALT-II-Vertrag war »Scoop« Henry Jackson, gefürchteter Falke und demokratischer Senator aus dem Bundesstaat Washington. Männer wie er fühlen sich zunächst und vor allem ihrem Gewissen und ihren Wählern verpflichtet, Loyalität zum Präsidenten der eigenen Partei und zu dessen Programm steht bestenfalls an zweiter Stelle. Geradezu neidisch beschreibt Cutler die Möglichkeiten des *Whip* im britischen Unterhaus, der Zustimmung für die Regierungsvorlage notfalls durch Androhung des Parteiausschlusses und einer erzwungenen Mandatsniederlegung sichern kann. »Bei uns dagegen«, so Carters ehemaliger Rechtsberater, »fühlt sich der demokratische *Majority Whip* völlig frei, seinen demokratischen Präsidenten und die restliche Führung der Demokraten im Repräsentantenhaus bei einer entscheidenden Abstimmung im Stich zu lassen, wenn er meint, dies liege im Interesse seiner Wähler oder es sei durch sein Gewissen geboten. Und niemand erwartet, daß er deshalb seine Funktionen niederlegt. Wenige Stunden später sorgt derselbe *Whip* wieder dafür, daß seine Kollegen in einer anderen Frage für den Präsidenten oder mit der Führung der Fraktion stimmen.« Da alle Mitglieder des Repräsentantenhauses oder des Senats diesen Freiraum haben und ihn auch nutzen, kann ein amerikanischer Präsident bestenfalls auf die sprichwörtlichen *sticks and carrots* setzen, eine selten wirksame Mischung von Strafandrohung durch Stockschläge und Belohnung durch Karotten, wenn er den Esel vorantreiben und in beiden Häusern des Kongresses etwas durchpauken will – herzlich wenig, meint Cutler, wenn man es mit der Macht vergleicht, »welche die Regierung von Mrs. Thatcher oder die von Kanzler Schmidt gegen Abweichler in der eigenen Parlamentsmehrheit« zur Verfügung hat. Letztlich bleibt ein amerikanischer Präsident also auf die Kraft der Überzeugung angewiesen. Roosevelts Biograph Arthur Schlesinger meinte, ein Präsident, der führen wolle, müsse »eine Vision haben«, die Fähigkeit besitzen, sich selbst und seinen Landsleuten ein Bild der Zukunft zu entwerfen und die Richtung zu weisen, in die er das Land bewegen wolle. Doch der Präsident in der Rolle des großen Erziehers, der Führer der Nation als ein Prophet, der den richtigen Weg weist – das ist ein hoher Anspruch, dem die wenigsten in der Praxis gerecht werden konnten. In einer Zeit, in der Amerika ein weltweites Netz militärischer Stützpunkte und Allianzen unterhält und der Unterschied zwischen Weltfrieden und atomarer Apokalypse sich nach sechs oder 25 Minuten Warnzeit bemißt, kommt derlei mystisches Vertrauen in die Führungsqualitäten eines einzelnen sträflichem Leichtsinn gleich.

Um der Weltmacht eine Regierung zu geben, die den Anforderungen der Zeit gerecht werden kann, schlägt Cutler deshalb vor, die Amtszeit des Präsidenten von vier auf sechs Jahre auszudehnen und die Wahl des Präsidenten mit der aller Abgeordneten und Senatoren zu kombinieren. Der Vorschlag hat den unschätzbaren Vorteil, daß er außenpolitische Irritationen, die Zeiten des Machttransfers und des innenpolitischen Übergangs unausweichlich nach sich ziehen, auf ein erträgliches Minimum reduzieren würde. Immerhin besagt eine alte amerikanische Faustregel, daß ein neugewählter Präsident zwischen sechs und neun Monate braucht, ehe er mit seiner neuen Administration fest im Sattel sitzt. Das zweite Jahr seiner Amtszeit sieht er sich insoweit behindert, als alle zwei Jahre das gesamte Repräsentantenhaus neu zur Wahl steht, von dem er bei der Bewilligung jedes außenpolitisch relevanten Einzeletats abhängig ist. Nur das dritte Jahr seiner vierjährigen Wahlperiode kann er einigermaßen ungestört regieren, im vierten bereitet er entweder die eigene Wiederwahl vor, ein Unterfangen, das alle Kräfte bindet, oder er macht sich durch den Verzicht auf eine zweite Kandidatur selbst zur *lame duck,* zur »lahmen Ente«, der es nach außen an Respekt, nach innen an Durchsetzungskraft gebricht.

Cutlers Vorschläge reichen weit, denn sie wollen dem Präsidenten sogar die Möglichkeit einräumen, Neuwahlen für Repräsentantenhaus und Senat auszuschreiben – eine Idee, die angesichts des konservativen Beharrungsvermögens der Abgeordneten und Senatoren, ohne die eine Reform der Verfassung schlechterdings nicht durchzuführen ist, wohl Utopie bleiben dürfte. Doch so extrem solche Ideen auch erscheinen, sie haben Tradition. Schon Woodrow Wilson hielt das parlamentarische System der Gewaltenteilung für weitaus überlegen, wie sie die amerikanische Verfassung festgeschrieben hat. Auch die Gedanken anderer Reformer wie des demokratischen Senators Moynihan aus New York oder des ehemaligen Schatzministers Douglas Dillon zielen, wenn auch weniger extrem, in dieselbe Richtung: Durch die Hereinnahme von Senatoren und Abgeordneten ins Kabinett des Präsidenten soll die Regierung jene parlamentarische Rückkoppelung erhalten, an der es ihr notwendig fehlen muß, solange die klassische Gewaltenteilung der amerikanischen Verfassung puristisch beachtet wird. »So groß die Verdienste der Gewaltenteilung zwischen Legislative und Exekutive im Jahre 1797 auch gewesen sein mögen, heute garantiert sie bestenfalls Stillstand und Patt«, meint Lloyd Cutler. Und Dillon schreibt: »Es geht vor allem darum, der Unfähigkeit unseres Systems, die Verantwortung für außenpolitische Entscheidungen klar zu umreißen, endlich ein Ende zu machen.«

Nicht minder wichtig wäre, die Institution der Präsidentschaft, die den vielen Anforderungen nicht mehr gewachsen ist, durch eine solche Reform zu entlasten. Die Präsidentschaft ist ja nicht nur emotional überladen, weil die Tendenz besteht, daß sich die Nation mit dem jeweiligen Präsidenten identifiziert, sie ist vor allem funktional überfordert. Denn der Präsident hat nicht nur die Diplomatie der Weltmacht zu leiten; er muß jeweils neue Koalitionen zwischen den verschiedensten Kongreß-Gruppierungen aushandeln, damit seine Gesetzgebung passiert; er ist Oberkommandierender der Streitkräfte und für die Wirtschaft verantwortlich; er soll nationales Vorbild sein, ein großer Erzieher und Inspirator, und außerdem auf jede akute Notlage die richtige Antwort finden. »Selbst wenn er an der Spitze eines gehorsamen und geordneten Regierungssystems stünde, würde es ihm schwerfallen, alle diese Aufgaben zufriedenstellend zu lösen«, meint Godfrey Hodgson, »doch wie es heute steht, muß er um alles, was er durchsetzen will, handeln und feilschen.«

Richard Neustadt geht davon aus, daß es derzeit weder eine imperiale Präsidentschaft noch eine klare Herrschaft durch den Kongreß gibt, wie Woodrow Wilson sie definierte, sondern eine Mischform, ein Amalgam, das schwer zu beschreiben und noch schwerer zu verstehen sei. Am schwersten freilich sei es für den »sogenannten Chef der

Exekutive«, dieses Amalgam zu handhaben. Den USA fehle ein Element, welches ihr politisches System stärke, von innen festige und über das alle anderen modernen Nationen, wenn auch auf unterschiedlichste Weise, verfügten – sei es nun in Form einer politisierenden Armee, der Vorherrschaft einer Partei, der kommunistischen Kader oder der französischen Bürokratie. Was in den USA alledem am nächsten kommt, sind nach Neustadt »altmodische nationale Parteien, vergleichsweise schwammig und als Organisation kaum intakt«.

Walter Dean Burnham, der als Politikwissenschaftler am Massachusetts Institute of Technology lehrt, sieht in der Institution der Präsidentschaft inzwischen die Hauptgefahr für eine kohärente, stetige Außenpolitik. Daß ein einzelner entscheide, verhindere die kollektive Führung durch ein außenpolitisch erfahrenes Establishment und gestatte Amateuren den Zugriff auf die Außenpolitik. Zwar gebe es auch Amateure mit Inspiration, doch da in amerikanischen Wahlen nur noch »selbstgeschaffene mediale Kunstfiguren« gegeneinander kandidierten, sei »inspirierten Amateuren« der Weg ins Weiße Haus schon im Vorfeld verlegt. Daß ein Präsident seine Minister nach Belieben ernennen und wieder abberufen könne, schließt nach Meinung Burnhams jegliche Kabinettsverantwortung aus und führt zu einer byzantinischen Atmosphäre im Weißen Haus. Weil die Institution der Präsidentschaft weder den Erfordernissen der Innenpolitik genüge, noch auf die angemessene Verteidigung der Nationalinteressen nach außen zugeschnitten sei, ruft er nach einer »grundlegenden Renovierung« der politischen Verfassung. Verfassungsjuristen und ehemalige Insider, Politikwissenschaftler und politische Praktiker haben die zentrale Schwäche der Weltmacht, die viel zu ihrer außenpolitischen Unberechenbarkeit beiträgt, also längst diagnostiziert. Das Problem ist erkannt, aber damit nicht aus der Welt geschafft. Nur wenige Senatoren und Politologen, Abgeordnete und Juristen glauben, daß Amerika sich je zu jener grundlegenden Reform der Verfassung durchringen wird, welche die USA in die Lage versetzen könnte, auf außenpolitische Herausforderungen schnell und rational wie klassische europäische Großmächte zu reagieren.

6.
Der Ruck nach Rechts

Noch heute streiten Meinungsforscher und Politikwissenschaftler Amerikas über die Frage, ob der überwältigende Wahlsieg Ronald Reagans ein Mandat für jene innenpolitische Gegenreformation bedeutet, mit der zwei Jahrzehnte sozialer Reformpolitik zurückgedämmt werden sollten, oder ob er schlicht als vernichtender Denkzettel für den glücklos operierenden Vorgänger zu werten war. Daß die Wahlentscheidung 1980 nach dem Zerfall des Schah-Regimes, nach der sowjetischen Invasion Afghanistans und angesichts der ungelösten Geisel-Krise maßgeblich durch außenpolitische Faktoren mitbestimmt wurde, ist unstreitig und legt die Parallele zu dem triumphalen Sieg Dwight D. Eisenhowers im Wahlkampf 1952 nahe, in dem die Republikaner den Verlust Chinas an die Kommunisten Mao Tse-tungs hochgespielt hatten. Der siegreiche Feldherr des Zweiten Weltkriegs war damals schon deshalb der Mann der Stunde, weil sich Amerika erstmals in seiner Geschichte mit dem Korea-Krieg in einen Konflikt verwickelt sah, den es nicht, wie gewohnt, mit der Kapitulation oder der totalen Niederlage des Gegners beenden konnte. Die Annahme, daß ein General mit einer solchen Situation besser fertig würde als der intellektuell brillante Zivilist Adlai Stevenson, trug erheblich zum Sieg Eisenhowers bei. Daß Ronald Reagan im Wahljahr 1980 der Nation versprach, sie wie in einem Fahrstuhl der Geschichte zu längst verblichener Größe in die Zeit der absoluten technologischen und militärischen Überlegenheit über die Sowjetunion zurückzuführen, mag ihm geholfen haben. Sicher waren die patriotisch gestimmten Amerikaner es leid, sich noch länger von Mullahs herumschubsen und von Ölscheichs erpressen zu lassen. Wahlentscheidend war das jedoch nicht.

Wenn der erzkonservative alte Herr aus Kalifornien so überzeugend gewann, dann hat das vor allem mit der Inflation zu tun, gegen die vier seiner Vorgänger wenig auszurichten vermochten und die im letzten Jahr Jimmy Carters die 12,4-Prozent-Marke erreichte. Unaufhaltsam wie ein Krebsschaden hatte sich die Inflation seit 1965 vorangefressen. Nach Meinung von Millionen Amerikanern der breiten Mittelklasse drohte sie nun endgültig zu zerstören, was vom amerikanischen Traum noch geblieben war: das eigene Haus auf freiem Grund. Denn mit der Inflation kletterten die Grundstückspreise und mit diesen die Steuern auf Haus- und Grundbesitz, aus denen die meisten amerikanischen Gemeinden ihre Dienstleistungen und Haushalte finanzieren. Für die Alten, vor allem für Pensionäre und kleine Geschäftsleute, die nicht von indexgebundenen Renten, sondern fest angelegten Ersparnissen lebten, wurde das eigene Haus, einst Garant eines sorgenfreien Lebensabends, durch ständig nach oben angepaßte Grundsteuern nun zunehmend zur Belastung. Viele sahen sich gezwungen, ihre Häuser zu verkaufen, weil sie die höheren Steuern nicht mehr aufbringen konnten. Und für die Jungen rückten ständig steigende Preise für Bauland und schwindelnd hohe Hypothekenzinsen den Erwerb eines eigenen Heims in unerreichbare Ferne.

Welch gefährlicher Explosivstoff in dieser Entwicklung steckte, machte Anfang 1978 ein damals 76-jähriger pensionierter Geschäftsmann alter Schule deutlich, der von einem winzigen Büro in Los Angeles aus eine Kampagne leitete, die bald auf das ganze Land übergreifen und die Politiker im fernen Washington das Fürchten lehren sollte: Howard Jarvis, ein massiger, bulliger Mann betont schlichten Gemüts, organisierte die sogenannte *Proposition 13,* ein Volksbegehren, das zur erfolgreichsten Steuerrebellion der jüngeren amerikanischen Geschichte werden sollte. Wie die Verfassung anderer Bundesstaaten erlaubt auch die Kaliforniens Plebiszite über nahezu alles und jedes, vorausgesetzt, die jeweiligen Initiatoren können einige Zehntausend Unterschriften vorweisen. Fast mühelos paukte der dynamische Ruheständler mittels Volksentscheid eine drastische Senkung der Vermögens- und Grundstückssteuer in Kalifornien durch. Quasi über Nacht wurde er zum begehrtesten Redner auf den Jahresversammlungen von Bankiers

124

und Grundstücksmaklern, Baustoffhändlern oder Zahnärztevereinigungen. Bald zierte das Bild des streitbaren Alten die Titelblätter der großen Nachrichtenmagazine, und selbst der Fernsehstar Barbara Walters bat ihn zum Interview. Als ihn der Republikanische Club des südlichen Kalifornien schließlich zum Mann des Jahres 1978 ernannte, ehrte es in ihm den ersten Amerikaner, der die neue konservative Grundströmung im Lande erspürte und in populäre Schlagworte umzumünzen verstand. Was damals im vornehmen Hotel Hilton in Beverley Hills nach dem Abspielen der Nationalhymne und der obligaten Flaggenehrung ablief, wirkt im nachhinein wie eine vorweggenommene Amtseinführung des späteren Präsidenten Ronald Reagan. Traditionsgemäß werden politische Veranstaltungen dieser Art mit dem Gebet entweder eines katholischen Priesters, eines evangelischen Pastors oder eines Rabbi eröffnet. Diese Fürbitte vor dem Republikanischen Club kam einer politischen Confessio gleich:»Laß uns nicht blind sein, oh Herr«, betete der Pfarrer vor dem Abendessen,»laß uns die Zeichen der Zeit klar erkennen; vergib uns, daß wir den Vormarsch der kommunistischen Tyrannei zugelassen haben, weil wir unseren Geschäften nachgegangen sind; vergib auch, daß wir unser Erstgeburtsrecht auf Freiheit für ein sozialistisches Linsengericht verkauft haben.« Für die erzkonservativen Republikaner des südlichen Kalifornien hatte Howard Jarvis die Wünsche und Träume der breiten amerikanischen Mittelklasse artikuliert, zumal der gehobenen. Und gefeiert wurde mit ihm auch der klassische Selfmademan. Denn Jarvis, der aus dem gestrengen Mormonenstaat Utah stammte, wurde nicht müde, die geradezu eiserne Arbeitsdisziplin zu loben, der er dort in frühester Jugend unterworfen war. Den Grundstock zu seinem Vermögen schuf er, getreu dem Vorbild des alten Rockefeller, als Schüler und Student; von jedem unter Tage erarbeiteten Dollar legte er zehn Cents zurück.»Die Verfassung der USA«, sagte dieser durch und durch bourgeoise Held,»sichert den Schutz von Leben, Freiheit und Eigentum eines jeden Bürgers. Da steht nicht: Leben, Freiheit und Sozialfürsorge. Laßt uns der ganzen Nation sagen, daß das Recht auf Eigentum Herzstück und Grundlage jeder Freiheit ist.

Ohne dieses Recht bleibt Freiheit Schall und Rauch.« Wie sehr Jarvis mit solchen Kernsätzen vielen Amerikanern aus der Seele sprach, erwiesen die Zwischenwahlen zum amerikanischen Kongreß 1978. Die Steuerrebellen unterstützten damals 136 zumeist republikanische Kandidaten für das Repräsentantenhaus gegen demokratische Bewerber, die als sogenannte *big spenders*, als große Verschwender galten, weil sie für den Ausbau des Wohlfahrtsstaates eintraten. Und die meisten dieser von den Jarvis-Rebellen geförderten 136 Kandidaten gewannen die Wahl. Das waren deutliche Signale. Nach zwei Jahrzehnten sozialer Reformen schien das Pendel zurückzuschwingen und ein neuer Konservativismus in Mode zu kommen. Und einmal mehr nahm eine neue nationale Bewegung ihren Anfang in Kalifornien, das so häufig den Trend für das ganze Land bestimmt. Um das volle Ausmaß der konservativen Gegenbewegung zu erkennen, die sich seit 1978 formierte, ist ein Blick auf jene zwei Jahrzehnte der Umwälzungen sinnvoll, die Amerika seit 1960 geprägt haben.

Die sechziger Jahre, die Träume von ungeahnter Freiheit brachten, waren Jahre der Gewalt und auch Jahre der Reform. Martin Luther King und die Brüder Kennedy wurden ermordet, Krieg tobte in Vietnam. Doch nach innen erstritten Bürgerrechtler gleiche Rechte für Millionen Schwarze, und mit seinem Konzept der *Great Society*, der Großen Gesellschaft, eröffnete Lyndon B. Johnson einen umfassenden Feldzug gegen die Armut und die Not in Amerika und legte den Grundstein für eine moderne Sozialpolitik. Das Musical »Hair« gibt die vorherrschende Stimmung jener Jahre wieder. Sie war bestimmt von der Unbedingtheit der Jugend und der Absage an die Welt der Väter. Traditionen und bürgerliche Moral galten nichts, Patriotismus und politische Institutionen waren durch den Krieg in Vietnam diskreditiert. Die wichtigsten Marksteine der innenpolitischen Revolution dieser Jahrzehnte sind der *Civil Rights Act* von 1964 und der *Voting Rights Act* von 1965, die den Schwarzen im Lande die völlige juristische Gleichberechtigung bringen sollten. Der große Kampf der Schwarzen, der in den fünfziger Jahren vor Gerichtshöfen und Anfang der sechziger Jahre mit den großen Bürger-rechtsdemonstrationen auf Amerikas Straßen ausgetragen worden war, fand jetzt mit einer Gesetzgebung seinen Ab-schluß, die auf eine grundlegende Veränderung des Verhal-tens des ganzen amerikanischen Volkes zielte. Was jahr-hundertelang nicht nur im tiefen Süden den Alltag Ameri-kas bestimmt hatte, die Trennung der Rassen, war nunmehr unter Strafe gestellt. Schulen und Restaurants, Theater und Motels, die Schwarzen den Zugang verwehrten, verstießen seit Mitte der sechziger Jahre eindeutig gegen das Gesetz.

Damit wurde mehr Gleichheit geschaffen, als die Väter der amerikanischen Revolution und die Autoren jener Un-abhängigkeitserklärung, die allen Menschen das Recht auf Streben nach Glück garantiert, sich je erträumt hatten. Tho-mas Jefferson, der Verfasser der Unabhängigkeitserklä-rung, hielt auf seinem Besitz Monticello in Virginia bis an sein Lebensende 200 Sklaven. Zwar zeigte er sich deshalb zeit seines Lebens von Skrupeln geplagt und trat, zumin-dest in der Theorie, für die Abschaffung der Sklaverei ein, schon weil sie die Weißen zu sträflichem Müßiggang er-muntere. Doch der Gedanke, daß zwei Rassen als gleichbe-rechtigte Partner in einer Nation neben- oder gar miteinan-der leben könnten, blieb ihm letztlich fremd. Aus Furcht vor Rassenmischung empfahl er die Ansiedlung befreiter schwarzer Sklaven im Inneren des Kontinents, weitab von den Zentren der weißen Zivilisation. Selbst der große Abra-ham Lincoln hatte Zweifel an der Ebenbürtigkeit der Ras-sen und der Möglichkeit einer friedlichen Koexistenz von Schwarz und Weiß. Wie Jefferson liebäugelte er mit der Aussiedlung der befreiten schwarzen Sklaven. Da die wei-ßen Siedler die Grenzen der USA längst zum fernen We-sten hin ausgedehnt hatten, dachte er freilich nicht an Ko-lonialisationszentren im Inneren des amerikanischen Kon-tinents, sondern eher an die Region des heutigen Panama.

Welch tiefgreifenden Wandel die Bürgerrechts-Gesetz-gebung der Regierung Johnson bewirkte, zeigte sich nir-gendwo deutlicher als in Birmingham in Alabama, einem Zentrum des Südens und der Stahlindustrie. Bis tief in die sechziger Jahre hinein galt die Stadt als Symbol einer Hochburg des Rassismus in ganz Amerika. In Birmingham wurde Martin Luther King am Karfreitag 1963 als Aufrührer ins Gefängnis gesperrt, weil er eine Demonstration gegen die Rassentrennung angeführt hatte, die weißer Rassenhochmut hier bis zum letzten verteidigte – mit Wasserwerfern, Polizeiknüppeln und scharfen Hunden. In seiner Zelle in Birmingham verfaßte King seinen »Brief aus dem Gefängnis«, eines der entscheidenden Dokumente der amerikanischen Bürgerrechtsbewegung, das die amerikanische Nation wachrüttelte und den Bundesanwalt Robert F. Kennedy zum Eingreifen veranlaßte. Vom Omnibus über die Fahrstühle bis zur Toilette waren Schwarz und Weiß damals in Birmingham voneinander getrennt. Zwar war es Schwarzen erlaubt, Tausende von Dollars in Kaufhäusern auszugeben, falls sie über Dollars verfügten, aber wenn sie im Kaufhausrestaurant an der Bar oder an der Theke, an jenem berühmten Luncheoncounter, Platz nehmen wollten, stellten die Weißen den Service ein und ließen die Polizei vorfahren. Gesetze, die andere Menschen erniedrigen, seien sittenwidrig und ungerecht, schrieb King 1963 im Gefängnis der Rassenhochburg Birmingham und berief sich auf den hl. Augustinus, der den Aufstand gegen ungerechte Gesetze einem jeden Christenmenschen zur Pflicht gemacht habe.

Siebzehn Jahre später, Anfang 1980, wählten die 300 000 Einwohner Birminghams erstmals einen Schwarzen zum Bürgermeister. Richard Arrington verdankte seine Wahl der Tatsache, daß zwölf Prozent der weißen Bürger ihre Stimme ihm, dem schwarzen Kandidaten, gaben. Arrington, Sohn eines armen Baumwollpflückers, machte seinen Weg nach oben über ein schwarzes College und promovierte an der Universität von Oklahoma zum Doktor der Biologie. »Der Rassismus«, sagte der neue Bürgermeister nach seiner Wahl 1980, »ist in Birmingham überall auf dem Rückzug, es gibt ihn nur noch im Verborgenen, in Vereinen und privaten Klubs.«

Das Beispiel Birmingham steht für eine friedliche Revolution, die sich inzwischen im ganzen Land durchgesetzt hat. Gab es im Jahr 1964 in den USA nur 103 schwarze Wahlbeamte, waren es 1980 schon 4900. Das Beispiel Birmingham lehrt freilich auch, daß die Rassenfrage inzwischen weitgehend zu einer Klassenfrage geworden ist. Nicht nur ist kein Schwarzer Generaldirektor oder Vorstandsmitglied in einem der großen Betriebe der Stadt, im Gegenteil: Die Spätfolgen des Rassismus, zu denen vor allem schlechte Ausbildung und ein Mangel an Motivation, Leistungswillen und Arbeitsethik zählen, führen dazu, daß die Schwarzen unter den Arbeitslosen überproportional vertreten sind. Und das schafft neue Probleme.

Sorge machte dem Bürgermeister im Wahljahr 1980 vor allem die Polizei, die ihm untersteht. Unter 800 Polizeibeamten in Birmingham gab es damals nur 64 Schwarze. Wer zurückblickt, könnte denken: Immerhin! Aber nur drei der 64 schwarzen Polizisten hatten es inzwischen zum Sergeanten gebracht, die Offiziere waren ausschließlich Weiße. Solange der Durchschnitt der schwarzen Bewerber bei Qualifikationstests hinter den Ergebnissen der weißen Kandidaten zurückbleibt, wird es schwer sein, das Verhältnis von Schwarz zu Weiß in den Polizeieinheiten nachhaltig zu korrigieren. Doch weil die volle Wucht jeder Rezession vor allem die Ärmsten trifft, weil Arbeitslosigkeit und soziales Elend der steigenden Kriminalitätsrate nun einmal den Nährboden liefern, wird es auf absehbare Zeit so bleiben, daß mehr schwarze als weiße Täter von den Streifenbeamten gestellt werden. Die Rezession erhöht somit das Konfliktpotential zwischen überwiegend schwarzen Kriminellen und einer überwiegend weißen Polizei. Und wenn weiße Polizeioffiziere dann vorschnell oder brutal von der Schußwaffe Gebrauch machen, kommt es nahezu automatisch zu erneuten Konfrontationen zwischen Schwarz und Weiß. Den überzeugendsten Beleg für derart bedingte Konflikte, die dann schnell nach dem Grundmuster vergangener Rassenkrawalle der sechziger Jahre ablaufen, lieferte in jüngster Zeit mehrfach Miami, wo sich die schlecht ausgebildeten Schwarzen aus den Gettos auf dem Arbeitsmarkt nur schwer gegen die qualifizierteren Latinos, Einwanderer aus Kuba und Mittelamerika, behaupten können.

Nicht weniger überzeugend für den tiefgreifenden Meinungswandel, der im Süden stattgefunden hat, ist die Wahl des einstigen Rassisten George Wallace zum Gouverneur von Alabama im November 1982. Vielen wird für immer unvergeßlich bleiben, daß ausgerechnet dieser Wallace, von weißen Rassisten in den sechziger Jahren erstmals zum Gouverneur gewählt, die Trennung der Rassen für immer und ewig festgeschrieben wissen wollte. Daß der Vorkämpfer des weißen Rassenhochmuts von einst zum reuigen Sünder wurde, der offen bekennt, eine Gesellschaft mit zweierlei Maß könne auf die Dauer nicht existieren, führte ihm 90 Prozent jener schwarzen Wähler zu, die er vor Jahren noch für minderwertig hielt. Die Stimmabgabe der Schwarzen für Wallace zählt zu den Wundern des neuen Südens, an denen sich der Fortschritt auf dem langen, dornigen Pfad zur juristischen Gleichberechtigung ablesen läßt. Wallace siegte, weil er seinen Irrtum öffentlich bekannte und ihm abschwor. Damit wurde der Weg frei für eine Koalition von Armen und Arbeitslosen der Schwarzen wie der Weißen, aus der der Populist im zweiten Jahr der Regierung Reagan eine solide Basis für seinen politischen Wiederaufstieg zimmern konnte.

Nun stimmt zwar, daß der große Durchbruch, den Johnsons *Civil Rights Act* brachte, das Entstehen eines schwarzen Mittelstands von Anwälten und Ärzten, Lehrern und mittleren Angestellten gefördert hat, der sich in den letzten Jahren rapide weiterentwickelte. Doch die Frage ist, wie weit die schwarzen Aufsteiger sich durch die mehr oder weniger vollständige Integration in die Wertvorstellungen und die Arbeitswelt der weißen Middle Class selbst von der Masse der armen Schwarzen isolieren. Ohne Solidarität der schwarzen Aufsteiger, dieser neuen Mittelklasse, werden die Schwarzen in den Gettos rund um die Zentren der großen Städte keine Chance haben, aus ihrem Kreislauf des Elends auszubrechen.

Ein Paradebeispiel für diesen Kreislauf der Armut, der Not und der Drogenabhängigkeit liefert Philadelphia, der Geburtsort der USA. Das Denkmal Washingtons und die Freiheitsglocke erinnern daran, daß hier die Wiege des amerikanischen Traums gestanden hat. Das Leben, die Freiheit und das Streben nach Glück, meinten die Unterzeichner der in Philadelphia entstandenen *Declaration of Independence,* gehören zu jenen Menschenrechten, welche jede Regierung zu sichern hat. Philadelphia zählt 1,8 Millionen Einwohner. Der Anteil der amerikanischen Schwarzen und Hispanos, Angehörigen einer schwarzen, aus Puerto Rico zugewanderten spanisch sprechenden Minderheit, liegt bei 40 Prozent. Zusammengepfercht in heruntergewirtschafteten Häuserblöcken rund um den intakten Stadtkern mit Fußgängerzonen und luxuriösen Warenhäusern, zeugen die Bewohner dieser Elendsviertel immer neue Generationen der Hoffnungslosigkeit, denen der Ausbruch aus Getto und Slum kaum je gelingen kann. Jeder dritte oder vierte Jugendliche ist ohne Arbeit und führt ein Leben außerhalb der bürgerlichen Ordnung. Die Straßen sind Umschlagplätze für Drogen, Brutstätten der Jugendkriminalität, und das Milieu pflanzt sich fort. Jedes zweite Neugeborene stammt von einer ledigen Mutter ohne Arbeit, die nicht weiß, wie sie den Nachwuchs großziehen soll. Viele Väter stehlen sich davon, weil sie das christliche Leitmotiv vom Pater familias, vom Ernährer der Familie, so sehr verinnerlichten, daß sie sich als totale Versager, als Gescheiterte fühlen, wenn der Arbeitsplatz verlorengeht – nach dem Urteil der Sozialpsychologen ein wahrhaft trauriger Sieg christlich-judäischer Moral über den bei Afroamerikanern sonst besonders stark entwickelten Sippen- und Familiensinn. Der Jugend solcher Gettos fehlt es an jeglicher Motivation durch das Elternhaus, sich durch Schule und Ausbildung auf die Anforderungen der Arbeitswelt vorzubereiten. Sicher wäre es Aufgabe der öffentlichen Schulen, hier gegenzusteuern, aber sie schaffen es nicht. Die Schulen in den Gettobezirken Philadelphias gleichen Festungen. Gitter schützen die Fenster vor den Steinwürfen jugendlicher Vandalen-Banden. Im Jahr 1980 wurde jeder fünfte Schüler zum *drop out*, verließ die Schule ohne Abschluß; doch was heißt das schon, wenn selbst die Masse der Schulabgänger unfähig ist, längere Sätze zu lesen oder ihren Sinn zu verstehen?

Reformpolitiker zählen solche Erscheinungen zu den Spätfolgen der Sklaverei. In einer bewegenden Rede bei der Verabschiedung des *Voting Rights Act* hatte Lyndon B. Johnson sich klar dazu bekannt, daß die volle legale Gleichberechtigung bestenfalls der Anfang auf dem langen Weg zur Integration der Schwarzen in die amerikanische

Gesellschaft markieren könne. »Wir suchen nicht nur Gleichheit als Recht und Theorie, sondern in der Realität, wir wollen Gleichheit als Resultat«, sagte der Präsident damals und sprach die noch vorhandenen Unterschiede zwischen Weißen und Schwarzen direkt an:»Es sind keine rassischen Differenzen, es handelt sich einfach und ausschließlich um die Folgen von althergebrachter Brutalität, früherer Ungerechtigkeit und gegenwärtiger Vorurteile ... Dem Neger bedeuten sie eine dauernde Mahnung an die Unterdrückung, den Weißen sind sie eine ständige Erinnerung an ihre Schuld.« Folgerichtig zielten seine sozialpolitischen Förderungsprogramme darauf, Schwarzen jede erdenkliche Hilfestellung zur beschleunigten Eingliederung in den Arbeitsprozeß zu geben. Seine Executive-Order Nr. 11 264 bestimmte, daß sämtliche Betriebe, die Aufträge von der Regierung erhalten, mit ihrer Beschäftigungspraxis, durch ihr Handeln also, den Grundsatz der Gleichheit bestätigen müßten. *Affirmative action* hieß dies auf amerikanisch und gebot, bei Androhung des Entzugs von Staatsaufträgen, gleiche Behandlung aller Angestellten und Arbeiter ohne Rücksicht auf Rasse, Glauben, Hautfarbe oder nationale Herkunft.

Was *affirmative action* in der Praxis an Problemen aufwarf, dafür lieferten die Kaiser-Werke in Gramercy im Bundesstaat Louisiana ein typisches Beispiel. Jahrelang machte dieses Werk Schlagzeilen, weil es zum Schauplatz einer erbitterten juristischen Auseinandersetzung wurde, die die ganze amerikanische Nation zutiefst spaltete. Der Mann, um den der juristische Streit geführt wurde, hieß Brian Weber, war ein weißer Arbeiter und wurde in einem Labor des Werks beschäftigt. Im Jahre 1974 verklagte er Arbeitgeber und Gewerkschaften, weil er entgegen der Verfassung von einem Schulungsprogramm ausgeschlossen worden sei, mit dem das Aluminiumwerk am Ufer des Mississippi seinen Arbeitern die Möglichkeit zu höherer Qualifikation und damit zu höherem Einkommen bieten wollte. Als Kaiser-Aluminium das Fortbildungsprogramm ins Leben rief, waren nur zwei von hundert Facharbeitern Schwarze, obschon die Schwarzen 40 Prozent der Gesamtbelegschaft stellten. Die Gewerkschaft und die Firmenleitung, die sich dem Programm der *affirmative action* verpflichtet fühlten, vergaben die Hälfte aller verfügbaren Plätze des Fortbildungsprogramms an Schwarze. Weil Brian Webers Bewerbung abgelehnt wurde, betrachtete er sich als das Opfer eines neuen, nunmehr gegen Weiße gerichteten Rassismus und wurde zum Helden für Millionen weiße Amerikaner, die selbst Mühe haben, sich nach oben durchzuboxen. Der Platz, der Weber versagt blieb, ging an den schwarzen Arbeiter Norris Belvin, der inzwischen mehr als sein weißer Konkurrent Weber verdient. Den Vorwurf der *reverse discrimination,* einer umgekehrten Diskriminierung gegen Weiße, zu dem der Fall Weber in der Presse hochgespielt wurde, wies der bevorzugte Schwarze mit Bestimmtheit zurück: »Sinn des Programms war es ja, die Lücke zwischen Schwarzen und Weißen zu schließen, und die war sehr groß. Das Programm wurde geschaffen, den Angehörigen der Minderheiten in diesem Werk eine Chance zu geben. Wenn alles so gelaufen wäre wie früher, wäre ich nie eine Stufe höher gekommen und müßte von dem früheren Job aus in Rente gehen.« Weber wiederum, der seine Sache vor dem Obersten Gerichtshof verlor, trat zwar stets dafür ein, daß jedem zu helfen sei, doch blieb er stur bei seiner Behauptung: »Dieses System zieht eine Person der anderen allein wegen der Hautfarbe vor. Das ist falsch, denn jeder sollte die gleichen Chancen haben.«

Ein zweites Beispiel, das zeigt, wie schnell sich gezielte Förderungsprogramme für Minderheiten zu innenpolitischem Zündstoff entwickelten, lieferte der Fall des weißen kalifornischen Studenten Bakke. Ihm war die Zulassung zum Medizinstudium bei der Davis-Medical-School verweigert worden, obwohl seine Noten und Prüfungsergebnisse deutlich über denen der meisten anderen zugelassenen Studenten lag. Das Medical College, bei dem er sich beworben hatte, hielt eine bestimmte Zahl von Studienplätzen für Schwarze und Angehörige von Minderheiten frei, denen das Studium erlaubt wurde, auch wenn ihre Testergebnisse deutlich hinter denen der Mehrheit der weißen Bewerber zurückblieben. Bakke erhob daraufhin Klage, und im Gegensatz zu Weber erhielt er nach jahrelangen Auseinandersetzungen vor dem Obersten Verfassungsgericht schließlich recht. In dem sich lange hinziehenden Rechtsstreit hatte die University of California sich in einem Schriftsatz zur Verteidigung des selektiven Zulassungsverfahrens der David-Medical-School unter anderem dahin eingelassen, daß die Diskriminierung von Mitgliedern der weißen Mehrheit so lange nicht suspekt, sondern erlaubt sei, als sie wohltätigen Zwecken diene. Und als solch ein wohltätiges Ziel, welches Diskriminierung gestatte, wurde in diesem Schriftsatz ausdrücklich Begünstigung der Schwarzen bei der Zulassung genannt.

Ein anderes Beispiel für eine Politik, die richtige und ehrenwerte Ziele mit problematischen Mitteln ansteuert und damit einstmals Liberale in neue Konservative verwandelte, ist das sogenannte *busing,* das Amerikas öffentliche Meinung in den siebziger Jahren erregte. Damals wurden immer mehr Städte von Gerichten dazu verurteilt, die Rassensegregation in den Schulen zu beenden. Begonnen hatte diese Rechtsprechung mit einer Entscheidung in Topeca im Bundesstaat Kansas, die der schwarzen Schülerin Linda Brown Zugang zu einer weißen Schule in der Nachbarschaft gestattete, der ihr bis dahin verweigert wurde. Die Entscheidung im Falle Linda Brown zielte auf den Abbau von Diskriminierung und wollte die Aussperrung schwarzer Kinder aus weißen Schulen beenden. Doch zog sie einen ganzen Rattenschwanz weiterer Gerichtsbeschlüsse nach sich, die schließlich zum sogenannten *mandatory busing* führte, einer erzwungenen Rassenintegration mittels Schulbus.

Was das in der Praxis bedeutete, zeigte im Wahljahr 1980 der ganz alltägliche Fall der zwölfjährigen Elissa Fisher aus San Fernando Valley, das noch zu Los Angeles zählt. Einst hatte Elissas Schule in der Nachbarschaft gelegen und war zu Fuß in zwölf Minuten zu erreichen. Doch unter dem Druck der Gerichte, die eine Frist für wirksame Maßnahmen zum Abbau der Rassenschranken gesetzt hatten, verlegte die Stadtverwaltung Elissas Klasse aus der überwiegend weißen Wohngegend in eine Mittelpunktschule. Die Fahrt durch den Smog von Los Angeles betrug seither täglich drei Stunden. Und um den Auflagen des Gerichts vollends Genüge zu tun, karrte die Stadtverwaltung obendrein auch schwarze Schüler aus nicht minder entlegenen Wohngegenden zu dieser Mittelpunktschule.

Zu den unerwünschten und unerwarteten Resultaten einer solchen durch Gerichtsbeschlüsse diktierten Schulpolitik zählte die beschleunigte Flucht der Weißen in die Vororte der großen Städte, wo sie sogenannte *white flight schools* eröffneten. Es waren dies private Schulen, die der Jurisdiktion der Gerichte entzogen blieben. So führte die unsinnige Politik des *busing,* einer erzwungenen Rassenintegration in den Schulen, am Ende nicht nur zu noch perfekterer Separierung der Schüler aus den wohlhabenden weißen Familien. Sie bewirkte letztlich auch eine drastische Niveauabsenkung in den Public Schools der amerikanischen Großstädte, die mehr und mehr zum Reservat der Kinder der Armen und Ärmsten denaturierten, unter denen die Schwarzen und die Angehörigen von Minderheiten selbstverständlich überproportional vertreten waren.

Alle großen Reformen ziehen neue Bürokratien nach sich, und so waren im Jahre 1980 allein achtzehn öffentliche Institutionen in Washington damit beschäftigt, die »rassische Balance« der mehrrassigen Nation zu überwachen und die Minderheiten, von den Schwarzen über die Hispanos, von den Indianern über die Eskimos bis hin zu den Neueinwanderern vom asiatischen Festland und den Inseln des Pazifiks, vor jeder nur denkbaren Diskriminierung zu bewahren. Und da Amerika sich Jahrzehnte als Zentrum eines schier unerschöpflichen Überflusses betrachtete, bestand die Hilfe für all die Mühseligen und Beladenen, denen die Gesetzgebung der *Great Society* helfen wollte, vor allem in jener Methode, für die Amerikaner den Satz *Throwing money at the problems* bereithalten, zu deutsch etwa: Es gibt nichts, was sich nicht durch Geld lösen ließe. Weil es Amerika noch immer an einem umfassenden, sinnvoll gegliederten System der Sozial- und Krankenversicherung fehlt, weil Reformpolitiker wie Edward Kennedy mit ihrer Forderung nach einer obligatorischen Gesundheitsversicherung im Kongreß immer wieder scheiterten, entstanden seit der Ära der *Great Society* eine Unzahl von Einzelprogrammen, über die selbst Experten des amerikanischen Sozialministeriums gelegentlich den Überblick verlieren. So lebten 1980 rund 18 Millionen Amerikaner von *food stamps,* Lebensmittelmarken, die, einst nur für die Ärmsten der Armen gedacht, den kostenlosen Einkauf von Lebensmitteln erlauben. Elf Millionen erhielten Zuwendungen aus allgemeinen Unterstützungsfonds, weitere elf Millionen wurden aus einem Fonds für in Not geratene Familien bedacht. 22 Millionen nahmen *Medicaid,* eine kostenlose medizinische Betreuung für die Armen, 26 Millionen *Medicare,* den kostenlosen Gesundheitsdienst für die Alten, in Anspruch. Jede dritte Familie Amerikas war im Wahljahr 1980 direkt von staatlichen Zuwendungen abhängig.

Die Zuständigkeit für die wichtigsten Reformprojekte liegt beim Ministerium für Health, Education and Welfare (HEW). In seinem Gründungsjahr 1953 zählte es 35 000 Angestellte mit einem Jahresetat von sieben Milliarden Dollar. Am Ende der Regierungszeit Gerald Fords hatte sich die Zahl der Angestellten schon mehr als vervierfacht. Das Budget belief sich 1976 auf 128,5 Milliarden Dollar pro Jahr, aus dem 400 verschiedene Regierungsprogramme finanziert wurden. Der Zahl der Programme entsprach eine Flut staatlicher Vorschriften, die immer komplizierter und umfangreicher wurden. »Wer die Vorschriften liest, die das HEW-Ministerium in nur einer Woche veröffentlicht, muß durch zweimal soviel Worte waten, als der Roman ›Krieg und Frieden‹ enthält«, mokierte sich der Journalist Haynes Johnson von der »Washington Post«, und meinte weiter: »Man braucht wohl kaum hinzuzufügen, daß diese Worte der Klarheit eines Tolstoi ermangeln. Sie sind in der Tat oft nur für Experten verständlich.«

Die Masse dieser sozialen Reformen, die alle amerikanischen Regierungen seit Johnson, die konservativen Regierungen Nixon und Ford eingeschlossen, wie ein Füllhorn ohne erkennbares System oder konzise Planung über Millionen und Abermillionen Amerikaner ausgossen, verschlangen Milliarden-Summen, für die freilich schon der Vater der Großen Gesellschaft nicht die nötige Deckung besorgen mochte. Als Lyndon B. Johnson 1965 seine Reformpolitik in Gang setzte, befand er sich mitten in einem Krieg, der den amerikanischen Staatshaushalt zunehmend belastete. Statt den Kongreß zu bitten, die Gelder für die Expedition nach Vietnam durch Steuererhöhung bereitzustellen, griff Johnson zum Mittel des *deficit spending*. Wachsende Kriegslasten und die steigenden Kosten für das Sozialprogramm wurden durch zunehmende Staatsverschuldung finanziert. Johnsons Weigerung, die Politik von Kanonen *und* Butter auf eine ehrliche Weise, nämlich durch Steuererhöhungen, zu finanzieren, ist die Hauptursache für die große Inflation, an der letztlich nicht nur das Währungssystem von Bretton Woods zerbrach. Nahezu sprunghaft stieg jetzt die amerikanische Staatsverschuldung, die in den fünfziger Jahren noch bei 15 Milliarden Dollar gelegen hatte. In dem Zeitraum von 1971 bis 1980 sollte sie eine Rekordhöhe von 420 Milliarden Dollar erreichen. Wachsende Defizite, eine negative Handelsbilanz und steigende Inflationsraten weckten immer mehr Zweifel an der Wertbeständigkeit des Dollars und ließen die Goldbestände in Fort Knox schrumpfen. Als die Goldreserven der USA im Sommer 1971 auf einen Tiefstand von 10,5 Milliarden absackten, kündigte die Regierung Nixon am 15. August einseitig den Goldstandard auf und verfügte Lohn- und Preiskontrollen nach innen, die freilich wenig bewirkten. Noch als Gerald Ford die Regierungsgeschäfte von Richard Nixon übernahm, lag die Inflationsrate bei 11 Prozent. Und langsam, aber sicher begann die Inflation den Lebensstandard der Amerikaner anzunagen. Die siebziger Jahre brachten keinen realen Zuwachs der Einkommen mehr, und 1981 gab das Statistische Bundesamt bekannt, daß im Wahljahr 1980 die amerikanische Durchschnittsfamilie erstmals in der jüngeren Geschichte eine Einbuße ihres Realeinkommens hinnehmen mußte. Die Statistiker bezifferten den Rückgang des Lebensstandards auf 5,5 Prozent.

Vor diesem Hintergrund ist das Erstarken einer konservativen Grundströmung zu sehen, die sich Ende der siebziger Jahre quer durch alle Schichten formierte und selbst linke Intellektuelle die Tugenden des Bürgertums wiederentdecken ließ. Unter denen, die sich enttäuscht von den wohlgemeinten, aber nicht immer glücklich konzipierten Reformen der Großen Gesellschaft abwandten, waren vor allem jene zu nennen, die sie als liberale Avantgarde nicht selten selbst entworfen und durchgesetzt hatten – die amerikanischen Juden. Sie vor allem machten Front gegen ein staatliches Quotensystem, das Schwarzen oder Hispanics in Staatsbürokratien und vom Staat abhängigen Unternehmen bevorzugt zu Jobs verhilft. Die Wurzeln dieses Ressentiments gerade bei den amerikanischen Juden mögen insofern verständlich sein, als sie selbst bis 1940 an vielen amerikanischen Universitäten Opfer von Zulassungsquoten waren, die sie vom Studium fernhalten sollten. »Ich habe nichts gegen die ursprüngliche Reformidee, Minderheiten zu fördern«, erklärte einer der führenden jüdischen Neokonservativen, Irving Kristol, einmal diesen Meinungswandel. »Aber übereifrige Bürokraten in Washington und auch in den Bundesstaaten sind zu weit gegangen und haben ein Quotensystem geschaffen. Daß dies eine gefährliche Idee ist, müßten gerade die Deutschen verstehen. Zum Schluß entscheiden nämlich Bürokraten oder Gerichte über die Frage, wer ein Schwarzer, ein Viertel-Schwarzer oder ein halber Indianer ist.« Jobs nach den Kriterien von Rasse oder Religion zuzuteilen, widerspreche dem berühmten »amerikanischen Weg«, schrieb Kristol; es sei weder liberal noch demokratisch. Im übrigen blieben Schwarze, die ohne solche Förderung ihren Weg nach oben machten, stets unter dem Generalverdacht, »ob sie's denn auch wirklich aus eigener Kraft geschafft« hätten.

Typisch für den Stimmungswandel, den viele Intellektuelle und Liberale in den siebziger Jahren durchmachten, ist die Haltung der jüdischen Monatszeitschrift »Commentary«, die seit über zwei Jahrzehnten die intellektuelle Diskussion in Amerika nachhaltig bestimmt. Als der jetzige Chefredakteur Norman Podhoretz das Blatt 1960 übernahm, machte er es zur Speerspitze der Neuen Linken. Er öffnete die Spalten der Zeitschrift für Paul Goodman und Norman Mailer, propagierte die sexuelle Revolution, die Absage an bürgerliche Leistungsethik und an amerikanische Großmachtpolitik. In den siebziger Jahren überraschte er die Leser dann mit einer abrupten Kehrtwendung. Konsequent verwarf Podhoretz plötzlich, wofür er gestern noch kompromißlos gestritten hatte: Entspannungspolitik wurde nun zum Symbol der Schwäche, SALT II galt als Zeichen einer stetigen Auszehrung amerikanischer Kraft.

Den Feldzug, den er 1970 gegen jene Neue Linke eröffnete, die er einst hochgelobt hatte, hob er in den Rang eines Kulturkampfs und führte ihn mit dem Eifer des Konvertiten.»Ich brach mit der Neuen Linken«, begründete er seinen Sinneswandel,»weil die radikale Bewegung, die ich als Instrument zur Verbesserung der Gesellschaft verstanden hatte, sich in der Praxis als ein Instrument der Zerstörung erwies. Die radikale Strömung gab sich immer feindseliger gegen die ganze Gesellschaft. Viele Radikale, und nicht nur die jungen, fingen plötzlich an, Amerika deutsch zu schreiben – mit einem K statt mit einem C. Das sollte andeuten, daß zwischen diesem Land und Nazideutschland kein Unterschied besteht, und das schien mir wahrlich Blasphemie zu sein.«

Die meisten dieser Neokonservativen waren enttäuschte Liberale, die beim Anblick der Resultate der von ihnen geförderten Reform- oder Liberalisierungsmaßnahmen schlicht das kalte Grausen überkam. Sie glichen Menschen, die einen Stein ins Rollen brachten und nun fassungslos eine Lawine niedergehen sahen, die sie wahrlich nicht gewollt hatten. Ein typisches Beispiel dafür ist das Anwachsen der organisierten Homosexuellen-Bewegung in den USA, die plötzlich Anerkennung als »jüngste Minderheit« des Landes forderte und sich eigene Gettos mit durchgängig homosexuellen Bars und Restaurants, Gemüseläden und Friseur- wie Modesalons schuf. In San Francisco, dem Mekka der amerikanischen Homosexuellen, stellen sie längst einen politischen Machtfaktor dar, der über den Ausgang der Wahl des Bürgermeisters oder des örtlichen Repräsentanten im kalifornischen Kongreß in Sacramento entscheiden kann. So scheuten sich im Vorwahlkampf um die demokratische Präsidentschaftsnominierung weder Jimmy Carter, noch Edward Kennedy, noch gar der damalige kalifornische Gouverneur Jerry Brown, durch Grußbotschaften, Sendboten oder persönliche Auftritte auf Wahlversammlungen der Homosexuellen um gut Wetter zu bitten. Doch je offener die Homosexuellen auf ihre Rechte pochten, desto entschiedener formierte sich Widerstand auch bei einst Aufgeklärten, die Vorurteile gegen sie hatten abbauen helfen. Die Neokonservativen entdeckten in der Homosexuellen-Bewegung plötzlich die radikale Nachhut der Neuen Linken und bekämpften sie als ein Stück jener Gegenkultur, die in ihren Augen alle westliche Zivilisation zu unterminieren droht. Podhoretz schrieb gar von einer Seuche der Selbstsucht und Sterilität, die den Fortbestand der Menschheit in Frage stelle. Irving Kristol ließ sich da schon eher gemäßigt ein:»Wir sind gegen diese homosexuelle Bewegung, soweit sie darauf abzielt, Homosexualität gesetzlich und moralisch gleichwertig neben die Heterosexualität zu stellen. Wir wollen keine Verfolgung der Homosexuellen, denn Sex ist Privatsache. Aber die gay-rights-Bewegung fordert die öffentliche Legitimierung der Homosexualität, und in vielen Städten verlangen Homosexuelle als Angehörige einer Minderheit öffentliche Förderung, wie sie Schwarzen oder Chicanos angedeiht. Das dünkt uns absurd.«

Wenn Norman Podhoretz und seine Mitarbeiter sich von Tauben in Falken verwandelten, dann hat dies viel mit ihrer Sorge um die Existenz Israels zu tun. Aus der Sicht der jüdischen Neokonservativen mußte der Abstieg Amerikas als Weltmacht automatisch zu einer Gefährdung des jüdischen Staates führen, dessen militärische Sicherheit ohne eine intakte Allianz mit den USA in der Tat nicht denkbar ist. So führte das neokonservative »Commentary« nicht nur den Gegenangriff auf die »Gegenkultur«, es entwikkelte sich zum wichtigsten Kampfblatt gegen die Politik der Détente. Podhoretz öffnete seine Spalten für Eugene Rostow, der zur Generalmobilmachung gegen SALT II aufrief, für Jeane Kirkpatrick, die rechtsautoritäre Diktatoren als Bündnispartner Amerikas pries, und für Richard Pipes, der behauptete, der dritte Weltkrieg sei nur dann unvermeidlich, wenn die Sowjets bereit seien, endlich allen ihren Idealen abzuschwören. Daß der Einfluß des Blattes schwerlich zu überschätzen ist, erweist die Karriere dieser Autoren: Rostow leitete gut zwei Jahre Ronald Reagans Abrüstungsbehörde; Jeane Kirkpatrick avancierte zur UN-

Botschafterin und Richard Pipes wirkte als Berater für Osteuropafragen im Nationalen Sicherheitsrat der neuen konservativen Regierung.

Freilich stellten die Neokonservativen um »Commentary« nur das jüngste Element einer breitgefächerten Rechtskoalition dar, die den Wahlausgang 1980 entscheiden sollte. Mit vielen dieser Gruppierungen verband sie außer der Gegnerschaft gegen Jimmy Carter, der die soziale Reformpolitik der *affirmative action* fortführen wollte, herzlich wenig. Da gab es zum Beispiel eine »Neue Rechte«, einen Verbund der verschiedensten konservativen *single-issue groups,* die sich jeweils einem speziellen Ziel verschrieben hatten und dies mit Fanatismus durchzusetzen suchten: Gegner der Abtreibung und der Gleichberechtigung der Frau, evangelische Fundamentalisten, Feinde des Waffenscheins oder der Verträge über den Panamakanal. Die Kampagne der Neuen Rechten speiste sich aus Spenden, die in die Millionen gingen. Formell hatte sie mit dem Wahlkampf der Republikanischen Partei nichts zu tun, auch wenn die raffinierte Werbung des National Conservative Action Committee (NCPAC) mit Sitz vor den Toren Washingtons objektiv Ronald Reagan zugute kam. Das NCPAC bediente sich dabei technisch modernster Mittel: Computer spuckten täglich bis zu 350000 Briefe an einzelne Wähler im ganzen Land aus, in denen zur Abwahl der sieben liberalsten Senatoren aufgerufen wurde. Schon weil er besonderen Symbolwert hatte, wurde George McGovern zum vornehmsten Opfer dieser Kampagne, die mit ebenso aggressiven wie schmutzigen Zeitungsinseraten und Fernsehwerbespots arbeitete. Im Wahlkampf 1972 hatte er, der erklärte Gegner des Vietnamkriegs, die Demokraten in die Wahlschlacht gegen Richard Nixons und Kissingers Realpolitik geführt und war mit fliegenden Fahnen untergegangen. Auf ihn, der seinen Sitz im Senat bis 1980 mit Erfolg verteidigen konnte, konzentrierte die Neue Rechte nun ihr Feuer. Wegen seines Eintretens für Rüstungsbeschränkungen prangerte sie ihn als *appeaser,* als verteidigungspolitischen Schwächling, wegen seiner Ja-Stimme für die Liberalisierung der Abtreibung als »Baby-Mörder« an. Auf steckbriefähnlichen Plakaten prangte sein Bild zusammen mit anderen führenden Liberalen, etwa Alan Cranston, der sich inzwischen Hoffnungen auf die Nominierung zum Präsidentschaftskandidaten der Demokraten im Wahljahr 1984 macht. Daß Cranston, der Senator aus Kalifornien, seinen Sitz gegen den Generalangriff der Konservativen behaupten konnte, der Senator aus Süddakota ihn dagegen verlor, entbehrt nicht einer gewissen Ironie. Genau besehen schuldete der erzkonservative Ronald Reagan dem langjährigen Gralshüter des Liberalismus im amerikanischen Senat, George McGovern, nämlich Dank. Immerhin hatte McGovern entscheidenden Anteil an jener radikalen Demokratisierung des Auswahl- oder Nominierungsverfahrens für Präsidentschaftskandidaten, ohne die der Aufstieg Ronald Reagans an die Spitze der Republikanischen Partei und damit sein Einzug ins Weiße Haus wahrscheinlich undenkbar gewesen wäre.

Vor allem Freunde Amerikas fragen immer wieder besorgt, warum eine Nation, die an der Spitze des technologischen und wissenschaftlichen Fortschritts marschiert, die über die führenden Universitäten und Forschungslaboratorien der Welt verfügt und die meisten Nobelpreisträger der letzten Jahrzehnte hervorgebracht hat, für das wichtigste politische Amt, das sie zu vergeben hat, nur Kandidaten zweiter, wenn nicht dritter Wahl hervorzubringen vermag. Die Antwort findet sich in einem doppelten Verzicht auf die Vorzüge der repräsentativen Demokratie, von denen zumindest der erste die schrittweise Aushöhlung einer Institution darstellt, welche die Väter der amerikanischen Verfassung bewußt als eine Art Not- und Sicherheitsventil gegenüber Entscheidungen des Volkes in die Konstitution eingebaut hatten – Entscheidungen, denen die Pflanzeraristokratie der Neuen Welt stets mißtraute. Deshalb wird der Präsident nach der Verfassung weder, wie der amerikanische Kongreß zuerst vorgeschlagen hatte, von den Kongreßabgeordneten, noch gar vom Volk direkt gewählt. Seine Wahl obliegt formell bis heute dem sogenannten Electoral College, dessen Mitglieder, entsprechend der Stärke der einzelnen Bundesstaaten, von diesen ausgewählt und in das Gremium jener Kurfürsten entsandt wird, welches dann den

Präsidenten als einen konstitutionellen Wahlmonarchen auf Zeit ernennt. Dahinter steckt die Idee, daß die Wahlmänner den aus ihrer Sicht Bestgeeigneten zum Präsidenten machen würden; und daß sie anfangs entschlossen waren, entsprechend sinnvoll zu verfahren, zeigt die Tatsache, daß sie Thomas Jefferson, den Anführer der Demokratischen Partei, zum Vizepräsidenten seines politischen Gegners und Chefs der Federalist Party, Alexander Hamilton, bestellten, der in den Wahlen drei Stimmen mehr als Jefferson errungen hatte. Längst indes sind diese Wahlmänner zu Robotern denaturiert, die automatisch für jenen Kandidaten stimmen, der in dem Staat, von dem sie in das Wahlmännergremium delegiert wurden, die Mehrheit der Stimmen auf sich vereinigen konnte. Was einst als Sicherheitsventil gegen verantwortungslose Demagogen konzipiert wurde, hat somit seinen Sinn verloren, denn es dient heute lediglich als Plattform zur Ausübung des gebundenen, des imperativen Mandats. Nur für *einen* erdenklichen Fall, und er dürfte weit in der Zukunft liegen, könnte die Funktion der Wahlmänner neuen Sinn erhalten. Freilich setzt dieser Fall zwei Annahmen voraus: Einmal, daß die amerikanische Politik sich zügig weiter ethnisiert, daß die anhaltende Zuwanderung aus Mexiko und die Durchdringung der Staaten des Südwestens durch die Chicanos rapide weitergeht und der Präsidentschaftskandidat einer vielleicht einmal entstehenden Chicano-Partei in den Staaten Arizona und New Mexico, Texas und Kalifornien eine Mehrheit auf sich vereinigen und die Kandidaten der nationalen Parteien – der Republikaner wie der Demokraten – in diesen Staaten auf die Plätze verweisen könnte. Und zweitens, daß weder der demokratische noch der republikanische Spitzenkandidat durch entsprechendes Abschneiden in den anderen Staaten über eine absolute Mehrheit der Wahlmänner verfügten. Unter solchen Bedingungen – es lassen sich auch andere Modelle denken, etwa der Sieg einer rassistischen, weißen Südstaatenpartei des früheren Wallace-Typs oder der einer neukonstituierten Partei der Schwarzen in Mississippi etwa und Alabama – fiele den Elektoren dann wieder eine Funktion zu, die sie der heutigen Roboterrolle entheben würde: Allein ihnen obläge es dann, durch eine

Stimmkoalition dem einen oder andern der drei Kandidaten den Weg ins Weiße Haus zu ebnen und die Aufgabe der Regierungsbildung zu übernehmen – eine Funktion, die in parlamentarischen Demokratien die Abgeordneten der Mehrheitspartei oder einer Parteienkoalition erfüllen.

Auf die Frage, wie die amerikanische Nation das Ausleseverfahren für ihre Präsidenten verbessern und eine höhere Qualifikation der Inhaber des höchsten Amtes sichern könnte, hat der amerikanische Historiker Henry Steele Commager denn auch als ersten Rat die Empfehlung bereit, entweder dem Wahlmännergremium die ursprünglich zugedachte Vollmacht wieder umfassend einzuräumen: nämlich den Fähigsten unter den gewählten Bewerbern ins Weiße Haus zu schicken, oder aber es völlig abzuschaffen.

Commagers zweiter Rat zielt auf eine drastische Reform jenes Systems der Vorwahlen oder *primaries,* das in schöner Regelmäßigkeit die Innenpolitik der USA ein volles Jahr vor dem entscheidenden Wahlgang beherrscht und die Handlungsfähigkeit der Weltmacht wenn nicht lähmt, dann doch weitgehend beeinträchtigt. Sein Vorschlag fand Zustimmung bei den Experten und Routiniers beider großer Parteien, von Bob Strauss, dem Parteigeschäftsführer der Demokraten unter Carter, bis hin zu Howard Baker, dem Mehrheitsführer der Republikaner im Senat. In der Tat ist, was einst als Prozeß der Reform begann und sich zum Ziel setzte, begabten Außenseitern eine Chance zu geben, inzwischen deshalb zum Problem geworden, weil es nun die Wahl befähigter Insider, gestandener Politiker, die sich im politischen Prozeß auskennen, fast unmöglich macht. Gedacht war die Öffnung des Selektionsverfahrens, die Beteiligung der Bürger an der Auswahl der künftigen Präsidentschaftskandidaten, ja als Kampfansage an das Kartell der Bosse und Oligarchen, die in den Hinterzimmern der Parteiconventions, in den von den Reformern immer wieder attackierten sprichwörtlichen *smoke-filled rooms,* ihre Interessen aushandelten, um sich dann auf einen Kandidaten zu einigen, der, einmal von einer solchen Koalition der Bosse vorgeschlagen, der Zustimmung der Delegiertenmehrheit sicher sein durfte. Das Verfahren reicht zurück in eine Zeit, in der die Bosse einzelner Parteibezirke New Yorks, Chicagos oder Detroits Mitglieder und registrierte Wähler teils wegen deren ethnischer Geschlossenheit, teils durch handfeste Wahlversprechen so sicher im Griff hielten, daß sie, wie Amerikaner dies gern nennen, ihre Stimmbezirke geschlossen *delivern* konnten, ein Vorgang, der darauf hinauslief, die Stimmabgabe ganzer Wählerblöcke in das innerparteiliche Poker um die Nominierung einzubringen.

Sicher hatten auch schon in früheren Zeiten Kandidaten versucht, gestützt auf Popularität, persönlichen Reichtum oder Spenden von Interessenten, das geschlossene System der Bosse und Honoratioren mit Hilfe populistischer Grundströmungen aufzubrechen. Was sie erreichten, lief bestenfalls auf ein gemischtes System heraus, wie etwa bei der Nominierung Woodrow Wilsons, der die Person und das politische Programm des Kandidaten ganz in den Vordergrund stellte und im Vorwahlkampf durch den direkten Appell an den Wähler Einfluß auf die Entscheidung des Parteitages nahm. Doch das Beispiel Wilsons lehrt, daß der Mann, der als Präsident die »Welt reif für die Demokratie« machen wollte und der ein zündender Redner und Ideologe von Format war, für die Nominierung auf die Koalition mit den Bossen und Honoratioren schon deshalb nicht verzichten konnte, weil der Kandidat der Demokraten nach den damals geltenden Regeln zwei Drittel aller Delegiertenstimmen brauchte.

Nach der Definition des Soziologen Seymour Martin Lipset stellen Wahlen in Amerika, dessen Parteien ja weit weniger ideologisch ausgerichtet sind als die Frankreichs, der Bundesrepublik oder Italiens, vor allem Gelegenheiten dar, »die breitestmögliche Unterstützung der unterschiedlichen Gruppen dadurch zu bekommen, daß man sie von einem gemeinsamen Interesse überzeugt«. Das System der Vorwahlen garantiert nach Lipsets Überlegungen Minderheitsgruppen die Möglichkeit, ihre Opposition gegenüber den Etablierten in der eigenen Partei zu artikulieren, die sie damit weithin integrieren können. Doch ist diese Funktion der Vorwahlen nur so lange sinnvoll, als sie nicht allein über die Auslese der Kandidaten entscheidet. Immerhin verfügen die Honoratioren und die Bosse, die vielge-

145

schmähten *powerbrokers* in den Parteiapparaten, nicht nur über politische Erfahrung von Jahrzehnten, sie haben vor allem »Nase«, das nötige Gespür also für jene Unwägbarkeiten, die häufig den Ablauf demokratisch-politischer Prozesse bestimmen.

Es war der Demokrat McGovern, Wortführer und Idol der Anti-Vietnam-Bewegung, der als Chef einer Kommission zur Reform der Demokratischen Partei nach der Nominierung Hubert Humphreys auf einem vom System der Bosse bestimmten und von der Neuen Linken und den Gegnern des Vietnamkriegs folgerichtig wie eine Festung belagerten Parteitag in Chicago 1968 die Weichen eindeutig zugunsten des Vorwahlsystems stellte. Im Jahr 1968 hatten die demokratischen Kandidaten nur 17 *primaries* zu überstehen, und der Prozentsatz der durch Vorwahlen auf einen Kandidaten festgelegten Delegierten lag bei nur 24 Prozent. Im Wahljahr 1976 mußten die demokratischen Kandidaten sich 31 Vorwahlen stellen, und 62 Prozent aller Delegierten des Parteitags waren durch diese *primaries* bei der Stimmabgabe gebunden – als Träger eines imperativen Mandats hatten sie für den Kandidaten zu stimmen, der aus den Vorwahlen ihres Heimatstaates als Sieger hervorgegangen war. Nicht viel anders verlief die Entwicklung bei den Republikanern: Die Zahl der von ihnen abgehaltenen Vorwahlen kletterte von 16 im Jahr 1968 auf 29 im Jahr 1976, und als Gerald Ford sich zur Wahl als Spitzenkandidat stellte, war mehr als die Hälfte aller Parteitagsdelegierten bei der Abstimmung über die Nominierung des Präsidentschaftskandidaten nicht mehr frei.

Diese exzessive Betonung des plebezitären Elements hat nicht nur dazu geführt, daß Amerikas Präsidentschaftswahlkämpfe immer früher beginnen, mit den sogenannten *straw polls,* unverbindlichen Probeabstimmungen, in Florida oder Iowa schon vor Beginn der *primaries.* Monatelanges Händeschütteln in den Altersheimen und Krankenhäusern des Südens, auf den Viehauktionen der Farmer im Mittleren Westen oder den *fundraising-dinners* der zahllosen Frauenklubs, Handelskammern oder Bankiersvereinigungen zwischen Ost- und Westküste können sich nach dem spöttischen Urteil Henry Kissingers nur mehr Millionäre und Pensionäre erlauben. George Ball schrieb in der »Washington Post«, die Teilnahme an »so verrückten Spektakeln, wie sie heute eingerissen sind, ist nur zweitklassigen Persönlichkeiten zuzumuten.« In der Tat gleicht der Kampf um die Nominierung zum Präsidentschaftskandidaten einem endlosen, kräfteverschleißenden Hürdenlauf, der nicht selten jene Kandidaten begünstigt, die mittels modernster Werbetechnik und exakter soziologischer Analyse der lokalen Wählerwünsche den Teilnehmern an diesen *primaries* am besten nach dem Munde reden. Daß die großen Fernsehanstalten Amerikas über die Auseinandersetzung zwischen den Kandidaten innerhalb der Parteien, über die einzelnen Stationen dieses Vorwahl-Hürdenlaufs wie über einen sportlichen Wettkampf berichten, hebt die Stimmabgabe von ein paar tausend eingeschriebenen Wählern des knapp 800000 Einwohner zählenden neuenglischen New Hampshire dann sogleich in den Rang einer nationalen Entscheidung. Fernseh-Wahlanalytiker gerieren sich nicht selten als Wahlmystiker und verweisen auf Faustregeln, die an Wettervorhersagen nach dem Hundertjährigen Kalender erinnern. Motto: Keiner, der bei den *primaries* in New Hampshire je unterlag, vermochte bislang die Nominierung zu gewinnen. Das stimmt zwar für die Vorwahlkämpfe seit der Eisenhower-Zeit; ob es morgen noch gilt, ist völlig offen.

»Das jetzige Nominierungssystem beginnt in den kleinen Städten und Dörfern der bevölkerungsarmen Staaten Iowa und New Hampshire«, schreibt der amerikanische Politologe James W. Ceasar in seiner Untersuchung »Presidential Selection«, »unter den Kandidaten, die sich der ganzen Nation erst noch bekannt machen müssen, haben damit diejenigen einen klaren Vorteil, die über genügend Zeit verfügen, diese Staaten ständig zu besuchen und die Bürger in Einzelgespräche zu verwickeln. Insofern begünstigt es die politisch Arbeitslosen und schadet denen, die schon Verantwortung tragen.« Und weil die Medien nun einmal die Story lieben, stürzen sie sich auf das Unerwartete und spielen damit nicht selten Nebensächliches nach oben: »Die Medien machen aus der Politik ein Drama, statt über das Drama der Politik zu berichten.« Als Beweis für seine These führt Caesar die unerwartete Popularität und den steilen Aufstieg des unabhängigen Kandidaten John Anderson an, der 1980 mit den Republikanern brach und als eine Ein-Mann-Partei in den Wahlkampf zog. Anderson lieferte in der Tat vorzüglichen Stoff für eine Berichterstattung, die das Drama über die Sache stellt; ohne die Gunst und Aufmerksamkeit der Medien hätte der brave Mann nie die nötige Zahl der Unterschriften aufbringen können, die nun einmal nötig sind, um in allen Staaten als Kandidat auf dem Stimmzettel zur Wahl zu stehen. Daß die Medien ihn maßlos überschätzten, belegt sein Abschneiden am 4. November 1980. Der Einzelgänger John Anderson, *the lone rider,* der Held zahlloser bewundernder Wahlreportagen, gewann die Wahlmänner nicht eines einzigen Staates. Daß das System der Vorwahlen Kandidaten begünstigt, die oft nur von Teilen und nicht von der Mehrheit ihrer Parteien getragen werden, daß es einem Darwinschen Kampf ums Überleben gleicht, bei dem nicht der bestmögliche Präsident, sondern der ideale Kandidat gewinnt, macht einen Teil des miserablen politischen Zustands aus, in dem sich die Weltmacht Amerika heute präsentiert. Natürlich haben Amerikas Politiker und Wissenschaftler diese Fehlerquelle längst geortet, und so fehlt es nicht an den verschiedensten Reformvorschlägen. Carters ehemaliger Vizepräsident Mondale denkt an gleichzeitige Vorwahlen in einer begrenzten Zahl von Bundesstaaten an einem Tag, auf den sich die Beteiligten einigen sollen. Die gesamte Vorwahlkampfzeit möchte er künftig auf sechs Monate vor dem Wahltag beschränkt wissen. Und der Republikaner Howard Baker, der sich ebenso wie Mondale Chancen ausrechnet, 1984 an der Spitze seiner Partei in die Wahlschlacht zu ziehen, wünscht sich einige wenige, nach Regionen und Zeitzonen gegliederte Vorwahlen wenige Monate vor der Präsidentenwahl. Mondale landete 1976, Baker 1980 im Verlauf der Vorwahlen im Mittelfeld. Heute sagt Baker: »Das System muß so geändert werden, daß ein Präsidentschaftsbewerber es nicht länger nötig hat, im Wohnzimmer eines jeden Bürgers in Iowa oder New Hampshire persönlich vor der Wahl zu werben, wie das Jimmy Carter 1976 und George Bush 1980 gemacht haben.« Doch Bush, der im Jahr 1980 als völliger Außenseiter seine Kampagne begann und im Gegensatz zu Baker schließlich als letzter unter den republikanischen Bewerbern Ronald Reagan Paroli bot, ist da völlig anderer Meinung: »Seien wir doch ehrlich. Wenn es andere Spielregeln geben würde, hätte ich mich nie vom Rudel lösen können. Nur dieses System macht es für einen Underdog wie mich möglich, durch harte Arbeit zu gewinnen.«

Es war der liberale Flügel der Demokratischen Partei um Ted Kennedy, der auf dem Parteitag der Demokraten im Sommer 1980 den Aufstand gegen die neuen Regeln probte. Trotz oder gerade wegen der Geiselkrise von Teheran hatte es Carter, der Amtsinhaber, geschafft, den Herausforderer Edward Kennedy, die Verkörperung des liberalen Gewissens der Partei, in den frühen Vorwahlkämpfen aus dem Felde zu schlagen. Erst später im Jahr, als die Inflationsraten kletterten, die Zeichen der wirtschaftlichen Krise unübersehbar wurden und die patriotische Pose Carters an Wirkung verlor, gelangen Kennedy tiefe Einbrüche bei den demokratischen Delegierten. Mit dem Ruf nach einem »offenen Parteitag« forderte der linke Flügel nun, das imperative Mandat abzuschaffen und die Delegierten von der Vorwahlverpflichtung auf diesen oder jenen Kandidaten zu entbinden. Hinter diesem Aufstand steckte mehr als die Absage an verfehlte Spielregeln. Es war ein letzter Versuch des linken Flügels, den Linksliberale wie Norman Birnbaum als eine eher »sozialdemokratische Partei innerhalb der Demokratischen Partei« definieren, das Ruder in letzter Minute herumzureißen, um die Partei mit einem klaren Reformprofil und einem eindeutig auf soziale Reformen eingeschworenen Spitzenkandidaten in die Schlacht gegen die Republikaner zu schicken.

Die Kennedy-Demokraten verdroß, daß Carter, der sehr wohl den Ruck nach rechts im ganzen Land verspürte, den Republikanern Terrain durch ein eher konservatives Wirtschaftsprogramm streitig zu machen suchte. Kennedy fühlte sich der sozialreformerischen Tradition des *New Deal* und der *Great Society* verpflichtet. »Die Armen«, rief er nicht ohne Pathos in die riesige Arena des Madison Square Garden, »die Armen und ihre Probleme mögen nicht mehr der politischen Mode entsprechen; sich ihrer anzunehmen, ist nicht mehr schick; aber sie existieren nun einmal in all ihrer Not. Die Mittelklasse mag zornig sein, aber auch sie hat nicht Abschied genommen von dem großen amerikanischen Traum, der stetigen Fortschritt für alle Amerikaner verspricht. Sind die Armen in diesem Traum plötzlich nicht mehr eingeschlossen?«

In der Auseinandersetzung zwischen beiden Flügeln der Demokratischen Partei auf diesem Parteitag spiegelt sich die Misere einer Reformpartei in Zeiten der Krise. Wenn sich ein arg gerupfter Jimmy Carter trotz doppelstelliger Inflationsziffern und wachsender Arbeitslosigkeit gegen die Progressiven mit einer Zweidrittel-Mehrheit mühelos behaupten konnte, dann hat das nicht nur mit dem imperativen Mandat der Delegierten, sondern vor allem mit dem Zustand der Linken selbst zu tun. Denn diese Linke mit ihrem Kandidaten Kennedy hielt gegen die Wirtschaftskrise nur Rezepte bereit, von denen sich allenfalls sagen läßt, daß sie zur Zeit der Großen Depression dem besten Wissensstand wirtschaftspolitischer Erkenntnis entsprachen, aber auch damals nur begrenzte Wirkung zeitigten. Staatliches *deficit spending* à la Keynes, die Ankurbelung der Wirtschaft durch gezielte Milliardenspritzen aus dem Staatshaushalt hatten auch bis Ende der dreißiger Jahre Amerika nicht die Vollbeschäftigung gebracht. Bei Ausbruch des Zweiten Weltkriegs zählte das Land noch immer zwischen zehn bis zwölf Millionen Arbeitslose. Die amerikanische Konjunktur wurde erst durch die Kriegswirtschaft angekurbelt, und der danach einsetzende, zwanzig Jahre während Boom der Nachkriegszeit war undenkbar ohne ein wirtschaftliches Imperium, das bis zum Zusammenbruch des Währungssystems von Bretton-Woods stetig expandierte. Zudem dauerte der Boom nur bis zu jenem Punkt, an dem der Mindestbedarf gedeckt und der Markt nicht weiter auszuweiten war. Daß sich die großen Konzerne seither auf die Produktion von Ersatzstücken zurückgeworfen sehen, weil neue Massengüter, vergleichbar dem Automobil oder dem Kühlschrank, dem Fernsehgerät oder der Klimaanlage, nicht erfunden wurden, macht ein wichtiges Stück der Wirtschaftskrise Europas wie Amerikas aus. Doch statt nun ein Programm vorzulegen, das der Erkenntnis Rechnung trug, selbst Amerika seien Grenzen gezogen, beschwor diese Linke unter Kennedy jenen altamerikanischen Traum vom Streben nach Glück herauf, der zu den hehren und garantierten, aber schwer einlösbaren Rechten der Verfassung gehört. Statt einzusehen, daß künftig eher mit Beschränkungen für den einzelnen wie für die Gesellschaft zu rechnen sei, wie Carter mit dem Mut zur Unpopularität stets betonte, pochte die Linke auf die Erfüllung des Jeffersonschen Versprechens auf unbegrenztes individuelles Glück durch unbeschränktes Wachstum. In ihrem Programm steckte Furcht vor der Umverteilung, die nicht auf Wachstum beruht, und deshalb zeugte es von Flucht. Was Kennedy anzubieten hatte, war der bequeme Rückgriff auf das nostalgische Konzept von der sozialen Befriedigung der Habenichtse und der Minderheiten durch die stetige Vergrößerung des sozialen Kuchens – ein Konzept, das den sozialen Aufstieg von unten erlaubt, ohne daß die Drosselung des Luxus oben nötig würde, und das mit Sicherheit scheitern muß, wenn das Wachstum gegen Null tendiert. Gegen die Inflation, das Krebsgeschwür der modernen Wirtschaft, hielt diese Linke so wenig taugliche Mittel wie ihr Heiliger Lord Keynes bereit, weshalb denn Kennedy parallel zur Ankurbelung der Wirtschaft durch ein staatliches Zwölf-Milliarden-Dollar-Programm die Rationierung von Benzin und die Einführung staatlicher Lohn- und Preiskontrollen forderte. Dieser, nach amerikanischer Nomenklatur geradezu klassischen, liberalen Politik mißtraute die Mehrheit der Partei zu Recht. Daß Kennedy nach mehr Staat rief in einer Zeit, in der die breite Mehrheit der Amerikaner *Big Government* mißtraute, war der Gesamtpartei nicht gerade hilfreich.

Der programmatische Streit auf dem Parteikonvent der Demokraten wie der monatelange, erbitterte Vorwahlkampf zwischen Kennedy und Carter schwächten den ohnehin angeschlagenen Präsidenten im Wahlkampf. Hinzu kam, daß an dem Streit zwischen Schwarzen und Juden über das Programm der *affirmative action* zur Förderung von Minderheiten ein Eckpfeiler jener demokratischen

151

Wahlkoalition zerbrach, welche die Basis demokratischer Präsidenten seit Franklin D. Roosevelt gewesen war. Daß die derart zerstrittenen Demokraten am ersten Jahrestag der Geiselnahme von Teheran dem erzkonservativen Ronald Reagan unterliegen würden, scheint im nachhinein so gut wie unabwendbares Schicksal, nur: Die Republikaner, die sich zur Kür ihres Kandidaten in Detroit versammelt hatten, ahnten es nicht. Anders läßt sich jener von der Verfassung ungedeckte Vorstoß des liberalen Flügels der Republikaner kaum verstehen, der Ronald Reagan, dem sicheren Sieger der entscheidenden Vorwahlkämpfe, einen Vize namens Gerald Ford an die Seite stellen und damit unverhohlen eine Art Doppel-Präsidentschaft schaffen wollte. Der Versuch ist dem Aufstand der Linken unter Kennedy auf dem Parteitag der Demokraten insofern vergleichbar, als er die Zweifel vieler Republikaner an der Zugkraft ihres Spitzenkandidaten widerspiegelt. Die ultrakonservativen Parolen des damals 69-jährigen machten ihn nach Meinung des liberalen Ostküsten-Establishments für Schwarze wie für Gewerkschafter ohne liberale Ergänzung durch einen Mann wie Ford so gut wie unwählbar. Zudem hätte die Einbeziehung Fords in das republikanische Tikket den Verdacht entkräften helfen, der außenpolitisch unerfahrene Provinzgouverneur a. D. Reagan werde die vielen fatalen außenpolitischen Kraftsprüche, die er im Wahlkampf geklopft hatte, als Chef der Weltmacht denn auch umgehend in die Praxis umsetzen. Doch die liberalen Republikaner verkannten die Stimmung im Lande genauso wie die Anhänger Edward Kennedys.

Im übrigen mißtraute die Mehrheit der republikanischen Delegierten einem Kuhhandel, der nach einem Wahlsieg der Republikaner auf die Teilung der Macht zwischen den Konservativen und Liberalen in der eigenen Partei hinausgelaufen wäre. Dies um so mehr, als dieser überraschende Schachzug für die Nominierung eines Vizepräsidenten Ford, der sich geradezu programmatisch den Zugriff auf wichtige Entscheidungen vorbehalten wollte, mit dem Namen Henry Kissingers verbunden war. Schon dreimal hatten die Konservativen nach dem Zweiten Weltkrieg den Anlauf unternommen, den großen Sündenfall des *New*

Deal rückgängig zu machen, *Big Government* zurückzudämmen und die Wirtschaft wieder ausschließlich sich
selbst zu überlassen. Das erste Mal stahlen ihnen die Liberalen der eigenen Partei die Schau, als sie die Nominierung
des urkonservativen Senators Taft 1952 durch die Gegen-
kandidatur des Nationalhelden Dwight D. Eisenhower verhinderten. Im zweiten Anlauf, mit dem Kandidaten Barry
Goldwater an der Spitze, erlitten sie eine vernichtende Niederlage. Beim dritten Versuch enttäuschte sie Richard Nixon, der sich im Wahlkampf zwar zu den klassischen konservativen Idealen bekannt hatte, in der Praxis dann jedoch
bald als ein heimlicher Liberaler entpuppte, der die Wohl-
fahrtsprogramme Lyndon B. Johnsons nicht nur nicht
stoppte, sondern weiter finanzierte, weil sein Interesse ausschließlich auf die Außenpolitik gerichtet war. Zum Ver-
druß aller echten Konservativen überließ Richard Nixon
die Innenpolitik all jenen, die an der Nahtstelle zwischen
liberalen Republikanern und gemäßigten Demokraten an-
gesiedelt waren und den Staat, die Wirtschaft immer mehr
durchdringen ließen – bis hin zu jenen Lohn- und Preiskontrollen, mit denen Nixon vergebens die Inflation bekämpfen wollte.

Ein viertes Mal nun wollten sich die Konservativen nicht
um ihren Sieg prellen lassen. So wurde der Angriff der liberalen Republikaner zusammen mit der Idee der Doppelprä-
sidentschaft abgewiesen. Die Erzkonservativen spürten
Aufwind im Land, sie wußten um die Stimmung der weißen Mittelklasse, die es leid war, noch länger für die Sünden der Väter Buße zu tun und Schwarzen Vortritt zu lassen, die auch nur einen halben Prozentpunkt geringer qua-
lifiziert erschienen. Ohnehin standen jene, die behauptet
hatten, Wirtschaftsprozesse ließen sich steuern, Konjunkturen seien machbar, im Zeichen eines unabwendbaren
Wirtschaftsabschwungs endlich als die großen Gaukler da,
als die man sie immer verdächtigt hatte. So schien die
Stunde der Rückbesinnung auf die »uralten amerikanischen Werte« endlich gekommen. Unter dem Jubel des
Parteitags verkündete Ronald Reagan eine »konservative
Renaissance« der Vereinigten Staaten, ein Programm der
sozialpolitischen Gegenreformation.

7.
Sehnsucht nach den
zwanziger Jahren

Seit Ronald Reagan regiert, wird der rote Teppich im Weißen Haus mit besonderer Liebe ausgerollt. Den bescheidenen Stil Jimmy Carters hatte der alte Herr aus Kalifornien
stets als ärmlich und kleinkariert verachtet. Eine Weltmacht, meint er, soll an der Selbstdarstellung nicht sparen.
Deshalb kürzt er, der den Sozialhaushalt erbarmungslos
zusammenstreicht, keinen Cent am Zeremoniell. Glanz
und Glitter, der ganze aufwendige Zierrat der Macht, werden in Washington gepflegt, wie seit den Tagen Jacqueline
Kennedys nicht mehr. Nancy Reagan ließ eigens eine
Harfe zupfen, als sie Frau Sadat zum Gespräch vor dem offenen Kamin empfing. 50 000 Dollar, die der Kongreß für
die Neudekoration der persönlichen Gemächer im Weißen
Haus bewilligt hatte, dünkten die Gattin des Präsidenten
erbärmlich wenig und wurden zurückgewiesen. Freunde
stifteten stattdessen 375 000 Dollar aus ihren Privatschatul-
len. Allein die eigens für die Inauguration neugeschnei-
derte Garderobe Nancy Reagans, so errechnete Verbrau-
cheranwalt Ralph Nader, kostete 25 000 Dollar. Gesellschaftlichen Empfängen, die Reagan im Weißen Haus aus-
richten läßt, verleiht er nicht selten den Glamour Hollywoods, indem er Stars wie Frank Sinatra und Bob Hope,
Charlton Heston und Jimmy Steward auf die Gästeliste
setzt. Beim Galadiner schreiten Fahnenträger in Extrauni-
formen den Staatsgästen zur festlich gedeckten Tafel
voran. Ronald Reagan, der sich nicht scheut, den selbster-
worbenen Reichtum zur Schau zu stellen, repräsentiert mit
dem Pomp eines republikanischen Wahlmonarchen. Und
sein Beispiel macht Schule.

Seit er amtiert, ist es wieder schick, reich zu sein. Washingtons renommiertester Caterer stattet pro Woche gut
200 Parties mit feinsten Delikatessen, mit russischem Ka-
viar, erlesenen französischen Weinen und Champagner

aus. Doch in einer Hauptstadt, die zwei Gesichter hat, beschränkt sich dieser Luxus auf jene Enklave, die überwiegend den Weißen des gehobenen Mittelstands gehört. Sie zählen zu dem stetig wachsenden Heer gut bezahlter Diplomaten und Geschäftsträger, Bürokraten und Lobbyisten, die das Washington der Etablierten immun erscheinen lassen gegen alle Schwankungen der Konjunktur. *Boomtown* nannte die »Los Angeles Times« dieses Wohlstandsparadies, das weitgehend auf den Fundamenten stattlicher Beamtengehälter ruht. Die Zeitschrift »US News and World Report« sprach bissig von der »Goldküste am Potomac«. Eine Büroetage in Downtown-Washington ist mittlerweile fast so unerschwinglich wie in New Yorks vornehmer Fifth Avenue. Und je stärker der Zuzug von Bankern und Diplomaten, Industriellen und Lobbyisten, desto größer ist die Resistenz dieser Insel des Wohlstands gegen Rezession wie Inflation. Doch die wenigsten Mitglieder dieser Überflußgesellschaft wohnen innerhalb der Stadtgrenzen Washingtons. Die in den Amtsstuben der Regierung Macht ausüben, in den Büroetagen im Zentrum ihren Geschäften nachgehen und beim Lunch im Luxusrestaurant heiße Tips oder politische Skandale handeln, leben meist draußen, in den Vorstädten Marylands oder Virginias. Die Insel der Seligen, wie Spötter den Einzugsbereich rund um den Regierungssitz nennen, umfaßt eine weitgefächerte Suburbia, eine Vorstadtlandschaft, die bis an die Ausläufer der Blue Ridge Mountains reicht.

Ihre *local taxes,* ihre lokalen Steuern, entrichten sie an ihren Wohnorten, nicht an die städtische Steuerkasse des District of Columbia, den die Staaten Virginia und Maryland den neugegründeten Vereinigten Staaten einstmals für den Bau einer Hauptstadt abgetreten hatten. Und das schafft Probleme. Die letzte Volkszählung ermittelte, daß unter den Einwohnern der amerikanischen Kapitale 637651 den Schwarzen und nur 171796 den Weißen zuzurechnen sind. Zwar gehören etliche dieser Schwarzen zu den Aufsteigern, zu jenem schwarzen Mittelstand also, der in Postämtern und Regierungsstuben, in den Büros von Abgeordneten wie Senatoren arbeitet. Doch Zehntausende armer und arbeitsloser Schwarzer bevölkern die abbruchreifen, heruntergekommenen Viertel Washingtons und werden zu Opfern der Reaganschen Sozialpolitik, welche die Zuschüsse für die Wohlfahrtskassen der Städte drastisch gekürzt hat. So kommt es zu jenem Paradox, das ausländische Besucher so schwer verständlich finden: Einerseits ist Washington D. C., die Hauptstadt der reichsten Nation der Welt, mit ihrem Einzugsgebiet eine der wohlhabendsten Regionen des ganzen Landes, und ihr Pro-Kopf-Einkommen wird nur von dem des Ölstaats Alaska übertroffen. Andererseits wird das Department of Human Service, das innerhalb der Stadtverwaltung für die Sozialhilfe zuständig ist, einer steigenden Flut der Armut und des Elends nicht mehr Herr. Da gibt es das vornehme Washington mit seinen großzügigen Avenuen, marmornen Nationaldenkmälern und Regierungsgebäuden, deren architektonischer Imponierstil imperialen Machtanspruch anmeldet. Doch nur wenige hundert Meter von den gepflegten Gärten des Weißen Hauses entfernt verläuft jene 14. Straße, die als Paradebeispiel für Abstieg und Verfall der Zentren der großen Städte Amerikas dienen kann. Denn diese 14. Straße mit ihren Massagesalons und heruntergekommenen Kneipen, ein Umschlagplatz für Drogenhandel und Prostitution, wird von Kriminellen und Zuhältern beherrscht.

In diesem anderen Washington, das nicht zu jener »Insel der Seligen« gehört, stehen die Arbeitslosen und Gescheiterten vor der Aloysius-Kirche an, um 60 Cents von einer katholischen Wohlfahrtsorganisation zu erhalten. Die Kürzung der staatlichen Wohlfahrtsmittel erhöht zwangsläufig die Nachfrage bei den karitativen Verbänden. Wenn der städtischen Fürsorge erst einmal die Mittel ausgehen, kehrt sie die Mühseligen und Beladenen, die Alkoholiker und die von Drogen Zerstörten jenen privaten Institutionen vor die Tür, die sich der Mildtätigkeit verschrieben haben. »Die Stadtverwaltung«, sagte Bernadette Fisher, die Direktorin der *breadline,* des Wohltätigkeitsprojekts der St.-Aloysius-Gemeinde, »ruft uns an und schickt uns Fälle, in denen sie nicht mehr helfen kann, einfach weil sie pleite ist.« Im August 1980 zählte diese *breadline* an der 19. Straße im Nordwesten Washingtons täglich etwa 60 Menschen. Ein Jahr nach Amtsantritt Ronald Reagans waren es schon 165, die außer auf 60 Cents auf ein getragenes Kleidungsstück oder einen Tip für eine warme Unterkunft hofften. »Eines Sonntags«, erinnert sich Bernadette Fisher, »fuhr ein Streifenwagen vor; der Beamte setzte eine Mutter mit zwei Kindern vor unserer Tür ab, erklärte, sie hätten keine Bleibe, niemand kümmere sich um sie, und – fuhr einfach davon.« Eine beinahe alltägliche Geschichte aus der Hauptstadt Washington, die voll eines Luxus ist, der sich ganz auf ihre vorwiegend weiße Enklave beschränkt. Das Elend wohnt buchstäblich nebenan und zeigt in aller Regel ein schwarzes Gesicht. Doch wird es von denen, die in den Inseln des Wohlstands siedeln und seit dem 21. Januar 1981 wieder demonstrativ ihre Statussymbole zur Schau stellen, nicht mehr wahrgenommen. Häufiger denn je rollen die riesigen schwarzen Cadillac-Limousinen mit den livrierten Fahrern, den eingebauten Bars und den verdunkelten Fensterscheiben, welche die Insassen vor neidischen und zudringlichen Blicken schützen sollen, vor die Luxushotels und Feinschmeckerrestaurants. Daß Ronald Reagan, der den Luxus liebt, das Elend im nächsten Häuserblock, von dem ihn doch nur ein kurzer Spaziergang trennt, nicht zur Kenntnis nehmen will, daß er ein Präsident der Reichen sei und kein Mitleid mit den Armen habe, zählt zu den gängigsten Vorwürfen seiner vielen Kritiker. Doch lassen sie ihn völlig ungerührt. Ronald Reagan hat die Hartherzigkeit des Selfmademan, er glaubt an den amerikanischen Traum, denn für ihn hat er sich erfüllt.

Wer das Weltbild dieses Präsidenten verstehen will, muß sich in eine kleine Stadt des tiefsten Mittelwestens der zwanziger Jahre versetzen, in eine Welt, wie sie Sinclair Lewis satirisch beschrieben hat. Doch die Ideale und die Lebensphilosophie des Spießers George F. Babbitt, die Lewis karikierte, wurden von Ronald Reagan positiv verstanden und geradezu enthusiastisch akzeptiert. Das gilt vor allem für die politischen Überzeugungen, die in den typischen Kleinstädten des Midwest vorherrschen, Überzeugungen, die Sinclairs negativer Held Babbitt auf die Formel brachte, daß Amerika zunächst und vor allem eine vernünftige Regierung brauche und daß eine vernünftige Regierung ganz selbstverständlich die Interessen der Geschäftswelt zu wahren habe. Ronald Reagan bekennt sich zu alledem als positiver Held.

In Dixon/Illinois, einer Kleinstadt umgeben von schmucken Farmen, ist der Glaube an die alten amerikanischen Tugenden, die der Präsident Reagan immer wieder beschwört, noch heute lebendig. Weitab aller Zentren der Kultur, 160 Kilometer von Chicago und 432 Kilometer von St. Louis entfernt, zählte Dixon Anfang der zwanziger Jahre rund 10000 Seelen und war stolz darauf, daß eine gepflasterte Hauptstraße den ganzen Ort durchzog. In dieser heilen, durch und durch sauberen, nahezu ausschließlich von Weißen bewohnten und durchsichtigen Welt, in der ein jeder über Tugenden und Schwächen des anderen Bescheid wußte, wuchs Ronald Reagan als Sohn eines armen Schuhverkäufers auf. Später, als Bewerber um das Amt des Gouverneurs von Kalifornien, sollte er dem demokratischen Amtsinhaber einmal entgegenhalten, daß er persönlich erlitten habe, worüber der andere nur wohlklingende Wahlkampfreden schwinge: »Ich kam aus einer kleinen Stadt im Mittelwesten und habe Armut erlebt, ehe die Reichen anfingen, über die Armut nachzudenken, um sie in den Rang einer politischen Programmfrage zu heben.«

In der Tat wurde Ronald Reagan in äußerst bescheidenen Verhältnissen groß. Der Vater, ein irischer Katholik, war Alkoholiker. Als Student mußte sich der junge Ronald sein Geld als *lifeguard*, als Bademeister und Rettungsschwimmer verdienen. Sparsam war er schon deshalb, weil es, wie er später bekannte, im ländlichen Illinois nichts gab, »wofür man Geld ausgeben konnte«. An dem nahe bei Dixon gelegenen College, das er nach Schulabschluß besuchte, gingen die *roaring twenties* spurlos vorüber. Eureka-College war bestenfalls eine drittklassige Provinzuniversität. Als der Student der Nationalökonomie sich dort um das Verständnis wirtschaftlicher Prozesse bemühte und 1932 seinen Masters Degree erwarb, hatte keiner seiner Dozenten je von den fortschrittlichen Lehren eines John Maynard Keynes aus dem fernen Großbritannien gesprochen. Die Nationalökonomen von Eureka priesen die ehernen Lehren eines Adam Smith und die Gesetze des Marktes, jeder staatliche Eingriff galt ihnen als Übel. Inzwischen zählt

Dixon/Illinois 18 000 Einwohner, doch wer sich auf den Weg dorthin begibt, stellt fest, daß die meisten Dixonians noch heute in den Kategorien denken, die das Weltbild des jungen Reagan bestimmten: Wer staatliche Unterstützung in Anspruch nimmt, gerät nicht nur in den Verdacht, faul zu sein, sondern an einem schweren Charakterfehler zu kranken. »Daß man für sich selbst sorgen muß, für sich selbst verantwortlich ist, das ist ja keine Hollywood-Idee – dieses Denken ist hier tief verwurzelt«, sagte Suzanne Hanney, die Reporterin des Lokalblatts in Dixon, im Winter 1981/82 und kam zu dem Schluß: »Wenn es je wieder besser werden soll in Amerika, müssen wir lernen, wieder mehr für uns selbst zu tun. Ein Konservativer in Dixon ist nicht gegen den Fortschritt, aber er will ihn selbst besorgen und dabei vom Staat in Ruhe gelassen werden.«

Wer nach dem Erfolgsrezept Ronald Reagans fragt, findet es in der Kleinstadt Dixon, die typisch für den ganzen Mittelwesten steht. Hier auch zeigt sich, wie nostalgisch sein Griff nach der Zukunft ist, denn all die schönen, edlen und einfachen Wahrheiten, in Dixon werden sie noch geglaubt: Daß, wer Schulden macht und über seine Verhältnisse lebt, zu Recht bestraft wird; daß jeder des eigenen Glückes Schmied ist; daß ein freier Bürger für sich selbst einsteht; daß es nicht Sache des Staates ist, für die Wohlfahrt seiner Bürger zu sorgen, und auch, daß Außenpolitik nach den Kategorien von Gut und Böse zu bemessen ist.

Alle diese Überzeugungen finden sich in zahllosen Jugendromanen eines Bestseller-Autors namens Horatio Alger, der den Mythos des Selfmademan popularisierte und dessen Einfluß auf das Denken ganzer Generationen von Amerikanern unmöglich zu unterschätzen ist. Alger zählte zu jenen Pfarrern, die Christentum und geschäftlichen Erfolg, rechten Glauben und die Erfüllung des amerikanischen Traums direkt miteinander verknüpften. Schon 1836 hatte der Pfarrer Thomas T. Hunt in seinem »Buch des Reichtums« nachgewiesen, daß sich aus der Bibel geradezu eine Pflicht für jeden Menschen herleite, Reichtum zu erwerben. Ein anderer dieser Prediger, die eine Art christlich-kapitalistische Volksmentalität begründen halfen und auf populäre Weise vorwegpredigten, was Max Weber später über die protestantische Ethik und den Geist des Kapitalismus wissenschaftlich erarbeiten sollte, der Baptist Russell Conwell, behauptete, 98 von 100 reichen Amerikanern seien nun einmal tugendhafter und aufrichtiger als ihre weniger vermögenden Mitbürger, womit hinreichend erklärt sei, warum sie zu Reichtum gelangten. Die Jugendromane Algers, die von dem jungen Ronald Reagan verschlungen wurden, handelten insgesamt von armen, aufrechten Jungen, die ganz auf sich gestellt, ohne Hilfe anderer den Aufstieg schaffen, weil sie sich treu an jene christlichen bürgerlichen Tugenden hielten, die ein göttlicher Plan notwendig mit stattlichem Vermögen belohnt. In Algers berühmtestem Roman »Ragged Dick« sagt der reiche und fette Mister Whitney zu dem jungen Schuhputzer Dick: »Ich hoffe, daß du Bursche vorankommst und deinen Weg nach oben machen wirst. Du weißt ja, daß in diesem freien Land Armut in der Jugend kein Hindernis für den Aufstieg ist . . . Denk immer daran, daß für deine künftige Position vor allem du selbst verantwortlich bist; sie wird so hoch oder so niedrig sein, wie du selbst es bestimmst.«

Die Bücher Horatio Algers verherrlichen nicht so sehr das Profitmotiv als solches, sondern eine *moralische* Haltung, die letztlich Profit erbringt. Der Erfolg von Algers Helden beruht auf der Annahme, daß ein junger Mensch, der beschließt, Businessman zu werden, in aller Regel ehrenwerte Charaktereigenschaften entwickelt, etwa Redlichkeit und Sparsamkeit, Fleiß und Selbstvertrauen, Selbstachtung und Sinn für Fairneß – alles bürgerliche Tugenden, ohne die ein Held in der Welt Horatio Algers nicht bestehen kann. Horatio Alger, schrieb Irving Kristol einmal, wäre nicht so erfolgreich gewesen, wenn seine Romane nicht das Selbstverständnis der meisten Leser getroffen hätten, wenn es nicht eine Welt gegeben hätte, in der ein Handschlag noch etwas galt und Geschäfte abgeschlossen werden konnten, ohne zuvor Anwaltskanzleien zu konsultieren.

Daß in dem neuen, großen Land der Demokratie und der Freiheit, daß auf dem Kontinent der unbegrenzten Möglichkeiten es jeder zu etwas bringen und reich werden könnte, dieser Gedanke war lange der Exportartikel Nummer 1 der Neuen Welt und entwickelte universelle Anziehungskraft. Er glich einem modernen Märchen, in dem Tugend und Leistung als eine Art Zauberschlüssel ein ganzes Reich voll ungeahnter Schätze und Belohnungen erschloß. Es war dieser Traum der klassischen Aufsteiger-Gesellschaft, der Millionen und Abermillionen von Einwanderern ins Land lockte, und er setzte vor allem eines voraus: Mobilität, die zunächst so lange gegeben war, wie sich die Grenze immer weiter nach Westen schob.

Nun ist diese Grenze zwar längst festgeschrieben, aber Mobilität bleibt auf besondere Weise auch heute noch ein Schlüsselwort zum Verständnis der amerikanischen Gesellschaft. Wer früher vom Osten nach dem Westen wanderte, zieht inzwischen vom Norden nach dem Süden. Wer in den klassischen Industriestaaten des Nordens, den Zentren der niedergehenden Stahl- und Kohleindustrie keine Arbeit findet, schließt häufig sein Haus einfach zu, setzt sich in den Wohnwagen, fährt nach dem Süden und sucht dort einen neuen Anfang zu machen. Der riesige Binnenmarkt der USA kennt ja gespaltene Konjunkturen; was wirtschaftspolitisch für den Nordosten gilt, stimmt nicht notwendig in Massachusetts, einem Zentrum der Computerindustrie, oder in Kalifornien, wo die Luft- und Raumfahrtindustrie vorherrschend ist, und schon gar nicht in Texas. Immer neue Industrien siedelten sich im letzten Jahrzehnt im Süden an. So wie die Farmer, die früher ihre Höfe auf den schwierigen Böden Vermonts einfach verließen, um weiter nach Westen zu ziehen, verhalten sich heute die Bosse der Großindustrie: Die veralteten Stahlwerke in Youngstown/ Ohio werden nicht etwa renoviert, man schließt ihre Pforten und läßt sie schlicht verrotten. Darin steckt ein Stück uramerikanisches Verhalten: Man zieht weiter, geht dahin, wo die Bedingungen besser sind und baut neue Stahlwerke im sogenannten *sun belt,* dem Sonnengürtel der Südstaaten. Hier gibt es billigen Boden und auch billige Arbeitskräfte, denn hier haben die Gewerkschaften so gut wie nichts zu sagen, und vor allem: Energie ist in Hülle und Fülle vorhanden. So zog der Boom des neuen Südens immer neue Arbeitskräfte an, darunter auch Ein-Mann-Unternehmer wie Schweißer, die mit ihrer Ausrüstung wie Wanderarbeiter von Firma zu Firma ziehen, sich gegen Tageslohn verdingen und helfen, Hunderte neue Bohrtürme zu bauen, die jährlich in den Ölgebieten des Südens aufgestellt werden. Wer unternehmungslustig ist und im Norden seinen Arbeitsplatz verlor, beginnt in Texas, Arizona oder Alabama neu – oft auf dem Campingplatz.

Es ist freilich auch der letzte Rest vom klassischen amerikanischen Traum, der sich heute in Amerika noch finden läßt. Für die meisten zerplatzte dieser Traum schon während der Großen Depression wie eine Seifenblase. John Steinbeck beschrieb in »Früchte des Zorns« die große Wanderung der Dust-Bowl-Emigranten, jener kleinen Farmer des Mittelwestens, denen andauernde Trockenheit die Existenzgrundlage entzogen hatte. Ihre guten Böden waren von der Sonne ausgedörrt und vom Wind als Staub in alle Himmelsrichtungen verweht. Die vor dieser riesigen Staubwolke dann nach Westen flohen, fanden in Kalifornien nur schwer Arbeit als unterbezahlte Landarbeiter, sie hausten in Zeltstädten und wurden von den Einheimischen als *okies* gehaßt. Als Roosevelt 1933 erste praktische Maßnahmen in die Wege leitete, um die große Not zu lindern und Millionen arbeitslosen Amerikanern zu helfen, fehlte zunächst ein überzeugendes Konzept. Programme wurden geboren, wieder verworfen und durch neue ersetzt. Der bloße Gedanke, daß die Regierung eingreifen müsse, verstieß gegen die amerikanische Tradition des Selfmademan, gegen das Credo des Landes, nach dem jeder eine Arbeit finden konnte, wenn er dies nur wirklich wollte.

Ein Drittel der Nation war arbeitslos, und mehr als die Hälfte litt zumindest indirekt unter den Folgen der Depression, doch gab es auch damals Millionen, die weiter im Wohlstand lebten, denen sinkende Zinsen und fallende Preise den billigen Erwerb riesiger Vermögen erlaubten und die Präsident Franklin Delano Roosevelt wegen seines *New Deal* des Verrats an den Idealen der Nation bezichtigten.

Ronald Reagan hatte sich zwar einige Jahre zu den Demokraten bekannt und zählt Roosevelt noch heute zu seinen großen Vorbildern. Aber er fügt stets hinzu, daß dieser Roosevelt von denen, die sich heute auf ihn berufen, mißverstanden wird. Einen umfassenden Wohlfahrtsstaat habe Roosevelt nie angestrebt, mehr als die allerschlimmste Not zu lindern, sei ihm nie in den Sinn gekommen. In der Tat startete der Präsident des *New Deal* mit einem politischen Programm, das viele Elemente der späteren Wahlplattform Ronald Reagans enthielt. Die Folgen der Großen Depression waren längst unabsehbar, da versprach Roosevelt den Amerikanern im Wahljahr 1932 noch, einen ausgeglichenen Haushalt vorzulegen und die Staatsausgaben um 25 Prozent zu senken. Es war Roosevelt, der Hoover, den Präsidenten der Großen Depression, öffentlich wegen seiner »rücksichtslosen und extravaganten Ausgabenpolitik« anklagte; der Vize in Roosevelts Ticket, der Kongreßabgeordnete Nance Garner aus Texas, behauptete sogar, Hoover führe das Land in den Sozialismus und damit in den Untergang.

Zwar tat Roosevelt schließlich das genaue Gegenteil dessen, was er den Wählern versprochen hatte; statt am Haushalt zu sparen, suchte er durch gezieltes *deficit spending,* durch Verschuldung, staatliche Interventionen und Arbeitsbeschaffungsprogramme Millionen Arbeitslose von der Straße zu bringen. Doch das Beispiel ist aufschlußreich, denn so unverbindlich wie die Wahlversprechungen Roosevelts sind nahezu alle politischen Programmaussagen amerikanischer Präsidentschaftskandidaten und die Wahlplattformen ihrer Parteien bis heute geblieben.

Wie skeptisch Reagan Eingriffe in den natürlichen Ablauf des Wirtschaftsprozesses beurteilt, wie kritisch er Roosevelt im nachhinein sieht, zeigt sein Brief an einen gewissen Thomas Meek im kalifornischen Santa Barbara, der von Reagans Freund, Senator Paul Laxalt, in dem Taschenbuch »Sincerely, Ronald Reagan« veröffentlicht wurde. »Seit ich lebe, hat es vier Kriege gegeben, und sie wurden alle von demokratischen Regierungen geführt«, schreibt Reagan da. »Wenn es in den letzten vierzig Jahren einige Zeit Vollbeschäftigung gegeben hat, dann als das Ergebnis eines dieser Kriege. Denn nach sechs Jahren des New Deal waren noch immer 25 Prozent unserer Arbeiter arbeitslos. Erst der Zweite Weltkrieg brachte die Vollbeschäftigung.« Als ironische Pointe sei angemerkt, daß Reagans Vater

John während der Großen Depression zum Millionenheer der Arbeitslosen zählte und erst nach dem Sieg Roosevelts einen Job erhielt. Als Lohn für sein Engagement zugunsten der Demokratischen Partei wurde er von der Regierung im Rahmen eines Sozialprogramms beschäftigt.

Die Studenten des puritanischen College in Eureka, einer Kleinstadt von 3000 Einwohnern, empfanden die Große Depression der dreißiger Jahre nicht als Symptom einer kranken Gesellschaft, sondern eher als wirtschaftliche Unpäßlichkeit, die irgendwann einmal vorübergehen würde. Die Erinnerung an jene Jahre weckte nicht etwa Zweifel, sie bestärkte Ronald Reagan eher in seinem Glauben an die alten amerikanischen Werte und den großen amerikanischen Traum. Weil Roosevelt fürchtete, ganze Armeen von Arbeitslosen würden auf der Suche nach Arbeit gen Westen wandern, weil die Bürger von Los Angeles inzwischen in Selbsthilfe-Aktionen Kontrollstationen an der Stadtgrenze errichteten, um den unerwünschten Einfall weiterer Arbeitsloser abzuwehren, rief der Präsident denen, die Arbeit suchten, damals im Radio zu: »Bleiben Sie zu Hause, suchen Sie nicht nach Arbeit – wir werden die Arbeit zu Ihnen bringen.« Der junge Reagan folgte diesem Rat nicht und zog nach Des Moines/Iowa. Er vertraute auf Eigeninitiative und wurde seines eigenen Glückes Schmied. Weil er sich darauf verstand, Geschichten zu erzählen, bekam er 1932 einen Job als Sportreporter bei der lokalen Radiostation WHO in Des Moines. Bald war seine Stimme populär. Den Einstieg in die Hollywood-Karriere fand der Radioreporter aus dem Mittelwesten, als er ein Baseballteam nach Südkalifornien begleitete und die Chance erhielt, Probeaufnahmen zu machen.

Nie wurde er ein erstklassiger Star, vergleichbar einem Robert Taylor oder Clark Gable, einem Errol Flynn oder Gary Cooper. Stets spielte er zweitklassige Rollen, und doch arbeitete er zielstrebig an sich weiter, nutzte und entwickelte sein begrenztes Talent. Auch in Hollywood blieb er den Idealen treu, die er als *small-town boy* im tiefen Mittelwesten mit der Muttermilch aufgesogen hatte. Er verzichtete auf Extravaganzen und lebte bescheiden. Redlich und brav widerstand er allen Versuchungen der Popularität. Den Film betrachtete er nicht etwa als ein Kunstwerk, er sah in ihm vielmehr die Weiterentwicklung, eine modernisierte Form des Radios. Und wie um zu betonen, daß er in der Schauspielerei weniger eine Berufung denn eine Quelle des Gelderwerbs erblickte, sprach er von all den Träumen auf Zelluloid, an denen er mitwirkte, stets als dem *picture business,* dem Filmgeschäft. Weil er so dachte, fiel ihm auch der Umstieg in das neue Medium Fernsehen nicht schwer, das die großen Stars anfänglich verachteten und dem sie sich lange verweigerten. Im Fernsehen, seine Karriere als Schauspieler begann längst abzuflachen, wurde er von der Firma General Electric entdeckt, als diese 1954 nach einem Talkmaster Ausschau hielt, der halbstündige Werbesendungen für ihre Produkte moderieren sollte. Reagans einfache, eingängige und oft witzige Art, die ihn noch heute populär macht, brachte ihm den vollen Respekt des Managements. Bald wurde er gebeten, die 125 Filialen des Konzerns zu besuchen, um die Arbeitsmoral der 250 000 Beschäftigten durch Rede- und Diskussionsveranstaltungen zu heben. Die neue Tätigkeit zeigte Ähnlichkeit mit den politischen Wahlkämpfen, die er später durchzustehen hatte. »Er schüttelte die Hände der Arbeiter in den Fabriken«, schreibt Reagan-Biograph Bill Boyarsky, »beim Lunch und beim Dinner sprach er vor Klubs und anderen Gruppen. Anfangs glichen seine Reden der simpelsten Hollywood-Reklame, aber Schritt für Schritt entwikkelte er in seinen Gesprächen mit Managern und Arbeitern zum ersten Mal in seinem Leben eine in sich schlüssige politische Philosophie.«

Von hier sollte Reagans Weg über das Amt des Gouverneurs von Kalifornien, um das er sich mit Unterstützung der konservativen Geschäftswelt zweimal erfolgreich bewarb, nun direkt in die Pennsylvania Avenue 1600 in Washington führen. Aus der Mitte der fünfziger Jahre datieren auch Reagans Freundschaften mit jenen Reichen und Superreichen, die bis heute als Mitglieder des sogenannten Küchenkabinetts Einfluß vor allem auf die innen- und wirtschaftspolitischen Entscheidungen des Präsidenten nehmen. Es sind dies Justin W. Dart, der Besitzer einer riesigen Drugstore-Kette, der Automobilhändler Holmes P. Tuttle, der Grundstücks- und Immobilienmakler William A. Wilson und der Ölproduzent Henri Salvatori. Nicht zu vergessen Joseph Coors, dem die größte Bierbrauerei des Landes gehört, und Walter H. Annenberg, Besitzer einer der einflußreichsten Verlags- und Druckereikonzerne des Landes. »Bedeutung und Einfluß dieser Männer leiten sich ausschließlich aus ihren eigenen Leistungen her, denn sie alle folgten dem amerikanischen Traum«, erläuterte Charles Z. Wick, ein Public-Relations-Experte und Werbefilmproduzent, der als enger Freund Reagans inzwischen an die Spitze des regierungsamtlichen Propagandaapparats ICA (International Communication Agency) in Washington berufen wurde. Mit anderen Worten: Die meisten Mitglieder dieses Küchenkabinetts sind samt und sonders Selfmademen wie ihr Freund Reagan. Sie alle schafften den Aufstieg unter widrigsten Umständen und boxten sich trotz der Großen Depression nach oben durch. Daß mit dem Einzug der neuen republikanischen Geldaristokratie des Westens in Washington schlagartig die Kostüme der teuersten Designer und die kostbarsten Nerze die gesellschaftliche Szene bestimmten, obwohl die wirtschaftliche Talfahrt für Millionen unaufhaltsam weiterging, beunruhigt Reagans Berater kaum. Charles Wick verglich das luxuriöse Treiben bei Hofe mit der großen Zeit Hollywoods in den dreißiger Jahren. Damals hätten die Produkte der Traumfabriken Millionen von Amerikanern Trost gespendet und neue Hoffnung eingeflößt. Wicks Zynismus ist schwerlich zu überbieten, ein besserer Beleg für die mangelnde Sensibilität der Selfmademen gegenüber den Nöten der Arbeitslosen und Obdachlosen, deren Zahl sich unter Reagans Regiment rapide vermehren sollte, ist kaum vorstellbar. Über 30 Millionen von 230 Millionen Amerikanern lebten zwei Jahre nach Reagans Amtsantritt nach der offiziellen Statistik unterhalb der Armutsgrenze, mindestens zwei Millionen waren obdachlos. So dauerte es nicht lange, und Amerikas ideenreiche Postkarten- und Posterindustrie stellte Nancy Reagan als Marie Antoinette vor, die den Hunger der Massen und den Mangel an Brot mit dem berühmten Spruch kommentiert: Sollen sie doch Kuchen essen! Daß jetzt Neureiche regieren, meinte Ralph Nader, erkläre das Fehlen jener *noblesse oblige,* aus dem sich der Paternalismus und die Compassion, das Reformengagement und das soziale Mitgefühl eines Roosevelt oder der Brüder Kennedy speisten. Weil diese nicht zu den *new rich,* sondern zu den *old rich* zählten, war ihr soziales Gewissen geschärft. Weil sie Familien entstammten, die seit Generationen in Wohlstand lebten, fühlten sie sich den Armen eher verpflichtet.

Nun stimmt zweifellos, daß die Schlüsselpositionen der Regierung Reagan nahezu ausschließlich mit vermögenden Unternehmern, erfolgreichen Industriellen, mit millionenschweren Börsenmaklern oder Managern besetzt und die sechs wichtigsten Regierungsmitglieder mehrfache Millionäre sind. Die USA werden heute von einer Wirtschaftselite regiert, die daran glaubt, eine Großmacht lasse sich leiten wie ein Großkonzern. Kein Zweifel auch, daß die Wirtschaftspolitik dieser regierenden Wirtschaftselite durch lineare Steuersenkungen um 30 Prozent bei gleichzeitiger Kürzung des Sozialhaushaltes die Wohlhabenden begünstigt, die Reichen reicher und die Armen ärmer macht – zunächst jedenfalls. Nur wäre es falsch, dieser Politik als Leitmotiv ein fröhlich-unbeschwertes *enrichessez-vous* zu unterstellen. Diese Politik hat sehr wohl Methode, denn Ronald Reagan hat sich die wahrhaft historische Aufgabe gestellt, die Ergebnisse von fünfzig Jahren Sozialpolitik zu revidieren, den Staat zurückzudämmen und die Wirtschaft ihrem vermeintlich freien Spiel der Kräfte zu überlassen. Welche Philosophie letztlich hinter alledem steht, wurde von den Autoren Robert J. Ringer und Georg Gilder unmißverständlich beschrieben. Der Glaube, daß die Wohlfahrt des anderen schließlich auch die eigene befördert, meint Gilder, falle nicht leicht, dennoch stelle er die »goldene Regel aller Wirtschaft« dar. Sein Buch »Wealth and Poverty« wurde von Reagans Budgetdirektor David Stockmann als ein Werk von »prometheischer Kraft« gelobt, denn es zerschmetterte die Illusionen eines Keynes samt denen der Anhänger des Wohlfahrtsstaates. Reagans Geheimdienstchef William Casey pries es der neuen Regierung als geradezu »brillanten, idealen Leitfaden« ihrer Politik an. Wer der Armut Herr werden will, der muß nach

Gilder erst einmal alle Ideen abschreiben, die auf besondere Förderungsprogramme oder eine Umverteilung der Einkommen setzen. »Um die Einkommen der Armen zu heben, muß vor allem mehr investiert werden, und das wird zunächst zur Mehrung der Vermögen der Reichen führen.« Bislang hätten alle ethnischen Gruppen den Aufstieg in Amerika durch harte Arbeit geschafft, und es sei einfach nicht einzusehen, warum diese Regel plötzlich für die Schwarzen nicht mehr gelten solle. »Um aufzusteigen«, so Gilder, »muß der Arme nicht nur arbeiten, er muß vor allem härter arbeiten als die Klasse über ihm. Jede frühere Generation der unteren Klasse hat diese Leistung erbracht, aber die gegenwärtigen Armen ... weigern sich, hart zu arbeiten.« Robert Ringer postuliert in seinem Buch über die Wiederbelebung des amerikanischen Traums (»Restoring the American Dream«) die Einheit der politischen und der wirtschaftlichen Freiheit mit dem libertären Glaubenssatz, daß ohne das Recht auf Eigentum andere Rechte und Freiheiten schlechthin undenkbar seien. Auf eine geradezu mystische Weise sieht er das Eigentum von der Person des Besitzers durchtränkt, denn im Eigentum stecken nach Ringer die Werte der persönlichen Arbeit, Leistung und Willensanstrengung. Und weil in alles Eigentum so viel von der Person dessen, der es erwirbt, eingeht, habe auch keiner das Recht auf das Eigentum des anderen. Den Staat, wie er sich seit Franklin Delano Roosevelt entwickelte, das Amerika der Vor-Reagan-Ära, vergleicht er einer riesigen Umverteilungsmaschinerie, die inzwischen Amok laufe. Ringer sieht sie in der Hand einer relativ kleinen Gruppe von Liberalen, die den Reichtum aus den Taschen aller wegsteuere, um ihn dann für Zwecke zu verteilen, die allein diese winzige Gruppe für wichtig erkläre. Das sind extreme Sätze, und die förderten in der Tat eine im Ansatz extreme Politik.

Um neue Leistungsanreize zu geben, um die Wirtschaft zu Investitionen zu ermuntern, folgte Ronald Reagan dem Rat der sogenannten *supply side economics*. Schutzpatron dieser neuen Schule der Nationalökonomie ist der Erfinder einer Kurve, die seinen Namen trägt: Arthur B. Laffer, Professor der Volkswirtschaft in Kalifornien. Mit seiner Kurve wies der heute 42-jährige die ebenso simple wie banale Wahrheit nach, daß zu hohe Steuern den Leistungswillen des einzelnen drosseln, weil der Anreiz zum Verdienen entfällt. Übersteuerung der Wirtschaft, fand Laffer heraus, lähme deshalb die Wirtschaftstätigkeit und bedinge wegen der dadurch verursachten Steuerausfälle schließlich auch staatliche Haushaltsdefizite. Von Laffer stammt deshalb das Kernstück der Reaganschen Wirtschaftspolitik, die davon ausgeht, daß Steuersenkungen die Wirtschaftstätigkeit wieder ankurbeln und die Staatskasse für den anfangs auftretenden Steuerausfall durch die später anfallenden Mehreinnahmen schon bald entschädigt wird.

Nun waren nicht nur die Männer um Reagan davon überzeugt, daß die amerikanische Wirtschaft um die Jahreswende 1980/81 unter einem Mangel an Effizienz und Produktivität litt. Doch konventionelle Weisheit, die dieser Diagnose zustimmte, zweifelte stets an der Wirksamkeit der Reaganschen Rezepturen. Steuersenkungen, behaupteten Kritiker der neuen Strategie von Anfang an, könnten den Hauptfeind Nummer 1, die Inflation, nur stärken und beschleunigen. Doch Ronald Reagan, dem man sicherlich viel vorwerfen kann, nur nicht, daß er dazu neige, das einmal für richtig Erkannte schnell zu verwerfen, setzte seine Steuersenkungen schließlich gegen den Widerstand im Kongreß durch. Er vertraute voll einem wirtschaftspolitischen Dreisatz, nach dem *erstens* Steuersenkungen die Wirtschaft ankurbeln, *zweitens* Budgetkürzungen beim Haushalt die Steuerausfälle ausgleichen und *drittens* verringerte Haushaltsdefizite die Zinssätze herunterdrücken würden. Hinzu kam der naive Glaube, daß die amerikanische Wirtschaft genesen werde, wenn amerikanischer Unternehmergeist, endlich befreit von jeder staatlichen Reglementierung und Gängelung, wieder nach Belieben schalten und walten könne. Dafür zu sorgen, verbürgte sich die neue Administration.

Der Ansatz war kühn und ging davon aus, daß die Rezepte und Kuren all der anderen modernen Wirtschaftstheoretiker sämtlich versagt haben. In der Tat hatten die Schüler des Lord Maynard Keynes zwar vermocht, die schlimmsten Folgen der Massenarbeitslosigkeit durch staatliche Beschäftigungs- und Ankurbelungsprogramme in den dreißiger Jahren einzudämmen. Daß sie nicht über Mittel gegen die Inflation verfügten, wurde spätestens Mitte der sechziger Jahre klar. Mit einer Roßkur suchte Reagan nun, die kranke Wirtschaft der Weltmacht zu heilen. Der Mann, den er neben Finanzminister Donald Regan, einem erfahrenen Wallstreet-Broker, mit dieser Hauptaufgabe betraute, hieß David Stockmann, zählte bei Amtsantritt ganze 34 Lenze und verstand als ehemaliger Theologie-Student der renommierten Harvard University so viel von den Gesetzen der Nationalökonomie wie jeder aufmerksame Leser der »New York Times« – nicht mehr. Zusammen mit dem Finanzminister oblag ihm, dem Budgetdirektor im Weißen Haus, den Haushalt auf überflüssige Sozialprogramme zu durchforsten. Stockmann wie Regan bauten darauf, daß die angestrebte Kombination von drastischer Steuersenkung und Budgetkürzung der Wirtschaft das langersehnte Signal geben werde. Eine neue Ära sollte heraufdämmern, in der das robuste Wachstum des privaten Sektors dem Vordringen des Staates endlich Einhalt gebieten werde. »Die ganze Operation beruhte auf Psychologie und auf Glauben«, bekannte Stockmann später dem Journalisten William Greider von der »Washington Post«. Sobald der zu sendende Funke einmal übergesprungen sei, werde die Wirtschaft unter Dampf geraten, die Arbeitslosigkeit abflauen und die Inflation zurückgehen.

Doch zeigte sich bald, daß die neue Strategie an einem inneren Widerspruch litt, der ihren Erfolg von Anfang an behindern sollte. Und dieser Widerspruch hat viel mit dem riesigen Rüstungsprogramm zu tun, einer jährlichen Steigerung des Rüstungsetats zwischen sieben und zwölf Prozent, die sich Reagan zum Ziel setzte. Sein gewaltiges Aufrüstungsprogramm trug entscheidend dazu bei, daß entgegen den Annahmen all der gläubigen *supply sider* und Laffer-Anhänger, das Staatsbudget nicht etwa schrumpfte, sondern unentwegt weiter wuchs. Weil der Staat auf den Kreditmarkt gehen und sich höher verschulden mußte, kletterten die Zinsen. Und die hohen Zinsen konterkarierten nun, was die Steuersenkungen eigentlich hätten bewirken müssen. In die Sprache der volkswirtschaftlichen Schulen übersetzt, sorgten Reagans ehrgeizige Rüstungspläne dafür, daß die *supply sider* an den Monetaristen scheiterten. Denn Paul Volcker, der noch von Carter eingesetzte Chef der unabhängigen amerikanischen Bundesbank, steuerte mit einer Politik des knappen Geldes und der hohen Zinsen den Kurs der Monetaristen. Vor allem die konservativen Bankiers in Wall Street vertrauten Volcker und mißtrauten der Reagonomics, die Reagans heutiger Vizepräsident Bush, als er die Kandidatur des Erzkonservativen aus Kalifornien im Vorwahlkampf noch zu verhindern suchte, schlicht *voodoo economics* genannt hatte, was soviel heißen sollte wie: einen Wirtschaftsaufschwung mit den Mitteln karibischer Zauberdoktoren herbeizubeten.

Die gewitzten Wall Street Banker wußten, daß hier zuviel und zu schnell auf einmal versucht wurde. Zwar waren sie durchaus bereit, eine Politik des knappen Geldes und der hohen Zinsen zu akzeptieren, um die Inflation einzudämmen. Die von Reagan im Kongreß durchgesetzte Steuersenkung für die nächsten drei Jahre aber hielten die meisten angesichts der vorgesehenen Steigerung des Rüstungshaushaltes für unverantwortlich. In den Augen der erfahrenen Finanzkonservativen nahm sich Reagans Politik schlicht als unsolide und abenteuerlich aus. James Schlesinger, Verteidigungsminister unter Gerald Ford, dann später einige Jahre Energieminister unter Jimmy Carter, nannte die Steuersenkungen Ronald Reagans den »törichtesten Akt der modernen amerikanischen Finanzgeschichte«. Die lineare Steuersenkung von 25 Prozent, die Reagan dem Kongreß für die nächsten drei Jahre gegen erheblichen Widerstand abringen konnte, reduzierte nach seinen Berechnungen das amerikanische Steueraufkommen um 18 Prozent. »Diese Regierung«, sagte Schlesinger, »hat die sogenannte Supply Side Economics über Gebühr in Mißkredit gebracht. Schließlich ist es ganz vernünftig, der Wirtschaft bessere Anreize zu geben und die Kapitalbildung zu begünstigen. Das haben wir in den Vereinigten Staaten sicher zu lange mißachtet. Aber eine solche Politik kann nur sehr langfristig wirken, und die Regierung Reagan hat der Versuchung nicht widerstanden, eine Sofort-, ja

Wunderkur zu versprechen. Dabei war für jeden, der Budgetzahlen lesen kann, seit Februar 1981 klar, daß dieses Gesundungsprogramm für die Wirtschaft schon deshalb nichts taugte, weil die Zahlen nicht stimmen. Haushaltsdefizite in der Größenordnung von 150 oder 200 Milliarden Dollar waren die unvermeidliche Folge.« Ein Aufrüstungsprogramm, wie es der Regierung Reagan ursprünglich vorschwebte, wird es laut James Schlesinger nicht geben, einfach weil nach dieser Steuersenkung die Mittel dafür fehlen. Jimmy Carter hatte im letzten Jahr seiner Amtszeit eine jährliche Steigerung des Rüstungsetats um fünf Prozent vorgeschlagen. Schlesinger über die Pläne Reagans: »Wir werden ein Cartersches Verteidigungsprogramm haben mit ein bißchen mehr Mitteln, als Carter dafür bereitgestellt hätte. Was das republikanische Parteiprogramm einmal gefordert hat – die Wiederherstellung der militärischen Überlegenheit der Vereinigten Staaten –, läßt sich damit nie finanzieren.«

Freilich zeigt die jahrelange Auseinandersetzung um das Reagansche Wirtschaftsprogramm auch, daß Reagan beharrlich an seinen Prioritäten festhalten kann – so zäh, ja stur, daß ihn weder die gefährlichen Folgen des Finanzchaos, das er auf den amerikanischen Märkten bewirkte, noch die Konsequenzen der amerikanischen Hochzinspolitik für die Weltwirtschaft je beirren konnten. Vergebens wurden Amerikas Alliierte in Washington vorstellig und klagten über die Auswirkungen der durch Steuersenkungen bedingten Hochzinspolitik, welche die amerikanische Rezession auf Europa und die Dritte Welt übergreifen ließ. Reagan blieb unbeeindruckt. Nach seiner Überzeugung kann nur ein wirtschaftlich kerngesundes Amerika all jene Anforderungen erfüllen, die an die Weltmacht USA gestellt werden. So glaubt er schließlich, mit der Roßkur, die er der eigenen Wirtschaft verschrieb und über deren internationale Folgen Paris und Bonn, Rom und London lautstark Klagelieder anstimmten, den Verbündeten letztlich auch noch einen Dienst zu erweisen. Erst als ihm die eigenen Republikaner mit Blick auf die Wahlchancen bei den Zwischenwahlen zum Kongreß 1982 in Scharen die Gefolgschaft aufsagten, war er bereit, dem gemeinsamen Druck von Finanzexperten, Wirtschaftlern und Politikern nachzugeben und – wider seine tiefste Überzeugung – das Haushaltsdefizit durch ein Paket indirekter Steuererhöhungen zu bekämpfen. Erst nach dieser Entscheidung kamen mit sinkenden Zinssätzen schließlich die ersten positiven Signale von der Investitionsfront, die einen bescheidenen Aufschwung ankündigten. Was die Politiker der Reagonomics ursprünglich versprochen hatten, war inzwischen freilich längst als bittere Illusion entlarvt. Der wundersame Dreisatz, nach dem Steuersenkungen, Budgetkürzungen und geringere Haushaltsdefizite Vollbeschäftigung schaffen und die Inflation herunterschrauben könnten, entpuppte sich – der Wahlkämpfer George Bush hatte völlig recht – als *voodoo economics*. Aber Millionen mußten für diese späte Erkenntnis einen bitteren und hohen Preis bezahlen. Erstmals seit den Jahren der Großen Depression wurden in Amerika wieder jene Suppenküchen installiert, die zum Trauma der dreißiger Jahre gehören, weil sie exemplarisch für das Massenelend der Millionen Arbeitslosen und Obdachlosen stehen. Zwar stimmt, daß Ronald Reagan die Inflation in zwei Jahren von zwölf auf rund vier Prozent herunterdrücken konnte. Aber das brutale Rezept, mit dem er dies bewerkstelligte, war altbekannt und gerade deshalb von modernen Wirtschaftspolitikern in Acht und Bann getan. Letztlich lief, was er da tat, doch nur darauf hinaus, die Inflation mit der größten Rezession zu bekämpfen, die die Welt seit dem großen Börsenkrach an jenem Schwarzen Freitag im Oktober 1929 in New York erlebt hatte. Wahrlich keine große oder stolze Leistung, zumal der alte Herr mit seinem immerzu sanften und freundlichen Lächeln der Nation ja hatte weismachen wollen, er wisse, wie die grausame Alternative von Rezession oder Inflation zu vermeiden sei.

8.

Hoffnung auf den zweiten Eisenhower

Nach europäischen Begriffen ist der Innenpolitiker Reagan ein klassischer Liberaler aus der Mitte des letzten Jahrhunderts, der so wenig Staat wie möglich will. So kam es nahezu einem programmatischen Akt gleich, daß Ronald Reagan wenige Tage nach seinem Einzug im Weißen Haus ein Porträt Calvin Coolidges aufhängen ließ, des 33. Präsidenten der USA, den amerikanische Historiker gern einen verschlafenen Faulpelz nennen. Coolidge regierte nach der Devise *The business of America is business,* zu deutsch etwa: Die wichtigste Sache Amerikas ist es, Geschäfte zu machen. Daß er dem Kongreß nur wenige Gesetze zuleitete, beweist freilich eher eine Art Faulheit aus Überzeugung denn aus Charakterschwäche. Der große Nichtstuer im Weißen Haus verzichtete bewußt darauf, die Hebel der Macht zu nutzen, weil er nahezu alle Programme der Bundesregierung mit Eingriffen in die geheiligte Sphäre der individuellen Freiheiten gleichsetzte. So tat er alles, um ein Kartellgesetz zu blockieren, Subventionen für notleidende Farmer zu verhindern oder den Bau eines staatlichen Kraftwerks am Tennessy River zu stoppen. Doch die Steuern – und das bewunderte Ronald Reagan wohl am meisten an ihm – senkte er nicht weniger als siebenmal in seiner Amtszeit. Er war ein Mann der *WASP*-Elite, der weißen, angelsächsisch-protestantisch geprägten Führungsschicht des Landes. Um ihren Machtanspruch zu zementieren, um den Rassen-Mix der klassischen Einwanderernation festzuschreiben, setzte er seine Unterschrift unter ein Immigrationsgesetz, das durch ein striktes Quotensystem die Zuwanderung aus den nordeuropäischen Ländern begünstigte und die aus Süd- und Osteuropa drosseln sollte. Calvin Coolidges Amtszeit war weitgehend identisch mit den goldenen zwanziger Jahren und endete wenige Monate vor dem großen Börsenkrach, der das Jahrzehnt der Rezession einläutete. Als er, ein Vertreter des *laissez-faire* und des weißen Mittelklasse-Amerika, in Washington regierte, besuchte Ronald Reagan die High-School in Dixon/Illinois und wechselte als Student auf das Provinz-College in Eureka über. Wenn Coolidge, dieser renommierte Nichtstuer der zwanziger Jahre, für Reagan eine innenpolitische Leitfigur darstellt, dann wurde Dwight D. Eisenhower, der Präsident der fünfziger Jahre, zum Vorbild auf dem Felde der Außenpolitik.

Es war Reagans Vize George Bush, der Ronald Reagan, den Kandidaten der Republikaner, in seiner Rede auf dem Wahlparteitag in Detroit erstmals bewußt als einen zweiten Eisenhower anpries. Er sprach damit der Mehrheit der Delegierten aus dem Herzen, die sich nach Watergate, Vietnam und vier Jahren Jimmy Carter endlich eine nationale Figur erhoffte, die Amerika wieder Selbstvertrauen, Glauben in die eigene Kraft und auch Zuversicht einflößen sollte. Eisenhower war ja nicht nur der letzte amerikanische Präsident seit Roosevelt, der, zweimal gewählt, auch zwei volle Amtsperioden durchgestanden hatte. Dem nostalgischen Blick der Republikaner Anfang der achtziger Jahre präsentierte der Nationalheld des Zweiten Weltkriegs sich als Symbol für ein Amerika, das im inneren Kern noch gesund und dessen Machtstellung nach außen unbestritten war. Sicher lag Eisenhowers Zeit vor den unruhigen Sechzigern mit ihren Rassenunruhen und Antivietnam-Demonstrationen, die zu bürgerkriegsähnlichen Auseinandersetzungen führten; vor den Jahren auch, in denen die Sowjetunion zielstrebig Schritt für Schritt der militärischen Parität mit der amerikanischen Weltmacht näher kam. Daß schon der Präsident Eisenhower Fallschirmjäger nach Little Rock in Arkansas schicken mußte, um den schwarzen Studenten den ihnen durch Gerichtsbeschluß gewährten Zugang zum College zu sichern, wurde ebenso verdrängt wie die Tatsache, daß der liberale John F. Kennedy den siegreichen Feldherrn im Wahlkampf 1959 als einen verschlafenen Trottel hinstellte, der aus lauter Trägheit in seiner Amtszeit als Präsident den Sowjets einen strategischen Vorsprung eingeräumt habe. Weil der Sputnik-Schock den Amerikanern noch in den Knochen saß, bestritt Kennedy seinen Wahlkampf gegen den designierten Eisenhower-Erben Richard Nixon weitgehend mit jener Raketenlücke, von der wir heute wissen, daß sie nie vorhanden war.

Es ist gewiß nicht ohne Ironie, daß dieser Eisenhower, der den Republikanern des Wahljahres 1980 als Inbegriff eines gesunden und kraftstrotzenden Amerikas erschien, bei den amerikanischen Liberalen gerade heute eine historische Aufwertung erfährt, wenn auch aus völlig anderen Gründen. Die Liberalen haben nämlich entdeckt, daß der alte General dem Drängen eifriger Kalter Krieger widerstand, als diese immer neue und immer kostspieligere Rüstungsmaßnahmen verlangten. Das Bild eines gelegentlich abwesend wirkenden, unkonzentrierten Onkel Ike bezeichnet der Historiker William Appelman Williams als einen »raffinierten Schutzschild, hinter dem er seine ernsthaften Anstrengungen verbarg, das Militär (und andere militante Kalte Krieger) unter Kontrolle zu halten und die Spannung mit Rußland abzubauen«. Eisenhower war vor allem entschlossen, einen dritten Weltkrieg zu vermeiden. Als England, Frankreich und Israel das Ägypten des Oberst Nasser wegen der Nationalisierung des Suezkanals 1956 mit Krieg überzogen, griff er zum Telefon und pfiff den britischen Premierminister Anthony Eden, seinen alten Freund und Verbündeten aus dem Zweiten Weltkrieg, mit dem Satz zurück: »Anthony, du mußt verrückt geworden sein.« Seine eindrucksvolle Warnung vor dem militärisch-industriellen Komplex, den er als die Achse bezeichnete, um die Politik und Wirtschaft Amerikas seit 1939 kreisten, wurde längst zur klassischen Formel, um das gefährliche Zusammenspiel der mächtigen Lobbies des Pentagon und der Rüstungsindustrie mit dem Capitol anzuprangern. Selbst jene Trägheit Eisenhowers, die Kennedy einst so heftig attackierte, haben Amerikas Liberale inzwischen schätzen gelernt, weil sie gelegentlich Züge politischer Weisheit trug. So behauptet die Legende, der nicht gerade fleißige Nationalheld und leidenschaftliche Golfspieler sei einfach auf den Golfplatz verschwunden, als seine Berater ihn dazu bringen wollten, den eingeschlossenen französischen Kolonialregimentern in Dien Bien Phu durch den Einsatz von

Atomwaffen zu Hilfe zu kommen. Zyniker in Europa trösteten sich im Vorgriff auf eine Präsidentschaft Ronald Reagans damit, daß der Vergleich mit Eisenhower wenigstens insofern zutreffen möge, als ein Präsident Reagan die Freizeit so zu schätzen wisse wie einst Eisenhower. Aus Mangel an Fleiß, hofften sie, werde Reagan viel delegieren und die Geschäfte der Weltmacht endlich wieder den Experten überlassen.

»Zeigen Sie mir einen Manager, der viele Überstunden macht, und ich sage Ihnen, er ist ein schlechter Chef.« Der Satz stammt von Ronald Reagan, und wenn er stimmt, dann müßte dieser geradezu ein exzellenter Chef im Weißen Haus sein. Überstunden macht er fast nie. Jimmy Carter ließ sich um 5.30 Uhr morgens wecken, den ersten Lagebericht seines Sicherheitsberaters nahm er um 7.30 Uhr in seinem Arbeitszimmer entgegen, die Lichter in seinem Arbeitszimmer brannten bis tief in die Nacht. Carter arbeitete verbissen und viel, Reagan schläft gern und lang. Er betritt sein Büro um 9.00 Uhr morgens, läßt sich eine halbe Stunde später über die Weltlage unterrichten und regiert dann bis 5.00, spätestens 6.00 Uhr nachmittags. Mindestens einmal in der Woche verläßt er das Büro schon nach der Mittagspause, um auszureiten. Nicht nur was die Liebe zur Freizeit, auch was den Hang zum Delegieren betrifft, ist der Präsident seinem großen Vorgänger Eisenhower zu vergleichen – aber damit enden die Parallelen dann auch schon.

Reagan konzentriert sich ausschließlich auf die großen politischen Fragen, er verachtet das Aktenstudium und zieht es vor, über anstehende Probleme durch Kurzmemoranden unterrichtet zu werden. »In seiner Zeit als kalifornischer Gouverneur«, sagte Lynn Nofziger, einer seiner alten Mitstreiter, »hat Reagan gelernt, daß sich alle wichtigen Fragen auf nur einem Blatt Papier darstellen lassen. Erst für den Fall, daß er weitere Fragen hat, schieben wir dann einen längeren Bericht nach.« In der Regel zieht es Reagan vor, die Probleme am runden Tisch zu erörtern, das Für und Wider mit den Mitgliedern des Stabs oder des Kabinetts gegeneinander abzuwägen, um danach die Entscheidung zu treffen. Es ist der Stil eines Regiments per Delegation. Der Präsident bestimmt die Richtlinien, die Ausführung überläßt er seinen Mitarbeitern. Ein nahezu perfektes Verfahren, wenn nur zwei Prämissen stimmten: Wenn erstens die Lage der Welt wirklich so einfach und unkompliziert wäre, wie sie sich in der Sicht des alten Herrn aus Kalifornien ausnimmt, und wenn es sich zweitens bei denen, die seine Politik auszuführen haben, in der Tat um Experten handelte, denen es weder an Sachkenntnis noch an außenpolitischer Erfahrung mangelte.

Ronald Reagans geschickter Umgang mit den Medien hat lange Zeit verdecken helfen, daß von Anfang an keine dieser Prämissen gegeben war. Sein Humor, sein lockerer, offener Umgangsstil und seine unverkrampfte Art wirkten gewinnend. Wenn er der amerikanischen Nation eine Zeit lang das Gefühl vermitteln konnte, es gehe wieder aufwärts, an die Stelle von Selbstzweifeln seien Sicherheit und neues Selbstvertrauen getreten, dann hat das mit jener Besonderheit zu tun, für die amerikanische Kommentatoren die Formel vom großen Kommunikator geprägt haben. Gemeint ist damit vor allem, daß dieser Präsident über die Fähigkeit verfügt, Politik über das Fernsehen glaubwürdig zu vermitteln. Dabei spielen sicherlich Reagans Jahre in Hollywood eine Rolle, denn dort hatte der Präsident gelernt, den ganzen Körper vollkommen zu beherrschen – Gang und Haltung, Gestik und Mimik. Die besondere Wirkung Reagans beruht aber ebensosehr auf der linolschnittartigen Schlichtheit seiner politischen Philosophie. Er ist nicht etwa deshalb der große Kommunikator, weil er sich auf die Kunst des Verführens versteht, sondern wirkt auf viele Amerikaner glaubwürdig, weil sein Vertrauen in die eigenen politischen Überzeugungen nahezu unerschütterlich ist. Als Politiker ist er nicht so sehr der Schauspieler, der in eine Rolle schlüpft, sondern stellt immerzu sich selbst und seine eigene Philosophie dar. Seine einfache Art des Ausdrucks, sein Hang zum Anekdotischen erlauben Millionen Amerikanern Identifikation. Reagan hat die Ausstrahlung des *good guy,* des netten, anständigen Kerls von nebenan, der es ehrlich meint, der alles versucht, was in seinen Kräften steht, und dem man Fehler nachsieht, weil er sich so menschlich gibt. »Er ist der einzige Mensch, den ich je getroffen habe«, sagt Mike Deaver, stellvertretender Stabschef im Weißen Haus und einer seiner engsten Mitarbeiter, »der nicht lange überlegen muß; seine Überzeugungen sind tief in ihm verwurzelt. Er schwankt nicht zwischen dem üblichen Sowohl-als-auch oder dem Einerseits-andererseits. Er weiß stets, wo es lang geht, und steuert unbeirrbar seinen Kurs.«

Es war diese Kombination von Prinzipientreue und Überzeugungskraft, die es Reagan im ersten Jahr seiner Amtszeit ermöglichte, eine Mehrheit für seine Programme zu gewinnen, auch wenn die Skepsis gegenüber seinen Steuersenkungsplänen in den eigenen republikanischen Reihen weit verbreitet war und die demokratische Mehrheit im Repräsentantenhaus der von ihm geforderten gewaltigen Aufrüstung eher ablehnend gegenüberstand. Durch direkte Appelle an das amerikanische Volk mobilisierte der große Kommunikator und Meister der Show die Wähler draußen in der Provinz, die *grass-roots*. Widerspenstige Abgeordnete, die dem Präsidenten die Gefolgschaft versagten, mußten um ihre Wiederwahl besorgt sein. Was der Meister der Telekratie über den Bildschirm nicht schaffte, holte er dann in kleinem Kreis nach: Beim Frühstück mit Senatoren und Abgeordneten wußte er die meisten derer, die ihm immer noch widerstanden, durch den geradezu unverwüstlichen Charme und die gewinnende Freundlichkeit, über die er im persönlichen Umgang zweifellos verfügt, meist um den Finger zu wickeln. Im ersten Amtsjahr kam Reagan außerdem zugute, daß die Amerikaner aus politischer Fairneß dazu neigen, einem neugewählten Mann an der Spitze die Chance einzuräumen, sein Programm in die Tat umzusetzen. Motto: Den Vorgänger haben wir in die Wüste geschickt, weil seine Rezepte nicht taugten; nun soll der Neue die Möglichkeit haben, es mit seinen Mitteln zu probieren.

Das ging einige Zeit gut, bis Ronald Reagans Auftreten auf Pressekonferenzen berechtigte Zweifel an seiner Kompetenz und an seinen intellektuellen Fähigkeiten weckten. Pressekonferenzen in Washington gehören zum politischen Ritual, in dem die Mitglieder des Pressekorps des Weißen Hauses ihre Kräfte mit dem Präsidenten messen. Die beim Weißen Haus akkreditierten Korrespondenten der großen überregionalen Zeitungen und Fernsehstationen suchen sich durch besonders harte oder clevere Fragen hervorzutun und den Inhaber der Macht durch geschicktes Nachsetzen zu bedrängen. Der Präsident muß durch Präzision und Sachlichkeit, durch Wendigkeit und Witz bestehen. Da diese Pressekonferenzen *live* vom Fernsehen ausgestrahlt werden und es schlechterdings unmöglich ist, einen Präsidenten im vorhinein auf jede erdenkliche Frage zu *briefen* – im Falle Reagan heißt das, durch Kurzmemoranden zu präparieren –, enthalten sie stets ein Element des Risikos. Im Gegensatz zu Jimmy Carter, dem Mann des Details, der durch knappe und präzise Antworten brillierte, gab sich Reagan auf Pressekonferenzen oft ausweichend und brachte häufig die Fakten durcheinander.

Am Ende seines ersten Jahres im Weißen Haus erklärte er, eine Million Amerikaner hätten einen neuen Arbeitsplatz erhalten – Tatsache war, daß Amerikas Statistiker 100 000 mehr Arbeitslose als im Vorjahr meldeten. Die Zahl dieser Reagan-Lapses, dieser Versprecher, Falschaussagen oder Fehlleistungen, ist fast schon Legion. Da behauptete er, die Veteranen des Vietnamkriegs erhielten keine Stipendien, obwohl sie sich besonderer Förderung beim Studium erfreuen. Unter dem Boden Alaskas, meinte er, lagere mehr Öl als in Saudiarabien, und stieß auf den energischen Widerspruch von Ölexperten. Der Heilige Vater, versicherte er, unterstütze die amerikanischen Sanktionen gegen Moskau und Polen, doch das offizielle Dementi des Vatikan folgte auf dem Fuß. Eine seiner schlimmsten Fehlleistungen wird von seiner Südamerikareise im Dezember 1982 berichtet. Von Brasiliens Präsident Figueredo zum Staatsdinner geladen, brachte er einen feierlichen Toast auf den Gastgeber und das Volk von – Bolivien aus. In letzter Sekunde suchte er sich lächelnd zu korrigieren: »Nein, dahin fahre ich erst noch – ich meine natürlich das Volk von Brasilien.« Freilich: Auf dem Reiseplan des Präsidenten war Bolivien als Station überhaupt nicht vermerkt. Und als Ronald Reagan nach dieser Fünftagereise durch Brasilien, Kolumbien, Costa Rica und Honduras auf dem Heimflug nach Washington an Bord der *Air Force One* schließlich nach der Summe seiner Erfahrungen gefragt wurde, antwortete er den Reportern: »Sie werden überrascht sein, aber ich habe festgestellt, daß es sich um unterschiedliche Länder *(individual countries)* handelt.«

Auch wenn Reagan sich gut darauf versteht, derlei Entgleisungen mit einer humorvollen Bemerkung aufzufangen (falls er sie rechtzeitig erkennt), bietet er der breiten Öffentlichkeit in solchen Situationen doch das Bild eines Mannes, der die Fakten nicht mehr richtig im Griff behält. Um sich solche Blößen möglichst selten zu geben, entschlossen sich seine Berater, Fernsehpressekonferenzen auf ein Minimum zu reduzieren. Der Telekrat wird von ihnen nun vor allem da eingesetzt, wo seine Wirkung bislang gesichert schien: in gut vorbereiteten Fernsehansprachen oder programmatischen Reden, die vom Fernsehen übertragen werden. Doch die quälenden Zweifel an der Kompetenz und am Führungsstil des großen Kommunikators blieben und mehrten sich noch, als es im August 1981 sechzig Meilen vor der nordafrikanischen Küste zu einem Luftkampf zwischen amerikanischen und libyschen Jagdflugzeugen kam. Nach dem Abschuß zweier libyscher Düsenjäger durch amerikanische Piloten war eine kritische Zuspitzung der Lage nicht auszuschließen, doch Präsidentenberater Ed Meese dünkte der Zwischenfall so unwichtig, daß er seinen Präsidenten ruhig schlummern ließ. Daß die Streitkräfte der Vereinigten Staaten in kriegerische Handlungen verwickelt waren, erfuhr ihr Oberkommandierender erst sechs Stunden nach der Schlacht.

Der Mangel an Sachkompetenz und Urteilskraft eines Mannes, der über die Machtfülle verfügt, den Untergang der Menschheit per Knopfdruck herbeizuführen, läßt die Frage nach der Qualität seiner Berater und Mitarbeiter desto dringlicher erscheinen. Doch so, wie der ehemalige Provinzgouverneur Carter sich mit seiner Georgia-Mafia umgab, holte der ehemalige Provinzgouverneur Reagan vor allem die alten Vertrauten aus Kalifornien ins Weiße Haus. Was den Mangel an Weltläufigkeit und außenpolitischer Erfahrung angeht, erbrachten die Männer aus Georgia Spitzenleistungen. Doch die California-Mafia überbot den Provinzialitätsrekord derer aus Georgia noch und schlug qualifizierte Außenseiter-Konkurrenten wie Alexander Haig einfach aus dem Feld.

Die neue Mannschaft, die sich da präsentierte, hatte im Wahlkampf eine Außenpolitik aus einem Guß versprochen, ein vertrauensvolles Verhältnis zu den Bündnispartnern und vor allem Berechenbarkeit. Doch wenige Monate nach der Amtsübernahme zeigte sich das neue Regime in der Außenpolitik keinesfalls strahlender als das des glücklosen Jimmy Carter. Berechenbar war seit Ronald Reagan bestenfalls der Wille zur Machtpolitik, der dem Baptisten aus dem Süden mit Gewißheit gefehlt hatte. Doch sonst blieb Washington sich in vielem gleich: Die klassischen Kompetenzstreitigkeiten zwischen State Department und Weißem Haus feierten fröhlich Urständ, nur die Bezeichnung Guerillakrieg, die Reagans erster, inzwischen geschaßter Außenminister, der General a.D. Alexander Haig, dafür erfand, hatte Neuigkeitswert. »In der Carter-Regierung gab es erhebliche Unterschiede der außenpolitischen Position von Außenminister und Sicherheitsberater, es gab keine verbindliche Sicht der Welt. Diese Regierung hat eine gemeinsame Weltsicht, aber es gibt ein schreckliches administratives Durcheinander«, meinte Harvard-Professor Stanley Hoffman nach dem ersten Jahr Ronald Reagans. »Aber weil die Weltsicht dieser Regierung nicht stimmt, gerät sie politisch in Schwierigkeiten.« Hoffmann konstatierte eine Spannung zwischen einer »ideologischen Sicht der Welt«, welche die meisten Menschen außerhalb der Vereinigten Staaten für gefährlich hielten, und der Realität.

Waren es bei Carter die Tauben und die Falken, die sich in der zweiten Hälfte seiner Amtszeit erbitterte administrative Grabenkämpfe lieferten, tobte der Kampf im Kabinett Ronald Reagans von Anfang an zwischen dem harten Kern der erzkonservativen Ideologen und den konservativen Pragmatikern. Freilich galt er weniger der Frage nach dem rechten politischen Kurs als vielmehr dem taktischen Problem, wie das gemeinsame Ziel am besten zu erreichen sei. Anführer der Pragmatiker war siebzehn Monate lang Alexander Haig, Reagans erster Außenminister, ein Militär, der als Kissingers Stellvertreter im Nationalen Sicherheitsrat gedient, Richard Nixon in schwierigen Zeiten die Treue gehalten hatte und dafür mit dem Posten des Obersten Befehlshabers der NATO belohnt worden war. Haig, gewiß kein genialer Außenpolitiker, begriff immerhin, daß Amerika seine eigenen Interessen durch einen Konfrontationskurs gegenüber den Bündnispartnern eher behindern denn fördern könne. Aus seiner Brüsseler Zeit hatte er sich Verständnis für die besonderen Interessen der westeuropäischen Alliierten bewahrt. Wo die Ideologen um Weinberger auf ultimativen Forderungen bestanden, suchte er zwischen Europäern und Amerikanern zu vermitteln. Daß Haig schließlich scheiterte, hat viel mit seiner Machtbesessenheit zu tun. Offen strebte er eine Art Nebenpräsidentschaft für die amerikanische Außenpolitik an. Er bestand darauf, der *vicar,* der Stellvertreter zu sein, der zwar im Auftrage des Präsidenten handele, aber letztlich doch allein die Verantwortung für Entwurf und Ausführung der amerikanischen Außenpolitik trage. Sein Machismo, sein herrisches Auftreten und seine martialischen Sprüche mißfielen den Kaliforniern im Weißen Haus, die, in der Sache eher härter als Haig, doch stets höflich-vollkommene Umgangsformen pflegten. Sie machten sich bald einen Spaß daraus, den cholerischen General, der auf seinem Sonderstatus beharrte und sich nicht als Teamspieler einordnen wollte, zu provozieren. Eine der Schwächen des Außenministers Haig war zweifellos, daß er lieber befahl, als durch Diskussion zu überzeugen. »Er sah die Vereinigten Staaten nicht als eine Republik, er betrachtete sie als eine Art Bataillon, das auf sein Kommando wartete«, spottete ein demokratischer Senator. Der Anlaß freilich, der diesen persönlich gewiß problematischen Außenminister den Dienst quittieren ließ, gibt Aufschluß über die wahre Machtverteilung im Washington Ronald Reagans. Alexander Haig ging, weil das Weiße Haus entgegen seinem Rat durch Sanktionen gegen die europäischen Bündnispartner den Bau der sibirischen Erdgasleitung nach Westeuropa verhindern wollte. Und diese Entscheidung fiel auf einer Sitzung des Nationalen Sicherheitsrats, an der Haig nicht teilnehmen konnte, weil er in New York Gespräche mit seinem sowjetischen Gegenüber Gromyko zu führen hatte. In der Sache übergangen, in der Form demonstrativ gedemütigt, zog der General a.D. die Konsequenzen.

Das Beispiel lehrt nicht nur, daß ein Außenseiter und Pragmatiker, der sich immerhin auf jahrelange Zusammenarbeit mit Henry Kissinger berufen konnte, gegen den inneren Zirkel der Eingeweihten und der Ideologen machtlos ist. Es zeigt vor allem, daß Versuche, die Zuständigkeit für die Außenpolitik ins State Department zu verlagern, dahin also, wo sie ursprünglich auch nach Ronald Reagans Auffassung gehörte, am Machtanspruch anderer Kabinettsmitglieder und am Mitspracherecht der engsten Vertrauten des Präsidenten im Stab des Weißen Hauses scheitern müssen. Dies gilt vor allem dann, wenn Amerikas Außenpolitik, wie unter Ronald Reagan, ganz im Zeichen sicherheitspolitischer Interessen steht. Konflikte zwischen dem Chef des State Department und dem Chef des Pentagon hatte es auch früher gegeben, etwa unter Präsident Gerald Ford. Doch wenn sich damals der Außenminister Henry Kissinger gegen den Verteidigungsminister James Schlesinger durchsetzen und diesen zum Rücktritt zwingen konnte, dann nicht nur, weil der Architekt der amerikanischen Außenpolitik dem amerikanischen Präsidenten näherstand als der Verteidigungsminister, der mehr Geld für die Rüstung forderte. Der Sieg Henry Kissingers über James Schlesinger war auch der Erfolg einer geschickt betriebenen Ämterhäufung. Die Position des nationalen Sicherheitsberaters, von der aus er zum Außenminister aufgestiegen war, hatte Kissinger als Chef des State Department nie geräumt, weil er um seine Bedeutung wußte. Es ist ja Aufgabe des Sicherheitsberaters, rechtzeitig aufbrechende Konflikte zwischen den verschiedensten Ressortinteressen, abweichende Meinungen zwischen Außen- und Verteidigungsminister, Energie- und Finanzminister zu erkennen und sie auf die Tagesordnung des Nationalen Sicherheitsrates (NSC) zu setzen. Denn der NSC ist die zuständige Institution, Meinungsverschiedenheiten auszuräumen, die politischen Prioritäten festzulegen und ein strategisches Konzept auszuarbeiten, dem sich die auseinanderstrebenden Einzelinteressen unterzuordnen haben. Und in diesem Sicherheitsrat wie überhaupt im Weißen Haus sah sich Alexander Haig bald von

Kaliforniern umzingelt, deren Verständnis für außenpolitische Fragen durchweg unterentwickelt war.

Als Haupt der kalifornischen Mafia um den Präsidenten
gilt noch immer Sonderberater Edwin Meese, der seit Reagans Amtseinführung in jenem Büro residiert, von dem
einst Henry Kissinger seine Fäden spann. Meese, Nach-
fahre westfälischer Einwanderer, die im Jahr des großen
Goldrauschs 1849 nach Kalifornien treckten, hatte dem
Gouverneur Reagan lange Jahre als Stabschef gedient. »Er
hat etwas von einem Polizeibeamten«, schrieb die »Washington Post« und spielte auf die Tatsache an, daß der
ehemalige Professor der Rechte an der Universität in San
Diego und spätere Distrikt-Staatsanwalt von Almaden
County neben Modellen von Polizeistreifenwagen auch
Abbildungen und Souvenirfiguren von »Schweinen«, *pigs*,
sammelt, wie die Polizisten oder »Bullen« auf amerikanisch heißen. Den Kräften von *law and order* will er damit
seinen Respekt bekunden. Als die Studenten von Berkeley
1964 auf dem Campus gegen den Vietnamkrieg demon-
strierten, ließ der Staatsanwalt Meese kurzerhand 1773 Studenten als Rädelsführer verhaften, um endlich Ruhe zu
schaffen. Als Rechtsberater des Gouverneurs Reagan handelte er auf dem Campus der kalifornischen Staatsuniversi-
tät von San Francisco fünf Jahre später nach diesem in Berkeley erprobten Rezept. Auf dem Dienstweg über den bulli-
gen Ed Meese hatte Reagans erster Sicherheitsberater, Richard Allen, an den Präsidenten zu berichten. Der Einfluß
von Meese, der sich seit Jahrzehnten Reagan persönlich
verbunden fühlt, ist kaum zu unterschätzen, zumal ihm neben dem Nationalen Sicherheitsrat anfangs auch dessen innenpolitisches Gegenstück, das Office of Policy Development, unterstand. Außenpolitische Erfahrungen hatte der
Counselor Meese vor Übernahme seines Amtes im Weißen
Haus nie gesammelt.

Da ist zweitens William Clark, Rechtsanwalt und eben-
falls enger Mitarbeiter des Gouverneurs Reagan in Sacra-
mento, der als Vertrauensmann, wenn nicht gar Aufpasser
Reagans zunächst dem Außenminister Alexander Haig als
Stellvertreter im State Department beigegeben wurde. Mit
Clark, der zum grauen Nadelstreifen-Anzug gern Cowboy-

stiefel trägt, verbindet Ronald Reagan die Liebe zum Reiten, und wie sein Präsident besitzt auch William Clark eine Ranch, auf halbem Wege zwischen Los Angeles und San Francisco gelegen. In der Anhörung, die seiner Bestätigung im amerikanischen Senat vorausging, wußte er weder den Namen des südafrikanischen Premierministers noch den des Regierungschefs von Simbabwe zu nennen. Fragen des demokratischen Senators Biden nach dem Zustand der Labour Party oder den wichtigsten Problemen der amerikanisch-brasilianischen Beziehungen beschied Judge Clark, damals noch Mitglied des kalifornischen Verfassungsgerichts mit einem klaren:»Sorry, Senator – darüber weiß ich nichts zu sagen.« Auf Bidens Frage nach den amerikanischen Interessen in Südafrika berief er sich auf Äußerungen Haigs und Reagans und gab dann eine simple, doch unmißverständliche Antwort: Es gehe erstens darum, die sowjetische Unterwanderung und den zunehmenden Einfluß Moskaus in dieser Weltgegend zu stoppen und, zweitens, um die Frage, wie die USA sich angesichts des wachsenden sowjetischen Einflusses den Zugriff auf den Mineralreichtum Südafrikas sichern könnten. Das»Verhör des Richters William Clark«, das die»Washington Post« zu großen Teilen im Wortlaut abdruckte, stellte dem Stellvertreter Alexander Haigs außenpolitisch ein geradezu vernichtendes Zeugnis aus.

Da ist drittens Mike Deaver, einst persönlicher Referent des Gouverneurs Reagan, nach außen selten sichtbar, aber als Stellvertreter von Stabschef Baker, einem Rechtsanwalt aus Houston in Texas, vollgestopft mit Herrschaftswissen – ein Mann, der als Bürokrat entscheidende politische Weichen stellt, der stets das Ohr des Präsidenten hat und sich der Förderung der First Lady sicher weiß.

Und da ist, last not least, Caspar Weinberger, Herr über zwei Millionen Soldaten und Chefberater des Präsidenten in allen militärischen und strategischen Fragen. Der Rechtsanwalt, der sein Studium an der renommierten Harvard University *magna cum laude* abschloß, unterstützte den Exschauspieler Reagan schon, als dieser erstmals für das Amt des kalifornischen Gouverneurs kandidierte. Einige Jahre diente er ihm als Direktor der kalifornischen

Staatsfinanzen. Reagans *old buddy* Weinberger verstand bei seinem Einzug in das Pentagon von Militärpolitik so viel wie ein durchschnittlicher Schrankenwärter der Bundesbahn von Nuklearphysik. Sein erster Auftritt vor der Presse gab der Weltöffentlichkeit in drastischer Form Nachhilfeunterricht über den Zustand der Unschuld, den der neue Verteidigungsminister auf dem Felde der Strategie für sich in Anspruch nehmen durfte. Der Liebhaber von Shakespeare, der es im Zweiten Weltkrieg zum Captain im Stab des Generals McArthur brachte und im Weißen Haus Richard Nixons einige Jahre das Office of Management and Budget geleitet hatte, dachte plötzlich laut darüber nach, wie notwendig und dringlich doch der Bau der Neutronenbombe sei; zugleich stellte er einen wichtigen Teil der strategischen Triade der USA – die landgestützten Interkontinental-Raketen – in Frage, als er die Stationierung der neuen MX-Raketen auf Schiffen pries und diese Stationierungsart verbunkerten Silos auf dem Festland eindeutig für überlegen hielt. Kalifornisch locker im Stil, löste er den ersten Schuß einer ganzen Kanonade leichtfertiger Äußerungen der neuen Regierung über einen möglichen Atomkrieg und die Chancen, ihn zu begrenzen, zu überleben oder gar zu gewinnen, aus – einer verbalen Kanonade, die Westeuropa in helle Aufregung versetzte und der europäischen Friedensbewegung immer wieder zu neuen Argumenten verhalf. Es war Weinberger, der in der entscheidenden Sitzung über die Sanktionen gegen das sibirische Erdgasgeschäft mit seinem harten Kurs obsiegte, freilich energisch unterstützt von William Clark, der inzwischen vom State Department ins Weiße Haus übergewechselt war und die Position des Nationalen Sicherheitsberaters übernommen hatte, mit weit mehr Vollmachten ausgestattet, als Clarks Vorgänger Richard Allen sie je besaß.

Als Al Haig daraufhin seinen Sessel zur Verfügung stellte, nahm umgehend ein weiterer Kalifornier von ihm Besitz: George Shultz, einst Finanzminister unter Nixon, ein Mann, der sicherlich viel von Wirtschaft versteht, aber wenig außenpolitische Erfahrung einbrachte. Im Gegensatz zu Haig liebt er die sanften Töne und bevorzugt die Arbeit im stillen. Mehr als die anderen Kalifornier zeigt er

Verständnis für die Probleme der Europäer, was dazu beigetragen hat, ihm die Nachfolge Haigs zu sichern. Die Berufung von Shultz war als beruhigende Geste für die westeuropäischen Verbündeten gedacht. Doch den außenpolitischen Kurs des Präsidenten Reagan, der, wie die Erfahrung Haigs lehrt, eben nicht vom Außenminister, sondern im Nationalen Sicherheitsrat festgelegt wird, vertritt er ebenso loyal wie entschieden nach außen. Neue Reibungen zwischen dem Außenminister und dem Chef des Pentagon dürfte es seit Haigs Abgang freilich schon deshalb nicht geben, weil Shultz und Weinberger sich seit Jahren bestens kennen. Beide arbeiteten für die Bechtel-Corporation, Weinberger als juristischer Berater, Shultz als deren Präsident. Und beide mauserten sich während ihrer Tätigkeit für Bechtel zu Millionären. Für zahlungskräftige Länder der Dritten Welt baut und liefert die Bechtel-Corporation in San Francisco, eine der größten Entwicklungs-Firmen der USA, komplette Stadtteile, Highways und Rollfelder, Meerwasserentsalzungsanlagen oder Atomkraftwerke, ganz nach Wunsch. Unter anderem verdiente Bechtel am Verkauf der elektronischen Aufklärungsflugzeuge des Typs AWACS an Saudiarabien. Die Tatsache, daß außer Weinberger und Shultz auch noch der stellvertretende Energieminister im Kabinett Reagans aus dieser Firma kommt, wird von der jüdischen Lobby nicht ohne Sorge registriert. Haig galt stets als klarer Verfechter einer Nahostpolitik, die der Allianz mit Israel im Zweifel oberste Priorität einräumt. Wegen der traditionell engen Geschäftsbeziehungen zwischen Bechtel und arabischen Ländern gelten Weinberger und Shultz als eher proarabisch gesonnen.

Eine Ideologie auf der Suche nach der angemessenen Politik, nannte Raymond Aron die ersten außenpolitischen Tastversuche dieser neuen Mannschaft um Ronald Reagan. In der Tat schien, was da als Programm zur Erneuerung amerikanischer Macht angepriesen wurde, sich zunächst in der Rückkehr zum Vokabular des Kalten Krieges zu erschöpfen. Ein neues *Grand Design,* ein klares Konzept für eine neue Außenpolitik waren schwerlich zu erkennen. Wer den Wahlkampf 1980 aufmerksam verfolgte, den konnte freilich kaum wunder nehmen, daß die neue Regierung gegenüber dem sowjetischen Rivalen erst einmal auf Zeit spielte. Einige von Reagans Beratern hatten die militärische Lage der USA in polemischer Übertreibung mit der Großbritanniens gegenüber Nazideutschland im Jahre 1938 verglichen und traten deshalb für eine massive Aufrüstung ein. Im Wahlkampfprogramm der Partei, so wenig verbindlich solche Erklärungen für die spätere Amtsführung der einmal gewählten Kandidaten immer sein mögen, wurden der beschleunigte Bau der MX-Rakete, die Indienststellung eines neuen bemannten Bombers vom Typ B-1 und erhebliche Anstrengungen für die Zivilverteidigung gefordert. Die Programmdiskussionen des Parteitags von Detroit kreisten um die Formel, Amerika müsse vom Gedanken der Parität Abschied nehmen und zurückkehren zur Überlegenheit der goldenen fünfziger Jahre, in denen es, nach einem Wort de Gaulles, die Rolle der Super-Supermacht spielte, nicht nur, weil sein Zerstörungspotential um ein Vielfaches größer war als das der Sowjetunion, sondern weil es über technologisch unerreichte Möglichkeiten verfügte, dieses Potential gegen jeden möglichen Gegner einzusetzen. Insofern lag der Ruf nach dem neuen Eisenhower in der Luft, auch wenn all jene, die ihn so sehnlich herbeiwünschten, die Rolle, die der Nationalheld nach dem Kriege als Präsident gespielt hatte, kräftig mißdeuteten. Die Konsequenzen einer solchen, von Nostalgie diktierten Politik waren klar: Der SALT-II-Vertrag, der nach Meinung der Reagan-Berater nicht amerikanisch-sowjetische Parität besiegelt, sondern amerikanische Unterlegenheit festschreibt, wurde als tragende Basis für ein nationales Verhältnis zwischen Moskau und Washington nicht länger akzeptiert; er galt jetzt als »ungleicher Vertrag«. Nach Meinung der neuen Mannschaft ging es vorrangig darum, das sogenannte »Fenster der Verwundbarkeit« zu schließen und »jene Sicherheitsmarge wiederherzustellen, die Europa 35 Jahre lang den Frieden bewahrt hat« – so umriß Richard Allen einige Tage nach dem Wahlsieg Reagans die neue außenpolitische Zielsetzung. Ob sich hinter dieser Formel wirklich das Streben nach neuer Überlegenheit verbirgt oder nur der Wunsch, eine tatsächliche oder vermeintliche Unterlegenheit auszugleichen, um mit den Sowjets wieder gleichzuziehen, bleibt bis heute umstritten. Als praktische Folge aber ging Washington bewußt auf Distanz zu Moskau, es suchte nicht den Dialog, sondern beschränkte sich auf die allernotwendigsten Kontakte. Die neue Administration wollte erst ungestört auf- oder nachrüsten, um dann von einer Position wiedergewonnener Stärke aus in neue Abrüstungsverhandlungen mit Moskau einzutreten. Und da nach der Philosophie Reagans nur eine wiedergenesene amerikanische Volkswirtschaft die ihr aufzubürdenden gewaltigen militärischen Lasten finanzieren konnte, genoß die Wirtschaftspolitik im ersten Jahr seiner Amtszeit absolute Priorität. Um die Öffentlichkeit für diese Politik des Zeit- und Kräftegewinns reif zu machen, um sie von der Notwendigkeit des gewaltigen Rüstungsprogramms zu überzeugen – nach Caspar Weinbergers Plänen sollten 1,6 Billionen Dollar für die nächsten fünf Jahre bereitgestellt werden –, konzentrierte die Regierung alle Aufmerksamkeit auf den »Vormarsch des Kommunismus« im ureigenen amerikanischen Hinterhof, in der Karibik und in Zentralamerika. Alexander Haig, heute längst grollend im Abseits, hatte an der wachsenden Konfrontation zwischen Washington und den sozialrevolutionären Regimen und Bewegungen Mittelamerikas entscheidenden Anteil. Im Wahlkampf hatte der Präsidentschaftskandidat Reagan dem »Wall Street Journal« versichert, die Sowjetunion sei die alleinige Quelle für den Aufruhr und den Mangel an Stabilität in der Dritten Welt. Sechs Wochen nach Amtsantritt behauptete Haig nun, er habe »überwältigende und unwiderlegliche Beweise«, daß die Guerillas in El Salvador von einem Hauptquartier außerhalb des Landes gelenkt seien. Hinter jeder Bananenstaude in El Salvador witterte der General außer Diensten nicht etwa einen verarmten, rechtlosen Bauern ohne Land, sondern stets den von Castro, Breschnew oder Andropow ferngesteuerten Agenten des Weltkommunismus. Was sich europäischen Beobachtern vor Ort und auch amerikanischen Liberalen zumeist als Kampf zwischen einem entwurzelten Landproletariat und Sozialreformern auf der einen, Latifundienbesitzern und Generälen auf der anderen Seite darstellte, nahm sich aus der Sicht Alexander Haigs als Auseinandersetzung zwischen den Kräften der Finsternis und des Lichts, einem weltweit von Moskau gelenkten linken Terrorismus und den Mächten des Rechts und der Ordnung aus. Und der Kampf gegen den globalen Terrorismus, das hatte der neue Chef des State Department unüberhörbar verkündet, liege der neuen Regierung Reagan als wichtiges Teilstück ihres außenpolitischen Programms mindestens so am Herzen wie einst der Regierung Carter ihr Kreuzzug für die Menschenrechte.

Daß Reagan in der Tat nicht zögerte, im Kampf gegen unerwünschte Regime in der Dritten Welt auch mit Diktaturen zu paktieren, die sein Vorgänger wegen unübersehbarer und massiver Verstöße gegen die Menschenrechte mit Acht und Bann belegt hatte, wurde spätestens klar, als er Südafrikas Außenminister Botha und den argentinischen Präsidenten Viola kurz nach Amtsantritt betont freundlich im Weißen Haus empfing. Mit Blick auf die strategisch bedeutsamen Schiffahrtsrouten im Südatlantik bahnte sich eine Entspannung im Verhältnis zu Südafrika und zu Argentinien an, und bald folgten gemeinsame amerikanisch-argentinische Marinemanöver. Motto: Der Feind meines Feindes ist mein Freund, vor allem dann, wenn er die Lieferung und den Transport von wichtigen Mineralien sichern hilft.

Das Angebot Argentiniens, eine, wie es hieß, argentinische Antiterroreinheit zur Unterstützung der Gegner der Sandinistas in Nicaragua zu entsenden, die sich an der Grenze von Honduras auf eine Invasion vorbereiteten, wurde von der neuen Regierung in Washington begrüßt. Daß Amnesty International das spurlose Verschwinden Zehntausender politischer Gegner der argentinischen Militärdiktatur anprangerte, rührte Ronald Reagan wenig. Im Gegenteil, er war fest entschlossen, das Waffenembargo, das Jimmy Carter einst gegen die Menschenrechtsverletzer in Argentinien erlassen hatte, aufzuheben. Es war diese neue Freundschaft zwischen Washington und Argentinien, die in der gemeinsamen Feindschaft gegen die sozialrevolutionären Bewegungen wurzelte, welche der argentinischen Junta schließlich den tragischen Fehlschluß nahelegte, die USA würden im Kriege mit den Briten um die Falkland-Inseln doch nicht an der Seite Englands stehen. Das geistige Fundament für den Pakt mit den blutigen Militärdiktaturen hatte eine Professorin der politischen Wissenschaften in Georgetown geliefert: Jeane Kirkpatrick, der die Gutgläubigkeit Jimmy Carters und seine Unterschätzung des sowjetischen Expansionsdrangs stets mißfallen hatten. Daß Mrs. Kirkpatrick am liebsten einen jungen Sowjetrussen zum Frühstück verspeist, gehört ins Reich der Übertreibung. Doch das Weltbild der streitbaren Lady, die inzwischen als Reagans UN-Botschafterin in New York amtiert, ist nun einmal von der Überzeugung geprägt, daß linke Diktaturen kompromißlos bekämpft werden müssen, indes rechtsautoritäre Systeme wenn nicht amerikanische Sympathie, dann doch Schonung genießen sollten. Von der doppelten Moral im Umgang mit Diktaturen handelte ein Aufsatz Jeane Kirkpatricks, den die enttäuschte Liberale und frühere Demokratin im neokonservativen »Commentary« veröffentlicht und in dem sie mit der Menschenrechtspolitik Carters erbarmungslos abgerechnet hatte. Ronald Reagan fand daran so viel Gefallen, daß er die Autorin in sein Kabinett berief.

Am Beispiel der amerikanischen Politik gegenüber dem Schah wie gegenüber dem Diktator Somoza in Nicaragua wollte Jeane Kirkpatrick den Nachweis führen, die moralische Verurteilung autokratischer Regierungsmethoden einiger mit Amerika eng befreundeten Regenten und Bündnispartnern durch die Carter-Administration habe nicht nur deren Sturz herbeigeführt oder beschleunigt. Amerika, so behauptete Jeane Kirkpatrick, habe mit dieser Politik letztlich aktiv daran mitgewirkt, zwar unbestritten undemokratische, aber ebenso unbestritten amerikafreundliche Systeme durch weitaus undemokratischere und den USA durchweg feindlich gesonnene zu ersetzen – eine Operation, die weder den machtpolitischen Interessen noch den idealistischen Zielsetzungen Washingtons entspreche. Rechtsautoritäre Diktaturen sind nach Meinung der Antikommunistin linkstotalitären Systemen allemal vorzuziehen, und das nicht nur, weil der Grad der Repression in Rotchina oder Nordkorea größer sei als in Taiwan oder

Südkorea. »Die traditionellen Autokraten«, so Jeane Kirkpatrick in dem Aufsatz, der sie schließlich in die Vereinten Nationen katapultieren sollte, »lassen die Massen zwar in Armut darben, und sie kennen brutale Klassenschranken, doch zerstören sie weder den herkömmlichen Arbeitsrhythmus noch die familiären Bande noch gar die traditionelle Lebensweise mit all ihren Festlichkeiten und Vergnügungen.«

In einem »Commentary«-Symposium fragte Zbigniew Brzezinski daraufhin verdutzt, ob die Brutalität eines Idi Amin etwa geringer zu veranschlagen sei als die zivileren Repressionsmethoden des rumänischen Kommunisten-Zaren Ceaucescu. Mit dem Argument, der Autoritarismus in Lateinamerika habe eine Entwicklung zum Negativen durchgemacht, rückte auch Nathan Glazer, auf dessen Überlegungen die Thesen Jeane Kirkpatricks weitgehend aufbauten, öffentlich von ihren Schlußfolgerungen ab: »Bei der Behandlung politischer Gegner oder potentieller politischer Gegenspieler«, so Glazer, »sehen wir in Lateinamerika ein Ausmaß an Grausamkeit, das von keinem kommunistischen Land erreicht wird.« Was gegen ihre Grundthese spricht, die Tatsache, daß kommunistische Systeme sich durchaus als wandlungsfähig erwiesen, wie die Beispiele Jugoslawien, der Prager Frühling oder die Entwicklung in Polen und Ungarn belegen, hatte die temperamentvolle Autorin ohnehin unterschlagen. Noam Chomsky vom Massachusetts Institute of Technology hielt ihr denn auch entgegen, daß ein Lech Walesa sich glücklich schätzen würde, in Argentinien oder Guatemala nur einen Tag am Leben zu bleiben. »Demokratische Tendenzen im sowjetischen Machtbereich«, so Chomsky, »wurden regelmäßig durch den Einsatz äußerer Gewalt abgewürgt. Wenn das die These von Mrs. Kirkpatrick etwa stützen kann, dann kann ich genausogut argumentieren, daß sich demokratische Tendenzen in den autoritären Ländern Lateinamerikas nicht entwickeln können, wie die vielen amerikanischen Interventionen zu ihrer Unterdrückung beweisen.«

Immerhin, was Konservative wie Ronald Reagan nur dumpf ahnten, die neokonservative Professorin hatte es messerscharf zum Programm formuliert. Der Rückbesinnung auf die Geopolitik gegenüber der Dritten Welt, die mit Reagan und Haig einsetzte, diesem Rückgriff auf brutale Machtpolitik, hatte Jeane Kirkpatrick den intellektuellen Überbau gezimmert. Kaum im Amt, drohte Alexander Haig nun, die Unterwanderung Mittelamerikas »an der Quelle« auszuräumen. Das zielte eindeutig auf Fidel Castro, den Ronald Reagan schon im Visier hatte, als Carter noch im Weißen Haus amtierte. »Wenn die Sowjets uns in Afghanistan herumschubsen, weil wir dort schwach sind, sollten wir sie packen, wo wir die Stärkeren sind«, meinte Reagan im Vorwahlkampf in New Hampshire und forderte die Blockade Kubas bis zum Abzug der sowjetischen Armee aus Afghanistan. Daß die eine Blockade vielleicht eine unerwünschte zweite, etwa um Berlin, hätte heraufbeschwören können, kam dem Ex-Gouverneur aus dem Pazifik-Staat Kalifornien nie in den Sinn.

9.

Das zweite Vietnam

Nicht nur die martialische Rhetorik, auch die ersten prakti-
schen Schritte der neuen Regierung weckten in Amerika
die Furcht, der karibische Hinterhof könne für Ronald
Reagan werden, was Korea einst für Truman, was Indochina für Johnson und Nixon und was der Iran für Jimmy
Carter bedeuteten – ein Krisenherd, der einen Großteil der
Kräfte und die volle Aufmerksamkeit der Weltmacht auf
Dauer binden werde. Kaum im Amt, entschied die neue
Regierung, die Zahl der Militärberater für El Salvador zu
verdoppeln und die Militärhilfe kräftig aufzustocken.
Haig, der Nicaragua seit langem als ein zweites Kuba be-
trachtete, zimmerte eine neue Domino-Theorie, der zufolge
der Verlust El Salvadors den Fall von Honduras, Costa
Rica und Guatemala unvermeidlich nach sich ziehen und
schließlich selbst Mexiko gefährden werde. »Wenn nach
Nicaragua auch noch El Salvador von einer bewaffneten
Minderheit genommen wird«, erklärte Thomas Enders,
Haigs inzwischen ebenfalls abberufener Unterstaatssekretär für lateinamerikanische Fragen in einem Senats-
Hearing, »wie lange wird es dann dauern, und wichtige
strategische Interessen der USA – der Panamakanal, die
Schiffahrtslinien und die Ölzufuhr – werden ernsthaft gefährdet sein?« Und auf die Frage besorgter Senatoren, die
einer neuen militärischen Verstrickung der Weltmacht
nach dem Muster Vietnams vorbeugen wollten, gab Außenminister Haig zu Protokoll: »Ich schließe keine der Optionen aus, die uns zur Verfügung stehen. Um die rechte Antwort auf die Interventionspolitik Kubas in Zentralamerika
zu geben, erwägen wir eine breite Palette von Möglichkeiten – politische und wirtschaftliche Schritte, aber auch
Sicherheitsmaßnahmen.«
Seither gehen die Wogen der innenpolitischen Debatte
in Amerika hoch, denn viele Amerikaner befürchten nun in

der Tat ein zweites Vietnam. »Wir haben das alles schon einmal erlebt«, warnte der demokratische Senator Donald W. Riegle, »nur, weil wir nicht erkannten, welchen zweiten Schritt der erste unweigerlich nach sich zieht, sind wir Amerikaner immer wieder in Situationen hineingeschliddert, die wir eigentlich vermeiden wollten. Irgendwann überschreiten wir auch in El Salvador die kritische Grenze, wenn wir uns durch Waffenlieferungen und Militärberater immer weiter engagieren.« Jedem Amerikaner war präsent, was der Senator aus Michigan in Erinnerung rufen wollte. Am Beginn jener Entwicklung, die schließlich zur Entsendung eines gewaltigen amerikanischen Expeditionskorps nach Vietnam führte, hatte die Entscheidung John F. Kennedys gestanden, eine Handvoll Militärberater nach Saigon zu schicken, um ein prowestliches Regime gegen kommunistische Unterwanderung zu stützen.

Nun ist die Regierung Reagan gewiß nicht die erste amerikanische Administration, welche die Karibik als ein Mare nostrum betrachtet, dem es eine Pax Americana notfalls mit Gewalt aufzwingen will. Schon mit der Monroe-Doktrin von 1823 ernannten sich die USA selbstherrlich zum Protektor über alle Länder Süd- und Mittelamerikas. Amerikanisches Eingreifen entschied, daß die kubanische Revolution über die spanische Kolonialherrschaft siegte. Und spätestens seit der nach Teddy Roosevelt, jenem *rough rider*, der auf Kuba mitgekämpft hatte, benannten Zusatzerklärung zur Monroe-Doktrin (dem *Roosevelt-Corollary*) nahmen die USA das Recht für sich in Anspruch, als alleiniger Garant von Frieden und Ordnung, als Gendarm Lateinamerikas zu intervenieren, wo immer das ihren Interessen diente, oder, wie Roosevelts Außenminister Elihu Root einmal sagte, wo das in diesen Ländern investierte Kapital bedroht sei.

Einige Jahrzehnte klappte das vorzüglich. Die Karibik wurde zum riesigen Exerzier- und Manövergelände für die US-Marines. Wo eine den USA freundlich gesonnene Regierung bedroht erschien, entsandte Washington Kanonenboote und Marinetruppen. Nur selten wurde mit diesen zahllosen Militärinterventionen der Erwerb neuer Territorien angestrebt, denn der amerikanische Imperialismus wollte keine Kolonien, er suchte Einfallspforten für seinen Handel. Ein nach Süden, in die Karibik, vor allem aber nach Westen, über den Pazifik ausgreifendes Freihandelsimperium waren das Ziel, Handelsverträge, die Errichtung von Konsulaten und Wirtschaftsniederlassungen die Instrumente, um der amerikanischen Industrie neue Absatzmärkte zu schaffen. Der Ausbau der US-Navy und eines Stützpunktsystems in Übersee sollten diesem neuen Weltreich des Handels die Schiffahrtswege sichern. Im Zuge dieser Logik erfolgten die Annektion Hawaiis und die Besetzung der Inseln Guam und Wake, der Bau des Panamakanals und, zu seiner Verteidigung, die Einrichtung einer amerikanischen Hoheitszone quer durch Mittelamerika. Die Einverleibung der Beute aus dem amerikanisch-spanischen Krieg nimmt sich nach diesem Entwicklungsmodell des amerikanischen Imperialismus um die Jahrhundertwende eher wie ein peinlicher Betriebsunfall aus. Ein Flottenstützpunkt oder die Umwandlung Manilas in ein amerikanisches Hongkong hätten zur Sicherung des Seewegs nach China völlig ausgereicht. Wenn die USA in einem blutigen, drei Jahre währenden Unterwerfungsfeldzug die Philippinen eroberten, 220000 Philippinos dabei umbrachten und selbst 6000 Soldaten verloren, dann vor allem, um einer Auseinandersetzung zwischen Briten, Japanern und Deutschen um die Reste des spanischen Kolonialreichs zuvorzukommen. Dagegen wurde die Beute dieses spanisch-amerikanischen Krieges in der Karibik, Puerto Rico, von Washington zunächst ausschließlich als militärischer und handelspolitischer Stützpunkt betrachtet. Die Frage, was Amerika letztlich mit dieser Siegesprämie machen werde, die Insel als neuen Staat in die Union eingliedern oder ihr die Unabhängigkeit geben, das volle Ausmaß dieser politischen Verlegenheit namens Puerto Rico wurde großen Teilen der Nation erst bewußt, als Zehntausende arbeitsuchender Puertorikaner sich nach New York einschifften und als fremdsprachige, überwiegend schwarze Minderheit ganze Stadtteile okkupierten. Eine große Koalition von weißen Rassisten in den USA und Nationalisten in Puerto Rico hat dafür gesorgt, daß dieses Problem bis heute noch der Lösung harrt. Weitaus praktischer als durch Annektion ließ sich der Absatz amerikanischer Waren in der Karibik durch amerikafreundliche Regierungen von formell unabhängigen Republiken organisieren. Um sie zu stützen, machte Washington immer häufiger vom Mittel der Intervention Gebrauch.

Das galt vor allem für Präsident Woodrow Wilson, auch wenn dieser vor Beginn seiner Amtszeit dem Imperialismus feierlich abgeschworen hatte. Öfter als jeder andere Präsident setzte gerade Wilson die US-Marines als Instrument amerikanischer Außenpolitik ein, wenn auch mit einer für ihn typischen Zusatz-Motivation: Danach hatten die Marine-Soldaten den Latinos nicht nur Frieden und Ordnung zu bringen, sondern zugleich die rechte demokratische Gesinnung einzupflanzen. So befahl Wilson 1914 die Besetzung der mexikanischen Hafenstadt Veracruz, um die Partei des Generals Huerta am Sieg und damit an der Installierung eines Militärregimes zu hindern. Das war zwar eine glatte Einmischung in den mexikanischen Bürgerkrieg. Doch der missionarische Wilson begründete sie mit der These, es sei ein sittliches Gebot, keine Regierung anzuerkennen oder zuzulassen, die vor dem moralischen und politischen Standard der USA nicht bestehen könne. 1915 schickte er die Marines nach Haiti, um eine Revolution zu beenden. Sie blieben ganze zwanzig Jahre, bis zum 15. August 1935 – »zwecks Aufrechterhaltung der Ordnung während einer Periode chronischer und drohender Aufstände«, wie der »Congressional Record« vom 10. September 1969 trocken vermerkt. 1916 stürmten die Marines den gesamten Staat Santo Domingo und stellten ihn unter Militärrecht. Zwar ließ Wilson eigens eine neue demokratische Verfassung für Santo Domingo in Washington entwerfen, doch erst 1924 zogen die amerikanischen Truppen wieder ab.

Amerikanische Interventionen in der Karibik wurden zur Routine, und wenn Wilson sie mit demokratischen Zielsetzungen vor sich selbst zu legitimieren suchte, gerieten sie doch zum Mittel der Konterrevolution, das jeden Ansatz zur sozialen Reform in den Ländern Mittelamerikas unterdrücken half.

»Kein Amerikaner, der über Macht verfügt, hat je versucht, herauszufinden, was die lateinamerikanischen Massen wünschen«, behauptet die amerikanische Südamerika-Expertin Penny Leroux, »und solange die großen Konzerne die Lateinamerika-Politik bestimmen, wird dies auch keiner tun.« Der mexikanische Autor Carlos Fuentes, einige Jahre Botschafter seines Landes in Paris, klagte: »Wenn wir etwas unternehmen, um unsere Lage zu ändern, werden wir verdächtigt, kommunistische Agenten oder Terroristen zu sein, eine subversive Drohung im Hinterhof der USA. Und dann sind wir es lediglich wert, in jenen unterentwickelten Zustand zurückbombardiert zu werden, den wir besser nie verloren hätten. Wenn es je einen internationalen Catch 22 gegeben hat, dann ist es diese Situation.« Catch 22, das ist ein amerikanisches Proverb für eine Situation, in der ein Spieler immer nur verlieren kann.

Zwar hatte Franklin D. Roosevelt eine *Good Neighbour Policy* proklamiert und formell auf das Recht verzichtet, die westliche Hemisphäre durch amerikanische Polizeiaktionen unter Kontrolle zu halten. Seine Politik der guten Nachbarschaft zielte vor allem auf Mexiko, das eine linke Innenpolitik betrieb und sich anschickte, in amerikanischem Besitz befindliche Ölquellen zu verstaatlichen, doch dessen Freundschaft und Kooperation ihm wichtig waren, weil er den Einfluß der Achsenmächte in Lateinamerika eindämmen wollte. Wie wenig diese Absichtserklärung am Grundmuster amerikanischen Verhaltens änderte, zeigte der Sturz der Regierung Jacobo Arbenz Guzman. Das linke Regime, aus einem Generalstreik im Jahre 1944 hervorgegangen und danach in freien Wahlen bestätigt, hatte Anfang der fünfziger Jahre eine Politik sozialer Reformen in die Wege geleitet. »Demokratie in Guatemala«, meint Carlos Fuentes, »das bedeutete vor allem den Transfer der Macht von der Armee auf die Organisationen der Arbeiter und Bauern ... Wenn man dieser Demokratie in Guatemala erlaubt hätte, am Leben zu bleiben, hätte sie den demokratischen Einfluß in El Salvador, Honduras und Nicaragua gefördert; sie wäre dann mit der älteren Demokratie Costa Ricas zusammengetroffen, und vielleicht wäre aus dieser Erfahrung ein echtes zentralamerikanisches Modell geboren worden. Statt dessen wurde alles mit gefühlloser, herrischer Blindheit abgetötet. Mit Blut und Geld wird der Preis dafür heute in El Salvador bezahlt.« Zum Stein des Anstoßes wurde ein Dekret, mit dem Arbenz unbebautes Land beschlagnahmte, um es an die Bauern zu verteilen. Es rief die mächtige United Fruit Company auf den Plan, die über mehr als 160 000 Hektar nicht kultivierten Bodens verfügte. Eisenhowers Außenminister John Foster Dulles nannte Guatemala einen Satelliten der Sowjetunion, und die von den USA beherrschte Organisation der Amerikanischen Staaten (OAS) befand auf einer Sitzung in Caracas, Guatemala sei kommunistisch unterwandert. Ein vom CIA mit Waffen und Freiwilligen unterstützter Putschistenobrist namens Carlos Castillos Armas rückte in Guatemala ein und stürzte das Regime Arbenz. Dulles feierte die vom CIA gesteuerte, vom amerikanischen Botschafter in Guatemala John Peurifoy geplante Aktion als »glorreichen Sieg«.

Was ihr in Guatemala so trefflich gelungen war, suchte die Regierung Eisenhower nach der kubanischen Revolution zu wiederholen. Die Revolutionäre um Fidel Castro experimentierten noch, wie sie sich am besten selbst regierten, da antwortete Washington auf jede innenpolitische Reform schon mit amerikanischen Sanktionen. Roosevelt hatte die linke Reformpolitik des mexikanischen Präsidenten Cardenas einst respektiert, weil er die faschistische Durchdringung Südamerikas als Hauptgefahr betrachtete. Eisenhower machte nun gegen die linke Reformpolitik Castros Front, weil er der neuen Hauptgefahr, der drohenden kommunistischen Unterwanderung der westlichen Hemisphäre, einen Riegel vorschieben wollte. Washington startete eine riesige Propagandakampagne und bereitete Invasionspläne nach dem in Guatemala erprobten Modell vor. John F. Kennedy, der diese Pläne erbte und in die Tat umsetzte, sollte damit dann das Desaster in der Schweinebucht erleben.

Noch heute bestimmt die amerikanische Grundeinstellung, die zu diesem Desaster führte, das Verhalten der Weltmacht USA gegenüber El Salvador und Nicaragua. Es ist jene verhängnisvolle Denkweise, die Castro letztlich in die Arme Moskaus trieb: Was vernünftigerweise in den Kontext des Nord-Süd-Gefälles gehört, wird von Washington mit der Elle des Ost-West-Konflikts gemessen. Soziale Umwälzungen, die ihre Wurzeln in brutaler Klassenherrschaft und Ausbeutung haben, werden stets als von Moskau ferngesteuerte Unterwanderung angeprangert und mißdeutet. In der Regel bewirkt diese Haltung das genaue Gegenteil dessen, was sie außenpolitisch erstrebt. Im Falle Kuba war und bleibt das vorrangige Ziel amerikanischer Außenpolitik, den sowjetischen Einfluß zu verringern. Doch alles, was die mächtigen USA gegen das kleine Kuba bisher unternommen haben, hat die kubanische Abhängigkeit von Moskau eher gestärkt denn geschwächt.

Das gilt auch für die Politik der Regierung Ronald Reagan, die Castro als alleinverantwortlichen Drahtzieher hinter den Ereignissen in El Salvador und Nicaragua vermutete und ihn durch eine groß angelegte Einschüchterungskampagne dazu zwingen wollte, die Hilfe für die Sandinisten und den Nachschub für die Rebellen in El Salvador einzustellen. Außenminister Haig rasselte mit dem Säbel, doch zugleich bot er den Kubanern die Normalisierung der Beziehungen an, vorausgesetzt, sie verzichteten auf Interventionen in anderen Ländern. Haig hatte dabei nicht nur Lateinamerika im Auge, er dachte auch an Afrika. Daß die Großmacht USA den Revolutionär vor der eigenen Haustür nicht daran hindern konnte, durch Entsendung kubanischer Truppen nach Afrika außenpolitische Zielsetzungen Washingtons zu durchkreuzen, hatte schon Henry Kissinger als einen »schlechthin unerträglichen Zustand« bezeichnet. Präsident Ford sprach nach dem Eingreifen der Kubaner in Angola von einem »flagranten Akt der Aggression« und erklärte Castro zu einem international Geächteten.

Was Washington bei solchen Klagen geflissentlich übersieht, ist die Tatsache, daß es amerikanische Aktivitäten waren, welche die Kubaner nach Afrika locken halfen. Der amerikanische Diplomat Wayne S. Smith, der von 1979 bis 1982 die amerikanische Interessenvertretung in Havanna leitete – eine Botschaft gibt es nicht, weil Washington keine formellen Beziehungen mit Kuba unterhält –, schreibt dazu:»Die Vereinigten Staaten haben mehr getan, um die Kämpfe in Angola zu provozieren, als die Kubaner. Washington ermutigte Holden Roberto und die ›Nationale Front für die Befreiung von Angola‹ (FNLA), jene in Portugal im Januar 1975 getroffene Vereinbarung zu brechen, nach der sie sich die Macht mit Agostinho Netos MPLA und Jonas Sawimbis ›Nationaler Union für die totale Unabhängigkeit von Angola‹ zu teilen hatte. Im März 1975 marschierte die FNLA zusammen mit 1200 Soldaten aus Zaire in Angola ein, und Berater des CIA und westeuropäische Söldner stießen dazu, um ihren Vormarsch gegen Luanda zu unterstützen. Havanna antwortete, indem es Militärberater schickte, die der MPLA helfen sollten. Mit vollem Wissen der USA fielen südafrikanische Truppen im August und Oktober in Angola ein. Vor dieser Intervention hatte es keine kubanischen Truppen in Angola gegeben. Im November flog Havanna dann auf Bitten der MPLA Truppen nach Angola ein.«

Es war diese Vorgeschichte, die Carters UN-Botschafter Andrew Young zu der Bemerkung verführte, daß die Kubaner in Angola als ein »Faktor der Stabilität« zu betrachten seien. Mehr oder weniger gilt dieser Satz auch für die kubanische Intervention in Äthiopien. Sie erfolgte erst, nachdem die amerikanische Regierung die Somalis mit Waffen beliefert hatte, freilich ohne ihnen unmißverständlich klarzumachen, daß diese Waffen ausschließlich der Verteidigung zu dienen hätten. Die Somalis mißdeuteten die amerikanische Waffenhilfe prompt als Unterstützung für ihre irredentistischen Ziele im Ogaden und fielen in Äthiopien ein. Da Somalia, einst mit Moskau im Bunde, erst vor kurzem das Lager gewechselt hatte, waren die Sowjets nicht bereit, den Verlust eines weiteren Alliierten hinzunehmen. Moskau und Havanna beschlossen, kubanische Truppen und sowjetische Ausrüstung für die Verteidigung Äthiopiens zu entsenden. Mit Hilfe der Kubaner wurde der Angriff der Somalis abgeschlagen. »Die Ankunft und das Verbleiben kubanischer Truppen in Äthiopien«, meint Wayne S. Smith in einem Artikel der Zeitschrift »Foreign Policy«, »laufen den amerikanischen Interessen zuwider, aber ihre Entsendung als Aggression zu bezeichnen, heißt, die Situation nicht im richtigen Zusammenhang zu sehen. Hätten die Vereinigten Staaten Vorsicht walten lassen, wäre die Invasion der Somalis unterblieben, und die darauf folgende kubanische Intervention hätte wahrscheinlich niemals stattgefunden.«

Um den Abzug der Kubaner aus Afrika zu erzwingen und den Nachschub für die Rebellen in Mittelamerika zu stoppen, erwog die Reagan-Administration lange Zeit ernsthaft den Gedanken einer Blockade Kubas oder einer Invasion. Die neuen Männer um Reagan waren überzeugt, daß keine amerikanische Regierung seit Eisenhower vor der kubanischen Herausforderung bestanden habe. Durch massiven politischen und militärischen Druck suchten sie Castro zum Einlenken zu bewegen. Eine Reihe von Einzelmaßnahmen sollte Havanna signalisieren, daß Washington jetzt eine härtere Gangart einschlagen werde: Da wurden nicht nur das Handelsembargo verschärft, ein 1977 abgeschlossener Fischereivertrag gekündigt und Reisen amerikanischer Touristen nach Havanna gedrosselt. Es wurde auch ein amerikanisch finanzierter kubanischer Befreiungssender namens Radio Marti installiert, und plötzlich durften Exilkubaner in Florida wieder in Militärcamps üben. Um Castro einzuschüchtern und weichzuklopfen, nährte die amerikanische Regierung bewußt Zeitungsspekulationen über militärische Schritte gegen Kuba. Im Oktober 1981 kreuzte die US-Navy demonstrativ vor den Küsten Kubas und führte umfangreiche Manöver durch. Es war die Zeit, in der Alexander Haig noch einmal unterstrich, daß sich Amerika »wirklich alle Optionen« offen halte und handeln werde, um »die kubanische Intervention in Mittelamerika« zu stoppen. Die Kubaner nahmen Haig beim Wort. Castro ordnete die Mobilmachung an. Doch den amerikanischen Drohgebärden folgten keine Taten. Von dem Gedanken an eine Blockade Kubas riet inzwischen nämlich selbst das Pentagon ab. Um die Schiffahrt rund um die Zuckerinsel nach dem Muster von 1962 zu unterbinden, wären nach den Berechnungen der Joint Chiefs of Staff 200 Kriegsschiffe erforderlich gewesen. Eine längere Blockade, so rechneten die Generalstäbler den Ideologen im Weißen Haus vor, würde eine gefährliche Schwächung der US-Navy in anderen Weltteilen zur Folge haben. Die kriegerische Pose der amerikanischen Regierung nährte zudem die Furcht vor einem zweiten Vietnam in der amerikanischen Bevölkerung. Diese wachsende Angst suchte Reagan zu beschwichtigen, als er auf die Frage eines Journalisten, welche Intentionen die USA gegenüber Kuba verfolgten, auf einer Pressekonferenz erklärte:»Wir haben nicht die Absicht, Amerikaner an irgendeinem Platz der Welt in den Krieg zu schicken.« Die großen Sprüche,»den Terrorismus an der Quelle« zu beseitigen – und als Quelle kam ja zunächst nur Kuba in Frage –, waren fürs erste als großer Bluff entlarvt.

Auch in El Salvador, wo nach Meinung von Jeane Kirkpatrick und Alexander Haig die entscheidende Schlacht um die Zukunft Mittelamerikas geschlagen wird, konnte die Regierung Reagan bislang keine besonderen Erfolge erzielen. Anfangs führte sie lediglich fort, was die Regierung Carter begonnen hatte, und suchte jene Kräfte zu stützen, die sich eine Bodenreform und die Demokratisierung des Landes zum Ziel gesetzt hatten. Der Putsch vom Oktober 1979 war von einer Gruppe junger Offiziere getragen, die den Sturz des Diktators Somoza und den Zerfall der Nationalgarde in Nicaragua mitangesehen hatte. Diese Offiziere scheuten eine Auseinandersetzung mit den Linken, weil sie sich der Unterstützung des damals regierenden Präsidenten Carter nicht sicher glaubten.

Um eine Wiederholung der Revolution von Nicaragua im eigenen Lande zu vermeiden, entmachteten die jungen Offiziere eine Koalition konservativer Militärs und der 200 großen Familien, denen fast 80 Prozent alles landwirtschaftlich nutzbaren Bodens in El Salvador gehörte – ein rechtsautoritäres Regime, welches das Land seit Anfang der dreißiger Jahre fest im Griff gehalten hatte. Die Linke, die sich plötzlich eines ihrer wichtigen politischen Ziele beraubt sah, ging in den Untergrund und formierte sich neu. Die extreme Rechte konzentrierte sich darauf, durch den Terror und die Mordanschläge ihrer *Escuadrones de la Muerte*, ihrer Todesschwadronen, denen selbst Erzbischof Oscar Romero, amerikanische Missionare und Nonnen zum Opfer fielen, die Politik der Reformen zu verhindern. Bis heute stellt die ungebrochene Macht dieser extremen Rechten das größte Hindernis auf dem Weg zum Frieden in El Salvador dar, zumal sie sich seit dem Abgang Carters ermuntert fühlt. Daß ein Präsident Reagan, der die Entscheidungsschlacht um die Zukunft ganz Lateinamerikas mit dem Kommunismus ausgerechnet in El Salvador gewinnen will, seinen Alliierten die Mittel streicht, weil sie die Menschenrechte mit Füßen treten, an diese Möglichkeit glaubt keiner der konservativen Extremisten in El Salvador. Zu gut erinnern sie sich jener Rede von Jeane Kirkpatrick vor amerikanischen Jungkonservativen, in der die streitbare Lady erklärt hatte, gegen die Maschinenpistolen der Guerillas in El Salvador lasse sich am besten mit amerikanischen Haubitzen argumentieren. Viele Militärs sympathisierten noch immer mit El Salvadors Rechtsaußen Roberto D'Aubuisson, der in dem Chef der reformfreudigen Christdemokraten, Napoleon Duarte, einen verkappten Kommunisten sieht und der von Robert White, dem einstigen Botschafter Carters in El Salvador, als »pathologischer Killer« bezeichnet wird. Um den Bürgerkrieg zu beenden, schrieb die Regierung Duarte im Einvernehmen mit Washington schließlich freie Wahlen aus, an denen sich die linke Guerilla jedoch nur unter der Bedingung beteiligen wollte, daß zuvor ein Waffenstillstand geschlossen würde. Nur eine Übergangsregierung unter Einschluß der Linken war nach Meinung der Rebellen in der Lage, Sicherheit und Leben linker Kandidaten gegen die Todesschwadronen der Rechten und damit wahrhaft freie Wahlen zu garantieren. Ihre Forderung wurde von Mexiko, Venezuela und der Sozialistischen Internationale unterstützt, doch nach Rücksprache mit Washington lehnte die Junta den Vorschlag der Linken ab. Nach dem Verständnis der Regierung Reagan verboten sich Verhandlungen mit Guerilla-Organisationen von selbst, weil ihre Führer simple Terroristen waren. Doch spätestens am Wahltag dämmerte auch Washington, daß es mit diesem Nein zu Verhandlungen seine eigene Strategie zur Lösung der Krise erheblich behindert hatte. Zwar konnte es die unerwartet hohe Wahlbeteiligung, eine Absage an jede Form der Gewalt, auf der

Habenseite buchen. Doch weil die Linke in diesen mitten im Bürgerkrieg abgehaltenen Wahlen gar nicht erst mit Kandidaten angetreten war, gab es auch keine sozialdemokratischen Gruppierungen in der neugewählten verfassunggebenden Nationalversammlung, mit denen Napoleon Duarte hätte koalieren können. Mit nur 24 von 60 Sitzen im Parlament erhielt Duarte, der Mann, auf den alle Hoffnung der amerikanischen Politik gerichtet war, keine Mehrheit für sein Reformprogramm. Als Sieger ging aus diesem Wahlkampf eine lockere Koalition von fünf Rechtsparteien hervor, die umgehend Major D'Aubuisson zum Präsidenten der Versammlung wählte. Seither ist nicht nur das Reformprogramm ins Stocken geraten; die Armee hat an Kampfmoral verloren, der Bürgerkrieg an Intensität zugenommen. »Sicherheitskräfte des rechten Flügels töten jetzt wöchentlich rund hundert Zivilisten, das liegt deutlich unter dem Spitzensatz von 250 pro Woche im Jahr 1980«, berichtete das Nachrichtenmagazin »Time« im Mai 1983. »Noch immer handelt es sich um schockierende Zahlen, aber die Strafverfolgung von Soldaten, die Morde oder andere Verbrechen begehen, hat merklich zugenommen.«

Solche Zahlen, geschickt in die Presse gestreut, zielen auf die Mitglieder des amerikanischen Kongresses, denen die Regierung immer mehr Dollars für die Fortsetzung des Krieges in El Salvador abverlangt. Das Gesetz über die Auslandshilfe bindet die Bewilligung dieser Mittel nicht nur an die nationalen Interessen der USA, sondern an die Respektierung der Menschenrechte durch die Regierungen der Empfängerländer. Schon 1982 hatte sich der damals für Lateinamerika zuständige Abteilungsleiter des State Department, Thomas Enders, schwer getan, die Wünsche der Regierung zu begründen: »Das Gesetz schreibt vor, daß El Salvador eine bewußte und erhebliche Anstrengung unternehmen muß, um international anerkannten Normen der Menschenrechte zu genügen«, erklärte Enders. »Es verlangt weiter, daß die Regierung eine wirksame Kontrolle über alle Teile der Streitkräfte gewinnt. Es sagt nicht, daß sämtliche Menschenrechtsverletzungen abgeschafft sein müßten, aber es verlangt Fortschritte in dieser Richtung.«

Zweieinhalb Jahre indirekter Intervention mit Militärberatern und Ausbildern, Waffenlieferungen, Wirtschaftshilfe und politischem Druck auf die Junta haben die Regierung Reagan dem Sieg in El Salvador nicht nähergebracht. »Je länger die USA den Verhandlungsweg in El Salvador blockieren«, so Robert A. Pastor, der als Lateinamerika-Experte im Nationalen Sicherheitsrat unter Zbigniew Brzezinski tätig war, »je länger sie die Repression mit einem Augenzwinkern übergehen, desto länger wird dieser Krieg dauern und desto schlimmere Formen wird er annehmen. Und so lange Präsident Reagan behauptet, daß der Kommunismus die einzige Bedrohung der Demokratie in der Dritten Welt darstellt, wie in seiner Londoner Rede am 8. Juni (1982) geschehen, so lange werden die USA nicht über den nötigen Einfluß verfügen, demokratische Entwicklungen zu ermöglichen. Es ist sinnlos, wenn eine Regierung versichert, sie steuere kein neues Vietnam an – also kein größeres Engagement der USA – und zugleich eine politisch-militärische Strategie verfolgt, die uns keine andere Alternative läßt.«

In dem Wunsch, ein zweites Vietnam zu vermeiden, hat die große Mehrheit der amerikanischen Bevölkerung Fürsprecher da, wo Kritiker Amerikas sie kaum vermutet hätten: im Pentagon. Sobald der mögliche Einsatz von US-Truppen in Mittelamerika in strategischen Planspielen auch nur ausgesprochen wird, reagieren Amerikas Generäle wie die gebrannten Kinder. Dabei ist ihr zentrales Motiv nicht so sehr, einen Eingriff in einen blutigen Bürgerkrieg zu vermeiden. Was sie vor kriegerischen Verwicklungen in Ländern der Dritten Welt zurückschrecken läßt, hat eher mit dem speziellen Vietnam-Trauma einer Generalität zu tun, die meint, der Krieg in Vietnam sei nur deshalb verlorengegangen, weil zu Hause der Konsensus zerbrach, daß dieser Krieg notwendig und folglich zu gewinnen war. Daß hochdekorierte Soldaten der US-Armee bei der Heimkehr aus dem Vietnamkrieg nicht wie Helden empfangen wurden, sondern eher wie Missetäter, deren sich die ganze Nation zu schämen hätte, fraß sich als bittere Erfahrung tief ins Gedächtnis der amerikanischen militärischen Führung ein. Es ist diese böse Erinnerung, die zu einer wahrlich verkehrten Frontstellung innerhalb der Regierung Reagan führte: Da trat der Außenminister Alexander Haig, der gegenüber Europäern und Sowjets stets Mäßigung predigte, in der Rolle des Scharfmachers gegenüber Mittelamerika auf und sprach von der Entscheidungsschlacht um ganz Lateinamerika. Auf der anderen Seite predigte Caspar Weinberger, der große Scharfmacher gegenüber den Sowjets, der Mann, der Moskau durch eine Kombination von Wettrüsten und Wirtschaftsboykott in die Knie zwingen will, plötzlich Maßhalten in Lateinamerika und zog politische Lösungen den militärischen vor, weil seine Generäle erfahren hatten, daß nicht Armeen, sondern Nationen Kriege führen und eine Armee einen Krieg nicht gewinnen kann, den die Nation nicht will.

Nach dem Abgang Haigs war von dessen Nachfolger Shultz zunächst wenig über Mittelamerika zu hören. Weinberger blieb bei seiner distanzierten Linie, doch Haigs kriegerischer Part wurde von Jeane Kirkpatrick übernommen. In einem Zeitungsartikel behauptete die UN-Botschafterin, daß die Verweigerung der Hilfe für El Salvador durch einen Kongreß, der vor allem an die Wahrung der Menschenrechte denke, die USA in die Rolle eines »Vollstreckers der Breschnew-Doktrin« versetze, nach der die kommunistische Revolution unaufhaltsam sei. In einer Sondersitzung von Senat und Repräsentantenhaus eröffnete Präsident Reagan im Mai 1983 dann eine psychologische Offensive, um ein 600-Millionen-Dollar-Programm für Militär- und Wirtschaftshilfe an die Länder Mittelamerikas im Haushalt für 1984 im Kongreß durchzupauken. Drastisch betonte er die strategische Bedeutung der ganzen Region: »Zwei Drittel unseres Außenhandels und unseres Öls laufen durch den Panamakanal und die Karibik. Im Falle einer europäischen Krise müßte mindestens die Hälfte unseres Nachschubs für die NATO diese Gegend auf dem Seeweg passieren.« Seine Versicherung, es sei nicht daran gedacht, amerikanische Kampfeinheiten nach Mittelamerika zu entsenden, wurde von Abgeordneten und Senatoren beider Parteien mit stürmischen Ovationen bedacht. Nur die »New York Times« fragte am nächsten Tag in ihrem Leitartikel spöttisch: Wenn so viel auf dem Spiel steht, warum dann eigentlich nicht?

Wie Reagan die Karibik ohne den Einsatz eigener amerikanischer Verbände sichern will, wurde in jener Passage seiner Rede deutlich, die Nicaragua galt: Die USA planten nicht den Sturz des sandinistischen Regimes, aber sie würden »auch nicht die Regierung von Nicaragua gegen den Zorn ihres eigenen Volkes in Schutz« nehmen. Zynischer lassen sich die Versuche der USA, die Schlacht gegen die Rebellen in El Salvador durch die Zerstörung ihrer Nachschubbasen in Nicaragua für sich zu entscheiden, schwerlich umschreiben. Wer sich auf Zwischentöne versteht, dem war klar: Der Dominostein Nicaragua sollte nun nach dem von John Foster Dulles erprobten Modell Guatemala zurückerobert werden.

An die Spitze des CIA hatte Ronald Reagan inzwischen William Casey berufen, einen Selfmademan, der an den Börsen Wall Streets zum Millionär geworden war und dem sich Reagan verpflichtet fühlte, weil er die republikanische Wahlkampforganisation geleitet hatte. Gegenüber Kritikern dieser Ernennung, die einen Fachmann vorgezogen hätten, verwies Casey stolz auf seinen Dienst beim Vorläufer des CIA, dem Office of Strategic Services (OSS) im Zweiten Weltkrieg. In der Tat hatte er damals alliierte Spionageoperationen hinter den deutschen Linien geleitet, aber das lag immerhin 35 Jahre zurück. Wie zielstrebig Casey, ein Mann von Energie und Tatkraft, den massiven Ausbau des seit Watergate von Skandalen und Krisen geschüttelten Spionageunternehmens betreibt, zeigt der Blick auf zwei Zahlen: 1500 neue Mitarbeiter stellte der CIA in den ersten zwei Jahren der Regierung Reagan ein, und der Etat des CIA für 1983 wies eine Steigerungsrate von 25 Prozent aus. Damit hatte sich der amerikanische Geheimdienst nach dem Amtsantritt Reagans zu dem am schnellsten wachsenden Zweig des gesamten amerikanischen Staatsapparats gemausert.

Im Gegensatz zu Präsident Carter, der von *covered actions,* sogenannten verdeckten Operationen, wenig hielt, verschaffte Reagan dem nahezu gleichaltrigen Freund und politischen Kampfgefährten Casey durch eine Neufassung der CIA-Richtlinien erweiterten Spielraum. Die Reagan-Administration betrachtet *covered actions* zum Sturz politischer Gegner oder zur Unterstützung amerikafreundlicher Bürgerkriegsfraktionen längst wieder als Routineinstrument amerikanischer Außenpolitik. Daß es dem CIA einst gelang, das Regime Mossadeq im Iran zu stürzen und den Schah von Persien wieder auf den Thron zu heben, die Regierung Arbenz in Guatemala zu erledigen und am Militärputsch gegen Allende mitzuwirken, sind laut Casey Erfolge, deren sich kein Angehöriger des Dienstes zu schämen hat. »Bei allen Überprüfungen und Untersuchungen solcher geheimen Aktionen«, so Casey gegenüber dem »New York Times Magazine«, »sind nur sehr wenige Kenner zu dem Schluß gekommen, daß die Nation sich freiwillig der Möglichkeit und der Fähigkeit berauben sollte, im stillen und ohne großes Aufsehen die Politik anderer Länder zu beeinflussen oder auf sie zu reagieren.« Die unverhohlene Begeisterung des neuen Mannes an der Spitze für geheime Kommandoaktionen bewog Caseys Stellvertreter, Admiral Inman, den Dienst zu quittieren und lieber in der privaten Wirtschaft zu arbeiten. Inman warnt davor, in blindem Enthusiasmus auf solche verdeckten Aktionen zu setzen, vor allem, wenn paramilitärische Einheiten an ihnen beteiligt sind. Gedungene Helfershelfer, das wußte Inman aus Erfahrung, lassen sich auf die Dauer nur schwer kontrollieren. Somit besteht immer die Gefahr, daß sie ihre eigenen Interessen über die der Auftraggeber stellen. Casey hat solche Bedenken nicht.

Nach dem Modell der Operation gegen Guatemala begann der CIA, nicaraguanische Exilgruppen zu finanzieren und auszubilden. Eine Freiwilligenarmee aus ehemaligen Nationalgardisten des gestürzten Diktators Somoza und argentinischen »Antiterrorspezialisten« marschierte im Dschungelgebiet an der Grenze zwischen Honduras und Nicaragua auf. Dieser Invasionsdrohung von außen lief eine innere Destabilisierungskampagne parallel, die darauf zielte, Meinungsverschiedenheiten im Lager der revolutionären Regierung auszunutzen, die Miskito-Indios in den entlegenen Urwaldgegenden zur Rebellion zu animieren und die bürgerliche Opposition auf den Tag X, den Tag der Machtübernahme vorzubereiten.

Doch der gefährlichste Gegner der Revolutionäre in Managua, Eden Pastora, der als Comandante Cero die Guerilla-Einheiten in der Revolution gegen Somoza geführt hatte, operiert unabhängig von den Somozisten. Er will soziale Reformen nicht auf Kosten der bürgerlichen Freiheiten durchsetzen und brach mit den Sandinistas, weil die Marxisten-Leninisten und ihre kubanischen Berater, wie er einmal sagte, ihm und anderen nationalistischen Gegnern Somozas die Revolution nach und nach gestohlen hätten. Als der CIA damit begann, ehemalige Somoza-Anhänger in militärischen Übungslagern in Florida und Honduras auf die Invasion und den Bürgerkrieg vorzubereiten, sprach Pastora von einem Fehler, den die amerikanische Politik begehe. Aus seiner Sicht konnten Drohgebärden der Reagan-Administration die Herrschaft der Sandinistas nach innen nur stärken. Sie verschafften Radikalen die Chance, sich als Hüter der Revolution gegen die Anhänger des verhaßten Diktators Somoza, aber auch als Verteidiger der nationalen Interessen Nicaraguas gegenüber dem nicht minder verhaßten Yankee-Imperialismus in Szene zu setzen. In der Tat gelang es den Sandinistas, durch leidenschaftliche Appelle an das Nationalgefühl das ganze Land in den Zustand einer emotionalen Generalmobilmachung zu versetzen, und sie nutzten die Invasionsdrohung, um mit der Verhängung des Ausnahmezustands nach innen schärfer durchzugreifen. »Die Regierung Reagan beschuldigt Nicaragua, ihre Revolution nach Honduras zu exportieren«, schreibt Robert E. White, »tatsächlich ist das Gegenteil wahr. Aus Gehorsam gegenüber unserer Politik wurde Honduras in eine militärische Gegenrevolution verwickelt und versucht jetzt, sie zu exportieren. Die Regierung muß lernen, daß Gegenrevolution genau die falsche Antwort an ein Volk ist, das sich entschlossen hat, die Macht zu übernehmen und sein Land zu reformieren.«

Was sich mit dieser neuen Politik der Reagan-Administration gegenüber Nicaragua anbahnte, trug nahezu tragisch-groteske Züge, denn es bezeugt einmal mehr die totale Unfähigkeit der Weltmacht Amerika, aus ihren eigenen Fehlern zu lernen. In diesen Sandinistas, denen sie mit Hilfe verdeckter Aktionen nun den Garaus machen will, bekämpfte sie nichts anderes als das ureigenste Produkt jahrzehntelanger amerikanischer Interventionspolitik. Über zwanzig Jahre lang, von 1912 bis 1933, waren amerikanische Marinesoldaten in Nicaragua stationiert. Nirgendwo war amerikanischer Einfluß seit Beginn dieses Jahrhunderts größer gewesen als hier. Lange Zeit herrschten amerikanische Manager über die Finanzverwaltung und die Banken. Amerikanischer Interventionismus diente den Geschäftsinteressen der USA, aber einige Zeit auch dem missionarischen Ziel, in Nicaragua demokratische Verhältnisse nach amerikanischem Vorbild zu schaffen. Erst als ein amerikanischer Politologie-Professor dem Land eine prächtige demokratische Verfassung angemessen hatte, rückte Amerikas Marineinfanterie 1933 ab. Sie ließ eine amerikanisch gedrillte, amerikanisch finanzierte Nationalgarde zurück, die nach dem Abzug der Schutz- und Ordnungsmacht nun innenpolitische Stabilität und wahrhaft demokratische Zustände garantieren sollte. Doch die Verfassung blieb ein Stück Papier. Der erste Chef dieser Nationalgarde errichtete ein ebenso korruptes wie brutales Regime, das er im Stil eines selbstgekürten Monarchen seinen Söhnen vererbte. Gerade weil die Familie Somoza sich in einem selbst für lateinamerikanische Maßstäbe unglaublichen Ausmaß persönlich bereicherte, wuchs eine erbitterte Opposition im Land. Und die radikalsten, konsequentesten Gegner der Somozas nannten sich nach jenem nationalistisch gesonnenen Ingenieur, Bauern und General Augusto Cesar Sandino, der zur Zeit der amerikanischen Besetzung an einem liberalen Militärputsch gegen einen Präsidenten-Statthalter Washingtons teilgenommen und den Kampf gegen die Gringos nie aufgegeben hatte. Kaum waren die Amerikaner abgezogen, lockte Anastasio Somoza den Nationalhelden Sandino in einen Hinterhalt und ließ ihn kaltblütig ermorden.

Franklin D. Roosevelt sagte über den Diktator Somoza: *»I know he is a son of a bitch, but he is our son of a bitch«*, zu deutsch etwa: Ich weiß, daß der Kerl ein Schurke ist, aber es ist wenigstens *unser* Schurke. In der Tat haben sich die Somozas stets als verläßliche Bündnispartner der USA erwiesen. Von Nicaragua aus wurde die Invasion der Schweinebucht gestartet, hier formierten sich die Putschisten, um das Regime Arbenz zu stürzen. Wann immer der amerikanische Vertreter in den Vereinten Nationen eine Resolution einbrachte, durfte er der Stimme Nicaraguas sicher sein.

Für den Präsidenten Jimmy Carter wurde das brutale persönliche Regiment Somozas freilich schnell zur Belastung. Die Menschenrechtsverletzungen hatten ein solches Ausmaß angenommen, daß Washington sich nun außerstande sah, einem seiner ältesten Verbündeten unter die Arme zu greifen. Schritt für Schritt hatten die linken Sandinistas die Unterstützung einer breiten bürgerlich-demokratischen Opposition im Kampf gegen die blutige Diktatur gewonnen. Und je mehr die Opposition erstarkte, desto brutaler schlug Anastasio Somoza zurück. Bald beherrschten Folter und politischer Mord den Alltag Nicaraguas.

Versuche der Carter-Regierung, den Diktator zu einem freiwilligen Abgang zu bewegen und den Weg für eine Regierung der nationalen Versöhnung freizumachen, führten zu nichts. Der Diktator verweigerte sich starrsinnig, die Rebellen klammerten sich an Prinzipientreue. Auch, als Washington eine härtere Gangart einschlug und Nicaragua zuerst die Wirtschafts-, zu guter Letzt sogar die Militärhilfe sperrte, zeigte sich Somoza störrisch. Als der Diktator schließlich gestürzt war und die Rebellen die Zentren der Macht erobert hatten, suchte Washington aus der verfahrenen Lage das Beste zu machen: Durch großzügige Kredite für die neue Regierung trachtete Carter, ein Stück Einfluß zu behaupten und die gemäßigten Elemente in der Siegerkoalition zu stützen. Die Hilfe war freilich unmißverständlich an die Auflage gebunden, daß die neue revolutionäre Regierung subversive Aktionen außerhalb Nicaraguas nicht unterstützen dürfe. Unter Berufung auf diese Klausel stellte Ronald Reagan, kaum im Amt, die Zahlungen an Nicaragua ein.

Was danach geschah, bringt Robert A. Pastor auf die Formel, daß die USA durch ihre Politik ständiger Drohungen der Fraktion der Marxisten-Leninisten innerhalb der Revolutionsregierung endlich jenes Feindbild verschafften, das sie brauchten, um die Revolution voranzutreiben. »Der Ausgangspunkt für eine realistische und effektive Lateinamerikapolitik besteht darin, Nicaragua nicht nur als eine Plattform für Rebellionen zu betrachten, sondern als eine Nation, die mitten in einer nachrevolutionären Identitätskrise steckt. Die Vereinigten Staaten sind Teil eines psychologischen Traumas von Nicaragua. Es könnte sich sehr gut herausstellen, daß das Nicaragua der Jahre 1978 bis 1984 eine griechische Tragödie mit einem vorherbestimmten Ende ist, in der die USA eine tragische Rolle spielen. Aber solch ein Drehbuch sollte für eine Nation, die fest an den Gedanken des freien Willens glaubt, unannehmbar sein.«

In einer kritischen Einschätzung der strategischen Lage in der Karibik kommt Robert S. Leiken vom Center for Strategic and International Studies der Georgetown University zu dem Schluß, Mittelamerika lasse sich heute dem Balkan des Jahres 1914 vergleichen und könne zur Zündholzschachtel des dritten Weltkriegs werden. Leiken, der lange in Mexico City und Harvard lehrte, ist Experte für die Beziehungen zwischen der Sowjetunion und Lateinamerika. Er zitiert eine sowjetische Quelle, nach der die Karibik »in militärstrategischer Sicht ein Hinterland darstellt, von dessen Stabilität die Handlungsfreiheit der USA in anderen Weltteilen abhängt«. Hauptziel der Sowjets, so Leiken in seiner Analyse, ist es, die USA in der Karibik militärisch und politisch zu binden, um dadurch selbst Handlungsfreiheit gegenüber Westeuropa und Japan zu erhalten. »Ein begrenzter Krieg in Zentralamerika, vor allem einer, in dem ›internationale Brigaden‹, zusammengesetzt aus Kubanern, Nicaraguanern und Flüchtlingen aus Südamerika, beteiligt sind, würde diesen sowjetischen Zielen glänzend dienen. Der direkte Erwerb sowjetischer Militärbasen in der Nähe von Kuba ... stellt für eine solche Strategie eher einen Luxus denn eine Notwendigkeit dar. Wichtiger als dies sind im Augenblick die beachtlichen Erfolge, die die Sowjets mit ihren Versuchen hatten, die revolutionären Bewegungen Mittelamerikas an ihren roten Stern zu binden.« Die drei wichtigsten Guerilla-Gruppen in El Salvador, behauptet Leiken, seien ursprünglich durchweg anti-sowjetisch eingestellt gewesen. Erst den Kubanern, die ihnen Hilfe leisteten, sei es gelungen, diesen Guerillas die Sowjets als »natürliche Verbündete« nahezubringen.

Als einzig denkbare Strategie, die sowjetischen Absichten zu durchkreuzen und die ganze Region der Karibik zu befrieden, empfiehlt der eher konservative Leiken das genaue Gegenteil dessen, was die Regierung Reagan heute praktiziert: Er rät den USA zu einem förmlichen, feierlichen Verzicht auf jede militärische Intervention. Jede direkte oder indirekte militärische Lösung der karibischen Krise spiele progagandistisch den Sowjets in die Hände, weil sie den traditionellen Antiamerikanismus der Lateinamerikaner befördere. Was Leiken anrät, ist weithin identisch mit den Ratschlägen und Vorstellungen Mexikos und Venezuelas, der beiden größten lateinamerikanischen Mächte in Mittelamerika. Eine Politik der Nichtintervention würde es Washington ermöglichen, zusammen mit Mexiko, Amerikas wichtigstem Partner, einen Konsensus für eine Politik der Befriedung auszuarbeiten. Daran wäre Mexiko schon deshalb interessiert, weil es gegen Ansteckung durch das revolutionäre Fieber keineswegs immun ist. Guerillas aus Guatemala überqueren häufig die mexikanische Grenze, um Zuflucht zu suchen. Immer wieder kam es im Süden Mexikos in den letzten Jahren zu Unruhen und Zusammenstößen, denn hier existieren zum Teil noch soziale Verhältnisse, die in Nicaragua und El Salvador zu Bürgerkriegen führten. Aber weil sie um die innere Balance der mexikanischen Politik fürchtet, sucht die mexikanische Regierung jede weitere Eskalation zu verhindern. Gelänge ihr das nicht, sähe sie sich gezwungen, mehr Mittel in den Ausbau der eigenen Armee zu stecken, und damit würde sie nicht nur ihre eigenen wirtschaftlichen Entwicklungspläne gefährden. Jede Stärkung der mexikanischen Armee beschwört die Gefahr herauf, daß auch dieses Land eines Tages von einer Militärjunta regiert werden könnte. Selbst wenn einige amerikanische Politiker dies noch nicht wahrhaben wollen, sitzen die USA und Mexiko doch längst im selben Boot. Mexiko ist schon heute der drittgrößte Handelspartner der USA. Die reichste Industrienation der Erde und dieses klassische Entwicklungsland des Südens, das nicht weiß, wie es seine ständig wachsende Bevölkerung ernähren soll, teilen eine gemeinsame Grenze von über 3000 Kilometern. Schon heute leben einige Millionen Mexikaner in den Vereinigten Staaten. Der Tag ist abzusehen, an dem die Chicanos, dann zur größten ethnischen Minderheit der USA aufgestiegen, als machtvolle Lobby ihr Mitspracherecht bei der Gestaltung der Lateinamerikapolitik in Washington einklagen werden. Die innere Stabilität Mexikos, des großen Nachbarn im Süden, zu sichern, dürfte langfristig zu den wichtigsten Zielen der amerikanischen Außenpolitik gehören.

Doch diese innere Stabilität Mexikos läßt sich auf Dauer kaum von der Stabilität der Gesamtregion trennen. Was immer in El Salvador und Nicaragua, in Guatemala, Honduras oder Costa Rica geschieht, wird Einfluß auf die Entwicklung und Haltung Mexikos haben. Dabei zeigt die mexikanische politische Führung, die selbst auf eine lange sozialrevolutionäre Tradition zurückblickt, Verständnis für die linke Guerillabewegung in Mittelamerika. Sie weiß, daß der gesellschaftliche Status quo in Ländern wie El Salvador und Nicaragua selbst mit dem Mittel blutigster Repression auf Dauer nicht zu verteidigen ist. Kein mexikanischer Präsident hat je die Beziehungen zu Fidel Castro abgebrochen, im Gegenteil: Unter Lopez Portillo, der Ende letzten Jahres sein Amt an Miguel de la Madrid übergab, wurde Mexikos Politik der verbalen Unterstützung Kubas durch wirtschaftliche Kooperation ergänzt. Im Zuge eines Dreiecksgeschäfts zwischen Mexico City, Havanna und Moskau übernahm Mexiko die Ölversorgung Kubas, das bislang von sowjetischen Lieferungen abhängig war. Moskau löste die Mexikaner dafür als Lieferant in Spanien ab.

Sowohl Mexiko als auch Venezuela wünschen, daß die Probleme Lateinamerikas nicht länger in die Schablone des Ost-West-Konflikts gepreßt, sondern als wesentlicher Teil der globalen Nord-Süd-Problematik behandelt werden. Eine amerikanische Politik, die zusammen mit Mexiko und Venezuela auf die Befriedung der Region zielt, hätte erst einmal in Rechnung zu stellen, daß sich die sozialen Umwälzungen in Mittelamerika auf Dauer nicht aufhalten lassen. Statt die Kräfte der Konterrevolution zu stützen und damit die Guerilleros in El Salvador oder Columbien Fidel Castro und Moskau geradezu in die Arme zu treiben, sollte Washington den sozialen Umbruch ebenso respektieren wie den Wunsch der lateinamerikanischen Staaten, sich im Ost-West-Konflikt neutral zu verhalten. »Amerika, das selbst aus einer Revolution hervorgegangen ist, muß endlich aufhören, den sozialen Wandel mit gegenrevolutionärer Gewalt zu unterdrücken«, meint Carlos Fuentes. »Was wir von den Vereinigten Staaten erwarten, ist so viel und so wenig, wie Roosevelt Cardenas gab: Amerikanischen Glauben und Selbstvertrauen in sich selbst als demokratische Gesellschaft und Verständnis und Respekt vor der Selbstbestimmung in Lateinamerika.«

Daß die Erzkonservativen um Ronald Reagan diesen Weg der Vernunft je einschlagen werden, ist zweifelhaft. Vielleicht bleibt es einem liberalen Demokraten im Weißen Haus vorbehalten, nach der richtigen Formel für eine praktische Koexistenz zwischen der reichsten Industrienation des Nordens mit den sozialrevolutionären Regimes des Südens zu suchen, die sich im Hinterhof der Weltmacht etabliert haben. Freilich zeigt Reagan inzwischen erhöhte Sensibilität für das wachsende Unbehagen vieler Amerikaner an seiner militanten Mittelamerika-Politik. Daß er Henry Kissinger an die Spitze einer überparteilichen Kommission berief, die Vorschläge und Leitlinien für eine US-Strategie gegenüber Zentralamerika ausarbeiten soll, kommt dem Eingeständnis gleich, daß seine bisherige Politik eines überzeugenden Konzepts ermangelte. Der Kommission wurde die schwierige Aufgabe übertragen, eine Zentralamerika-Politik zu entwerfen, die im eigenen Land konsensfähig ist. Ihr fällt damit praktisch die Rolle zu, die Angst vor einem zweiten Vietnam, welche die Mehrheit der Amerikaner plagt, durch eine verbindliche, von Experten und Autoritäten aller wichtigen politischen und gesellschaftlichen Gruppierungen mitgetragenen Definition des amerikanischen Nationalinteresses in dieser Region auszuräumen, die schließlich auch den Einsatz amerikanischer Kampfverbände rechtfertigen könnte. Bewies diese Maßnahme also einerseits die Ratlosigkeit der Reagan-Administration, stellt sie andererseits doch einen außerordentlich geschickten Schachzug dar, denn sie zeigt Verständnis gegenüber den Sorgen der Opposition. Damit schafft sie einer Politik der militärischen Drohgebärden gegenüber Nicaragua und Kuba zugleich den nötigen innenpolitischen Flankenschutz. Doch wie auch immer die amerikanische Mittelamerika-Politik in den nächsten Jahren im einzelnen aussehen mag, die Verbündeten Amerikas müssen davon ausgehen, daß die krisenhafte Entwicklung in diesem Bereich zunehmend amerikanische Kräfte binden wird, sei es durch militärische Interventionen oder, was natürlich vorzuziehen wäre, durch ein großzügiges Entwicklungsprogramm, das, wenn es Wirkung erzielen soll, freilich die Dimensionen eines Marshallplans haben müßte. Für beide Fälle gilt, daß sich die USA mehr als bisher der eigenen Hemisphäre zuwenden. Das Ausmaß des Engagements der USA in Europa wird davon notwendig betroffen sein.

10.
Amerikaner und Sowjets

Wer gedacht hatte, nach dem Boykott der Olympischen Spiele, nach der Verhängung des Getreideembargos als amerikanische Antwort auf die Invasion Afghanistans durch Jimmy Carter hätten die sowjetisch-amerikanischen Beziehungen einen Tiefstand erreicht, der sich nicht mehr unterbieten lasse, sah sich bald getäuscht. Kaum zehn Tage im Amt, stellte Ronald Reagan auf seiner ersten Pressekonferenz die sowjetischen Führer als Kriminelle dar, die vor keinem Verbrechen zurückschreckten, um die Weltrevolution voranzutreiben. Was er sagte, wirkte wie ein Paukenschlag: »Seit der sowjetischen Revolution weiß ich von keinem Führer, eingeschlossen die gegenwärtige Führung, der auf den verschiedensten Parteikongressen nicht immer wieder seinen Willen unterstrichen hätte, am Ziel einer von einem sozialistischen oder kommunistischen System beherrschten Welt festzuhalten, wie immer sie das im einzelnen nennen mögen. Solange sie das tun und solange sie öffentlich erklären, einzige moralische Richtschnur ihres Handelns sei, was ihrer Sache dienlich ist, behalten sie sich das Recht vor, jedes Verbrechen zu begehen, zu lügen und zu betrügen, um ihr Ziel zu erreichen. Das ist nicht moralisch, es ist amoralisch; wir gehen von einem anderen moralischen Standard aus, und es empfiehlt sich, dies immer im Auge zu behalten, wenn man mit ihnen Geschäfte macht, auch wenn es um die Détente geht.« Reagan bezog mit dieser Erklärung nicht etwa eine taktische Position, die ihm eine bessere Ausgangslage für ein neues, groß angelegtes strategisches Pokerspiel mit den Sowjets verschaffen sollte: Er sprach aus tiefer innerer Überzeugung. Die Sowjetunion als Macht der Finsternis – wie ein Leitmotiv zieht sich diese Vorstellung durch die wichtigsten außenpolitischen Reden des neuen Herrn im Weißen Haus. Im Mai 1981, als er in West Point stolz verkündete, Amerika habe endlich die Zeit der Selbstzweifel überwunden, bezeichnete er die frischgebackenen Offiziere als »eine Kette, die das Böse zurückhält«. Und im März 1983, auf einer Versammlung amerikanischer Evangelisten in Orlando/Florida forderte er zum Gebet für die Rettung all jener auf, »die in der totalitären Finsternis leben«, damit sie möglichst bald zu Gott fänden. »Aber bis sie das tun«, so Reagan wörtlich, »sollten wir immer daran denken, daß sie die Vorherrschaft des Staates predigen, seine Allmacht über den einzelnen verkünden und voraussagen, er werde eines Tages alle Völker dieser Welt beherrschen – daß sie in der modernen Welt das Zentrum allen Übels sind.« Bei solchen Äußerungen fiel nicht so sehr ins Gewicht, daß sich der amerikanische Präsident als schlechter Historiker erwies, der in Breschnew und Andropow noch immer Trotzkisten sah, die sich der permanenten Revolution verpflichtet fühlen. Henry Kissinger, der den erzkonservativen Republikanern als Architekt der Détente stets suspekt geblieben war, hatte in den acht Jahren, in denen er die Außenpolitik der USA lenkte, die Sowjetunion eher als eine beharrende Kraft betrachtet, deren vorrangiges Ziel die Behauptung der im Zweiten Weltkrieg errungenen vorgeschobenen Bastionen in Ost- und Mitteleuropa war. Mit der Aushandlung des ersten SALT-Vertrages, der zum tragenden Pfeiler der Détente wurde, stellte er das Verhältnis zwischen den beiden Supermächten erstmals auf eine rationale Grundlage. Er führte damit fort, was John F. Kennedy mit seiner historischen Rede vom 10. März 1963 in der American University in Washington begonnen hatte.

Während der Kubakrise von 1962, als die Welt erstmals am Rande des atomaren Abgrunds stand, erkannte Kennedy, welch unvorstellbare Verheerungen ein atomarer Schlagabtausch in Amerika angerichtet hätte, Verwüstungen, vor denen auch die geradezu überwältigende Überlegenheit an Atomwaffen, über die Amerika damals verfügte, das Land nicht hätte schützen können. Aus der Einsicht, daß es in einem Atomkrieg auf allen Seiten nur Verlierer geben könne, zog er die Konsequenz. Er appellierte an die Sowjets, gemeinsam mit den Amerikanern die Gefahr eines Atomkriegs zu bannen und praktische Schritte zur Rüstungsbegrenzung zu vereinbaren, ein Appell, der schließlich zum ersten Rüstungskontrollvertrag führen sollte: Amerikaner, Sowjets und Briten unterzeichneten den Verzicht auf überirdische Atomversuche. Auf Anregung Kennedys geht auch die erste vertrauensbildende Maßnahme zwischen Ost und West zurück, die Einrichtung des heißen Drahts zwischen dem Weißen Haus und dem Kreml. In dieser Rede vor der American University würdigte erstmals seit Ausbruch des Kalten Kriegs ein amerikanischer Präsident die Leiden der Völker der Sowjetunion im letzten Weltkrieg und bekundete Respekt vor ihrer Tapferkeit. Kennedys Appell an die gemeinsame Verantwortung der beiden Supermächte, die Welt vor einem atomaren Holocaust zu bewahren, war der Vorläufer der Nixon-Kissinger-Détente. Er markiert den Anfang jener Phase, welche Richard Barnet vom Institute for Policy Studies in Washington einmal als die »Austreibung der Teufelstheorie« bezeichnete, die nahezu zwei Jahrzehnte lang Amerikas Politik gegenüber der Sowjetunion bestimmt hatte.

Spätestens seit Ronald Reagan dem Reporter Robert Scheer von der »Los Angeles Times« im Wahlkampf 1980 zu Protokoll gab, die Sowjets seien »Monster«, Ungeheuer also, und sie litten zudem an einem theologischen Defekt, denn es sei ihre Gottlosigkeit, die »ihnen weniger Respekt vor der Menschlichkeit und dem menschlichen Wesen einflößt«, war klar, daß mit dem Sieg des republikanischen Kandidaten die Kräfte des Teufels für die Außenpolitik der USA neu entdeckt werden sollten. Rapide näherte sich die amerikanische Politik gegenüber der Sowjetunion wieder Thesen aus dem Jahre 1920 an, in denen der damalige Außenminister Bainbridge Colby Washingtons Politik der Nichtanerkennung der sowjetischen Regierung mit deren weltrevolutionärer Zielsetzung begründet hatte. Wer Colby heute liest, könnte glauben, Ronald Reagan habe sich in seiner ersten Pressekonferenz im Jahre 1981 auf den Brief des amerikanischen Außenministers aus dem Jahre 1920 bezogen, denn da heißt es: »Bei zahlreichen Gelegenheiten haben die verantwortlichen Sprecher dieser Macht erklärt, daß nach ihrem Verständnis die Existenz des Bolschewismus in Rußland, die Aufrechterhaltung ihrer eigenen Herrschaft jetzt und in Zukunft davon abhängt, daß andere Revolutionen sich in allen anderen großen zivilisierten Nationen, eingeschlossen die Vereinigten Staaten, ereignen werden, deren Regierungen stürzen und zerstören und an ihrer Stelle eine bolschewistische Herrschaft installieren ... Agenten einer Regierung, die entschlossen und gehalten sind, gegen unsere Institutionen zu inspirieren, können wir nicht anerkennen und auch nicht offizielle Beziehungen mit ihnen unterhalten.«

Die Geschichte der 65-jährigen amerikanisch-sowjetischen Koexistenz seit 1917 ist durch ideologische Blindheit auf beiden Seiten, durch emotionale Faktoren und durch gegenseitiges Mißtrauen geprägt. An ihrem Anfang stand die Überzeugung, jeder sei der Todfeind des anderen und darauf aus, das gegnerische System zu zerstören. Als die Bolschewiki 1917 das Winterpalais stürmten, waren sie in amerikanischen Augen Agenten des deutschen Kaisers, die den Auftrag hatten, Rußlands Kriegsanstrengungen zu beenden und dem Reich den Rücken im Osten freizumachen. Daß Woodrow Wilson amerikanische Truppen als Teil einer westlichen Interventionsstreitmacht nach Archangelsk und nach Sibirien schickte, bestärkte die revolutionären Bolschewiki in ihrer Auffassung, der westliche Imperialismus trachte danach, den Bolschewismus »schon in seiner Wiege« zu erwürgen, wie Churchill damals formulierte. Im Gegensatz zu den europäischen Großmächten, die Mitte der zwanziger Jahre Beziehungen zur Sowjetunion aufnahmen, verharrten die drei republikanisch geführten Administrationen vor Franklin D. Roosevelt auf der von Außenminister Colby begründeten Position der Nichtanerkennung. Als zusätzlichen Grund führten sie jedoch die Weigerung der Sowjets ins Feld, die Kriegsschulden des Zaren zu übernehmen und amerikanische Bürger für sozialisiertes Vermögen zu entschädigen.

Erst der pragmatische Roosevelt entschloß sich 1933, die ideologischen Vorbehalte über Bord zu werfen und die Sowjetunion anzuerkennen. Er sah in Moskau vor allem einen möglichen Partner zur Eindämmung des japanischen Imperialismus und der Expansionspolitik des Deutschen Reiches nach der Machtergreifung Hitlers. Daß diesem förmlichen Akt ein Briefwechsel zwischen Roosevelt und dem sowjetischen Außenminister Litwinow vorausgehen mußte, in dem die Sowjets den Verzicht auf subversive Propaganda gegen die USA und außerdem eine Regelung der Schuldenfrage in Aussicht stellten, war freilich bezeichnend für die Stimmung im Land. Der Realist Roosevelt hatte auch nie erwartet, daß die Sowjets all das halten würden, was sie als Preis für die Anerkennung versprechen mußten. Ihre Zusicherungen blieben so vage, sie enthielten so viele Schlupflöcher, daß er sich zu Recht den Vorwurf einhandelte, er habe die amerikanische Öffentlichkeit bewußt irregeführt.

Greifbare Ergebnisse brachte die Politik der Anerkennung zunächst nicht. Die großen Schauprozesse in Moskau, der Terror, mit dem Stalin gegen die alte revolutionäre Garde wütete, waren eher geeignet, die antikommunistische Grundhaltung der Mehrheit der Amerikaner zu bestärken. Doch bei aller Skepsis bewahrte sich Roosevelt in dem weltweiten ideologischen Bürgerkrieg zwischen Kommunisten und Faschisten, der die dreißiger Jahre prägte, doch einen Schuß Parteinahme zugunsten des sowjetischen Regimes: »eine Bereitschaft, weiter daran zu glauben, daß das sowjetische Experiment im Ansatz progressiv sei«, wie der amerikanische Sowjetexperte George F. Kennan meint. So neigte Roosevelt dazu, diesem Experiment den Vorzug gegenüber dem europäischen Faschismus und dem japanischen Militarismus zu geben.

Amerikas Verhalten gegenüber der Sowjetunion ist von einem ständigen Auf und Ab gekennzeichnet, für das häufig subjektive und nicht objektive Faktoren ausschlaggebend sind. Und gerade, weil sie oft falsche Erwartungen hegten, neigten die Amerikaner zu beleidigten Reaktionen im Stil abgewiesener Liebhaber. Bestärkte der Hitler-Stalin-Pakt zunächst das Feindbild von den politischen Gangstern im Kreml, so beflügelten die Leistungen des sowjetischen Alliierten im Kriege dann die Vorstellung vom großen, edlen sowjetischen Volk, das heroisch gegen den gemeinsamen Feind Hitler kämpfe und sich dabei von ähnlichen humanistischen Zielsetzungen wie die Amerikaner leiten ließ. Die Idealisierung des sowjetischen Alliierten wurde von der Kriegspropaganda bewußt gefördert, denn ohne den festen Glauben der öffentlichen Meinung, Russen und Amerikaner kämpften für gemeinsame Ideale, wäre es Roosevelt schwergefallen, den Kongreß zur Bewilligung der riesigen Summen zu bewegen, mit denen Amerika der Roten Armee zu Hilfe kam. Das Beispiel zeigt, wie sehr die amerikanische Politik gegenüber Moskau auch stets von innenpolitischen Motiven bestimmt ist. Freilich schuf die innenpolitisch bedingte Verklärung der sowjetischen Bündnispartner auch die Illusion der »einen« Welt, bestärkte den Glauben, das Bündnis lasse sich nach Ende des Krieges in der Form enger politischer Zusammenarbeit fortsetzen und für den Aufbau einer neuen, dauerhaften Weltordnung nutzen. Da währte es dann nicht lange, und der brave Alliierte der vierziger Jahre wandelte sich wieder in einen Meister der Unterwanderung, stets zielstrebig darauf bedacht, die kapitalistische Welt zu zerstören und dem Kommunismus die Weltherrschaft zu sichern.

Bei der Einschätzung der sowjetischen Intentionen in der ersten Nachkriegszeit waren Trumans Berater sichtlich bemüht, Konsequenzen aus früheren Versäumnissen zu ziehen. War Hitler im Westen einst unterschätzt worden, weil kein westlicher Außenpolitiker »Mein Kampf« gelesen oder ernst genommen hatte, verfiel man jetzt in den Fehler, die orthodoxe marxistisch-leninistische Lehre von der Unvermeidbarkeit des Krieges zwischen Kapitalismus und Kommunismus als praktische Handreichung sowjetischer Außenpolitik mißzuverstehen. Hatte Roosevelt Rußland als eine traditionelle militärische Großmacht behandelt, dominierte nun wieder die These, die Sowjetunion sei in erster Linie eine revolutionäre politische Kraft. Es war die Zeit, in der der amerikanische Rußland-Experte George F. Kennan unter dem Pseudonym Mister X in einem vielbeachteten Artikel in der Zeitschrift »Foreign Affairs« die Politik des *containments*, der Eindämmung sowjetischer Expansionsgelüste, entwarf; Jahre, von denen er im Rückblick schreibt, er habe seine Thesen leider allzu gut an den Mann gebracht. Folgt man Kennan, dann hatte er damals vor allem an die politische Eindämmung des Kommunismus gedacht. Er war bald entsetzt, als er erkannte, daß die Amerikaner »inzwischen so sehr von der Feindseligkeit der Sowjets überzeugt waren, daß sie nunmehr jedes Verhandeln mit ihnen über jedes Thema für aussichtslos hielten. Es gab viele, einer davon war John Foster Dulles, die meinten, die einzige Methode, jemals einen Fortschritt gegenüber Moskau erzielen zu können, sei der Aufbau eines gewaltigen militärischen Potentials, um die Sowjetunion durch Drohungen und Druck unseren Wünschen gefügig zu machen ... Washington war von dem Gedanken besessen, daß der Kalte Krieg ausschließlich in militärischen Kategorien zu betrachten sei.«

Als die Carter-Regierung 1977 einen neuen Anlauf für den Abschluß von SALT II nahm, meldete sich Kennan in einem Beitrag in der »Washington Post« mit der These zu Wort, die amerikanische Außenpolitik kranke daran, daß es in Amerika noch immer zwei grundverschiedene Bilder von der sowjetischen Führung gebe. Das eine, das ideologische Lager in Amerika, betrachte die Männer im Kreml als schreckliche Monster, die, bar jeder Humanität, sich die Versklavung Amerikas und seiner Verbündeten zum Ziel gesetzt hätten. Dem anderen, dem pragmatischen Lager, stellten sie sich dagegen als ganz normale Menschen dar, die bis zu einem gewissen Maß Opfer der eigenen Ideologie seien, doch in erster Linie den Frieden wünschten und deshalb verantwortlich handelten. Weil die Erinnerung an die Schrecken des Zweiten Weltkriegs in der Sowjetunion lebendig geblieben sei, neigten die Herren im Kreml eher dazu, die Grenzen ihres Reichs zu behaupten, statt sie auszudehnen. »Es sind diese zwei einander völlig widersprechenden Urteile über die sowjetische Führung, die den Kern des Konflikts zwischen denen ausmachen, die sich mit unserer Regierung um Fortschritte in den Beziehungen zur Sowjetunion bemühen, und den anderen, die diese Versuche von rechts attackieren«, schrieb Kennan und meinte, solange diese beiden konträren Grundhaltungen einander in Amerika unversöhnlich gegenüberstünden, werde der Ausbau vernünftiger Beziehungen mit Moskau unmöglich sein. Eine rationale Politik gegenüber der Sowjetunion setze eine breiten nationalen Konsensus voraus.

Der große Streit um das Bild von der Gegenmacht im Osten ist im Herzen der USA noch lange nicht entschieden, der neue Konsensus läßt noch immer auf sich warten. Mit Ronald Reagan übernahm inzwischen jene Rechte die Regierung, welche die Sowjets eben nicht als ebenbürtige, klassische Weltmacht begreifen will, sondern in ihr das »Zentrum des Bösen«, eine »Quelle des Terrorismus« sieht, eine revolutionäre Großmacht, die Washington jetzt für alle Instabilität in den Ländern der Dritten Welt verantwortlich macht. Es ist diese durch und durch ideologische Sicht des Gegners, welche die Haltung der Regierung Reagan in den Genfer Gesprächen über die Mittelstreckenraketen in Europa und in den Verhandlungen über ein neues Abkommen zur Begrenzung der strategischen Waffen bestimmt.

Für die Ideologen im Weißen Haus stellt sich eine Reihe prinzipieller Fragen. Hat es beispielsweise Sinn, mit Männern, denen man grundsätzlich mißtraut, weil man ihnen eine völlig andere Moral unterstellt, überhaupt Verträge zu schließen? Und macht nicht der, der dieses Risiko dennoch eingeht, besser einen Vorbehalt, indem er auf einem kleinen Vorsprung für sich selbst beharrt, auf einer *margin of safety*, einer Rückversicherung für den Fall, daß dem anderen schließlich doch gelingt, was man ihm als Absicht ohnehin unterstellt – die Verträge zu unterlaufen und klammheimlich ein paar hundert Sprengköpfe mehr in Stellung zu bringen als abgemacht? Läßt sich überhaupt je sicherstellen, daß Männer, die »lügen und betrügen«, denen jedes Mittel recht ist, um das Ziel der Weltrevolution voranzutreiben, Abmachungen einhalten, die sie unterschrieben haben? Wenn die Partner gottlose Ungeheuer sind, ist es dann nicht fahrlässig, sich wie bisher allein auf nationale Mittel der Verifizierung, auf die eigenen elektronischen Spionagesatelliten im Weltraum zu verlassen? Muß man mit Blick auf die moderne Waffentechnologie, welche die Produktion immer kleinerer und immer mobilerer Raketen ermöglicht, nicht doch auf einem System bilateraler oder internationaler Kontrollinspektionen auf dem Territorium des Vertragspartners bestehen?

In seiner Rede vor den Kadetten in West Point im Mai 1981 zitierte Ronald Reagan einen guten alten Freund, aber weithin unbekannten Autor namens Laurence Beilenson, der ein bedeutendes Buch unter dem Titel »Die Vertragsfalle« geschrieben habe. Laut Reagan legt dieses Werk überzeugend dar, daß keine Nation, »die ihr Vertrauen auf Pergament oder Papier setzte und zugleich die Waffen aus der Hand legte, je lange genug existierte, um viele Blätter im Buch der Geschichte zu schreiben«. Derselbe Laurence Beilenson, erläuterte Reagan den angehenden Offizieren der US Navy, habe inzwischen ein weiteres Buch publiziert, in dem schlüssig bewiesen werde, daß der Mensch alle Waffen, die erfunden worden seien, stets benutzt habe. »Man braucht kein Wahrsager zu sein«, so Beilenson in diesem Buch, »um zu erkennen, daß ein Nuklearkrieg früher oder später wahrscheinlich ist.«

Der Autor, auf den sich Ronald Reagan hier berief, ist ein freundlicher alter Herr in den Achtzigern, der sich vor gut zwanzig Jahren zur Ruhe setzte und seither, wie Robert Scheer von der »Los Angeles Times« herausfand, sämtliche Büchereien Kaliforniens nach Beispielen für sowjetische Schikanen und Betrügereien durchkämmt. Der Rechtsanwalt Beilenson beriet Ronald Reagan, als dieser der Gewerkschaft der Filmschauspieler in Hollywood präsidierte. Scheer beschreibt Beilenson als Kauz, Sonderling und Antikommunisten von Schrot und Korn. »Wir sollten versuchen, jede kommunistische Regierung zu stürzen«, sagte Beilenson ihm im Interview, »ja, so weit gehe ich. Und ich schließe Jugoslawien ein.« Wenn Ronald Reagan auf seiner Ranch in Santa Barbara zu Urlaub weilt, pflegt er telefonisch den Gedankenaustausch mit dem Freund aus alten Tagen.

In den renommierten Denkfabriken und den großen Universitäten Amerikas gibt es inzwischen zahllose sogenannte *defense intellectuals*, die sich darauf verstehen, die verschiedensten Szenarios eines atomaren Holocaust durchzuspielen – vom »atomaren Warnschuß« eines Alexander Haig bis zum begrenzten »chirurgischen Schlag« eines James Schlesinger, vom Abschuß der ersten taktischen Neutronen-Granate durch eine amerikanische Atom-Haubitze bei Fulda bis hin zum beiderseitigen Selbstmord der massiven Vergeltung. Die Computer der Rand Corporation spucken die zu erwartende Zahl der Opfer pro Kilo- oder Megatonne je nach Szenario in Hunderttausenden oder Hunderten Millionen Menschenleben auf Punkt und Komma aus. Daß der Präsident der mächtigen USA in einer programmatischen außenpolitischen Rede ausgerechnet einen außenpolitischen Amateur bemüht, dessen Bücher von obskuren Rechts-Verlagen gedruckt und von keinem der hochqualifizierten Holocaust-Experten je zur Kenntnis genommen wurden, überraschte selbst seine Berater. Wer die zynischen Planspiele der amerikanischen *defense intellectuals* kennt, die in den Luxusrestaurants Washingtons bei Austern, getrüffelten Pasteten und Champagnercocktails cool über die Chancen von Enthauptungsschlägen und Zweitschlagswaffen plaudern, den mag der einfache Zugriff des mächtigsten Mannes der westlichen Welt schon beinahe wieder rühren. Angesichts der Verantwortung, die jedem amerikanischen Präsidenten im Nuklearzeitalter aufgebürdet ist, verschlägt so viel Schlichtheit des Denkens freilich eher die Sprache.

Doch der Vorgang gibt den Blick auf einen wichtigen Teil des wahren Ronald Reagan frei: Er ist ein Mann, der allen bisherigen Konzepten der Rüstungskontrolle zutiefst mißtraut, der den Gegner verdächtigt, sich nicht an die einmal getroffenen Abmachungen zu halten und ihm deshalb für neue Verträge ungleich härtere Bedingungen aufzwingen will. Hier kommt ein tief in der amerikanischen Tradition verwurzeltes Vorurteil gegen papierene Abmachungen zutage, eine Denkweise, nach der ein redlicher Handel unter Männern eigentlich keinen Anwalt braucht, sondern durch Handschlag besiegelt wird. In diesem Mißtrauen steckt auch ein Ansatz des in Amerika latent stets vorhandenen Isolationismus – die Gewißheit, daß man die Kraftprobe, auf sich allein gestellt, schon bestehen wird, jene *go-it-alone*-Mentalität, wie sie unter den regierenden Kaliforniern verbreitet ist und die besagt, daß die Bündnispartner die Amerikaner stets mehr brauchen als umgekehrt die Amerikaner ihre Verbündeten. Daraus folgt dann, daß die Vormacht im Bündnis eine schärfere Gangart einschlägt, fordernder auftritt, ultimativer verhandelt. Im Zweifel vertraut Ronald Reagan nur der eigenen Stärke, und weil er an die Überlegenheit des amerikanischen Traums und der amerikanischen Technologie glaubt, scheut er auch das Risiko eines neuen Wettrüstens nicht, falls die Gegenmacht die neuen Bedingungen nicht akzeptieren sollte.

Daß die amerikanische Regierung schärfere Kontrollmechanismen zur Überprüfung neuer Vereinbarungen über Rüstungsbegrenzungen wünscht, falls solche bei dieser Grundeinstellung Reagans je zustande kommen, hat Verteidigungsminister Weinberger in seiner Begründung des Militärhaushalts für 1983 inzwischen unmißverständlich klargemacht. »Die Vereinigten Staaten haben viele gute Gründe für die Annahme«, so Weinberger in seinem Bericht an den Kongreß, »daß die Sowjetunion die Konvention über das Verbot biologischer Waffen verletzt hat – einen Vertrag zur Rüstungskontrolle, der in einer Zeit ausgehandelt, unterzeichnet und ratifiziert wurde, in der die Illusionen der Détente weit verbreitet waren.« Ob die Beweise, über die Weinberger zu verfügen vorgibt – der Anthrax-Zwischenfall von Swerdlowsk im Frühjahr 1979 oder der Einsatz von chemischen und biologischen Waffen in Laos, Kambodscha und Afghanistan –, wirklich stichhaltig sind, spielt in diesem Zusammenhang eine untergeordnete Rolle. Wichtiger sind die Schlußfolgerungen, die Weinberger aus Behauptungen zieht, an die er selber glaubt: »Ein Rüstungskontrollabkommen mit einer anderen Partei auszuhandeln, läuft im Grunde auf den Versuch hinaus, mit dieser Partei einen Vertrag abzuschließen. Was aber sollen wir über den Verhandlungsprozeß denken, in den wir jetzt eingetreten sind, wenn wir zu der Annahme gezwungen sind, daß eben diese Partei zwei frühere Verträge, die im wesentlichen demselben Inhalt galten, gebrochen hat?«

Kritik an der Politik der Détente, vor allem an den SALT-Verträgen und der dahinter stehenden Philosophie der Rüstungskontrolle, wurde seit Mitte der siebziger Jahre nicht nur von der amerikanischen Rechten geäußert, auch die Liberalen zeigten sich enttäuscht. Als die »wichtigste Komponente unserer Politik gegenüber der Sowjetunion« hatte Henry Kissinger vor dem Auswärtigen Ausschuß des amerikanischen Senats im September 1974 den Versuch bezeichnet, »den Wettlauf bei den strategischen Waffen« zu begrenzen. Doch gerade am Beispiel des ersten SALT-Abkommens, das Nixon und Breschnew in Moskau im Mai 1972 unterzeichneten, läßt sich nachweisen, daß Vereinbarungen dieser Art die Konkurrenz der Militärtechniker beider Supermächte um immer bessere Waffen nicht verhinderten, sondern eher förderten. Beide Seiten hatten die Zahl ihrer strategischen Trägerraketen auf 2400 begrenzt, von denen 1320 mit Mehrfachsprengköpfen ausgerüstet werden durften. Die USA besaßen damals nur 1046 Raketen mit mehr als einem Gefechtskopf, und so ordnete Präsident Ford umgehend den Bau von 264 neuen Raketen mit Mehrfachsprengköpfen an – eine Entscheidung, die ohne das Abkommen vielleicht nie gefallen wäre. Da zudem die Zahl der Sprengköpfe nicht begrenzt wurde, entbrannte umgehend der technologische Wettlauf um die Entwicklung der Rakete, welche die größtmögliche Zahl an Sprengköpfen befördern könnte. Zwar lagen die Amerikaner dabei anfangs weit vorn, doch die Russen holten schnell auf. Im Rückblick räumt Kissinger kritisch ein, daß der Denkansatz, der zu dieser Form der Rüstungskontrolle führte, heute längst durch die technologische Entwicklung überholt ist, wenn er es nicht schon damals war. Was er 1972 versäumte, schlägt Kissinger nun heute vor: Um die Disproportion zwischen Gefechtsköpfen und Raketen zu beseitigen, soll künftig nicht die Zahl der Raketen, sondern die der Gefechtsköpfe festgezurrt werden. Und um das leidige Verifizierungsprogramm zu umgehen, empfiehlt er den stufenweisen Verzicht auf Raketen mit Mehrfachsprengköpfen und die Entwicklung von mobilen Raketen mit nur einem Gefechtskopf.

Die Kritik der Liberalen gegen die SALT-Verträge hatte von Anfang an auf die zentrale Schwäche dieser Art Rüstungskontrolle gezielt: daß zwar ein begrenzter Rahmen gesetzt wurde, aber einer, den die Militärs beider Seiten nutzen konnten, um immer neue, immer treffsichere Waffensysteme zu entwickeln, die obendrein gegen einen möglichen Angriff des Gegners immer besseren Schutz boten. Eine Woche nach der Unterzeichnung von SALT I forderte Verteidigungsminister Melvin Laird vor dem Verteidigungsausschuß des amerikanischen Repräsentantenhauses Gelder für neue Atom-U-Boote der Trident-Klasse, für U-Boot-Raketen mit größerer Reichweite und für den neuen B-1-Bomber. Alle Erfahrungen, die man zuvor mit dem Teststop-Vertrag gesammelt hatte, wiederholten sich. Er war ja nicht nur deshalb abgeschlossen worden, um die radioaktive Verseuchung der Atmosphäre zu verhindern. Die Befürworter des Teststops hatten auch gehofft, dadurch die Weiterentwicklung von Atomwaffen wenn nicht zu beenden, dann doch zu erschweren. Doch allein in den ersten fünf Jahren nach Abschluß des Vertrages zündeten die Unterzeichnerstaaten unter der Erde mehr Atomsprengsätze, als sie zwischen 1945 und 1963 in der Atmosphäre zur Explosion gebracht hatten. Rüstungskontrolle im Stile von SALT verhindert das Wettrüsten nicht, sie ist ein nur begrenzt tauglicher Versuch, den Frieden sicherer zu machen. Der einzig durchschlagende Erfolg blieb bislang der ABM-Vertrag, in dem beide Seiten 1972 auf den Bau umfassender Raketenabwehr-Systeme verzichteten. Hier wurde erstmals ein ganzer Sektor militärischer Technologie mit einem Tabu belegt und dem gegenseitigen Wettrüsten entzogen. Es ist gewiß nicht ohne Ironie, daß Präsident Reagan mit seiner Utopie vom Krieg der Sterne, seinen Plänen, durch die Stationierung von laserstrahlbewaffneten Satelliten einen Schutzschild gegen feindliche Raketen im Weltraum zu stationieren, das Beste, was der mühsame, fünfzehn Jahre dauernde SALT-Prozeß bislang hervorgebracht hat, plötzlich radikal in Frage stellt.

Rüstungsbegrenzung im Stil von SALT konnte das militärische Umfeld sicherer machen, aber es bedeutete nie, daß beide Partner ihre Möglichkeiten reduzierten, gegeneinander Krieg zu führen. SALT war kein Schritt zur Abrüstung, wie ihn liberale Kritiker erhofft hatten. Weil Jimmy Carter diese Kritik teilte – auch Ronald Reagan äußerte später immer wieder diesen Vorbehalt –, schickte er im Frühjahr 1977 seinen Außenminister Vance mit einem völlig neuen SALT-Konzept nach Moskau und schlug einen drastischen Abbau der strategischen Arsenale vor. Die Initiative war gut gemeint, aber schlecht durchdacht. Weil sie die Sowjets zum Abbau der Hälfte ihrer schweren landgestützten Interkontinental-Raketen gezwungen hätte, lief sie zunächst auf eine Begünstigung der USA hinaus, die auf dem Gebiet der Atom-U-Boote die Führung haben. Hätten die Sowjets akzeptiert, wären sie zu einer für sie zeitraubenden und äußerst kostspieligen Umrüstung gezwungen gewesen. Die eher konservativ verhandelnden Gerontokraten im Kreml sahen in Carters Vorschlag nicht viel mehr als einen billigen Trick und zeigten dem Unterhändler Vance die kalte Schulter. Was Carter und Breschnew in Wien schließlich unterzeichneten, ähnelte dem ersten SALT-Vertrag, aber es enthielt doch einige symbolische Elemente der Abrüstung, denn die Zahl der Trägerraketen wurde von 2400 auf 2250 herabgesetzt, die der Raketen mit Mehrfachsprengköpfen auf 1200 gesenkt. Immerhin wurde der Weiterentwicklung der Technik der Mehrfachsprengköpfe dadurch ein Riegel vorgeschoben, daß die Zahl der Gefechtsköpfe pro Rakete auf den gegenwärtigen Teststand der Partner einzufrieren sei. Die Carter-Regierung wertete dies als positiven Auftakt für die nächste Runde, die umgehend nach der Ratifizierung von SALT II beginnen sollte. Es konnte kein Zweifel daran bestehen, daß sie im Laufe der Verhandlungen über SALT III nicht mehr die Trägerraketen, sondern die Sprengköpfe zum entscheidenden Kriterium machen wollte. Der SALT-Prozeß mochte viele Schwächen haben, aber er wirkte insofern stabilisierend, als er den Dialog zwischen den Supermächten aufrecht erhielt und Verhandlungen über neue Anschlußverträge möglich machte, die genügend Gelegenheit boten, die zu Recht kritisierten Mängel der bisherigen Rüstungskontrolle Schritt für Schritt auszuräumen. Für die Europäer hatte dieser Prozeß geradezu Symbolcharakter.

So gaben sich westeuropäische Politiker auf dem Capitol buchstäblich die Klinke in die Hand, um Senatoren von Rang und Einfluß vor einem Scheitern von SALT II zu warnen, weil dadurch das Vertrauen in die Verläßlichkeit und Berechenbarkeit des amerikanischen politischen Systems untergraben und Zweifel an der Führungsrolle im Bündnis geweckt würden. Es ist unstreitig, daß dem Nachrüstungsbeschluß der NATO die Erwartung zugrunde lag, der amerikanische Senat werde dem neuen Abkommen mit

Moskau den Segen nicht verweigern. Schließlich geht der Doppelbeschluß auf die Sorgen einiger Europäer, allen voran Helmut Schmidts zurück, daß der von Carter ausgehandelte SALT-II-Vertrag die wachsende Bedrohung durch sowjetische Mittelstreckenraketen des Typs SS 20 nicht ausgeräumt habe. Sowjetische Mittelstreckenraketen konnten das Territorium der anderen Supermacht nicht erreichen und gehörten deshalb nicht in den Rahmen von SALT II. So zielte der Doppelbeschluß darauf, flankierend zu SALT II diese Blöße nun durch eine zusätzliche Verhandlungsrunde abzudecken. Solange Jimmy Carter regierte, war klar, daß er trotz Afghanistan weiter zu SALT II stand und im Fall der Wiederwahl einen neuen Anlauf genommen hätte, den Vertrag im Frühjahr 1981 durch den Kongreß zu bringen. Daß mit dem politischen Machtwechsel nun Falken in Washington ans Ruder kamen, die SALT II als »ungleichen Vertrag« schlicht für hinfällig erklärten, erhärtet nicht nur die These, Amerika sei als Weltmacht in einem gefährlichen Ausmaß unberechenbar. Im Grunde wurde damit auch eine wichtige Voraussetzung des NATO-Doppelbeschlusses hinfällig.

In einer seiner ersten Amtshandlungen setzte Ronald Reagan den SALT-Prozeß auf unbegrenzte Zeit aus, um Spielraum für eine grundlegende Neueinschätzung der militärischen Balance und der militärischen Interessen der USA zu gewinnen. Zu den Widersprüchen seiner Politik zählte von Anfang an, daß er sich verpflichtete, gleichzeitig die in SALT II ausgehandelten Bedingungen zu respektieren. Nach dem Urteil der Vereinigten Stabschefs waren die Interessen Amerikas in diesem Vertrag durchaus gewahrt. Auf Fragen von Senatoren zeigte sich keiner der Generäle bereit, das amerikanische militärische Potential gegen das der Sowjets zu tauschen. Noch am 11. September 1981 erklärte der damalige Außenminister Alexander Haig: »Gegenwärtig sind die Vereinigten Staaten sehr, sehr stark und verfügen über sehr, sehr viele Fähigkeiten auf strategischem Gebiet. Unsere Systeme sind technisch höher entwickelt und verläßlicher.« Und Henry Kissinger merkte einmal spöttisch an, er sehe wenig Sinn in einer Politik, die einen einmal ausgehandelten Vertrag ablehne, dadurch das

Ost-West-Klima belaste und doch gleichzeitig das darin Vereinbarte respektieren wolle. Dann sei es doch wohl gescheiter, den Vertrag erst einmal zu ratifizieren und anschließend mit den Sowjets neu zu verhandeln.

Statt dessen setzte Reagan das aufwendigste Rüstungsprogramm in Gang, das Amerika in Friedenszeiten je gesehen hatte. In einem Zeitraum von fünf Jahren sollen insgesamt 1,6 Billionen Dollar für die Verteidigung ausgegeben werden, von denen allein 222 Milliarden auf den Ausbau des taktischen und strategischen Atomwaffenarsenals entfallen. Schickte sich Reagan damit an, in die Tat umzusetzen, was die republikanische Wahlplattform vom Sommer 1981 angekündigt hatte? Die Delegierten des Parteikonvents von Detroit hatten ja beschlossen, die Verteidigungsausgaben erheblich zu steigern, »um die Kluft zu den Sowjets zu schließen und danach die Position militärischer Überlegenheit zu erreichen, die das amerikanische Volk wünscht«. Das war eine klare Absage an den Gedanken der Parität zwischen den beiden Supermächten, an die Grundlage aller bisherigen Abkommen zur Rüstungsbegrenzung mit den Sowjets. Formell mußte Reagan schon im Wahlkampf von dem Gedanken an die Wiedererringung amerikanischer Überlegenheit über die Sowjetunion abrücken, um sich gegenüber Carter, der ihn als eine Art Kriegstreiber an den Pranger stellte, keine Blöße zu geben. Amerika sei heute unterlegen, behauptete Reagan schlicht; die massive Aufrüstung, die er anstrebe, solle lediglich den Zustand der Parität wieder herstellen.

Doch der Verdacht hielt sich hartnäckig, es habe sich dabei nur um eine kosmetische Kurskorrektur gehandelt. Er erhielt neue Nahrung, als Verteidigungsminister Weinberger am 3. November 1981 erklärte: »Wir streben ... nach Möglichkeiten, die Abschreckung zu stärken und der Fähigkeit der USA, zu obsiegen, falls die Abschreckung versagen sollte.« Daß die amerikanische Verteidigungspolitik inzwischen von einer neuen Doktrin ausgeht, nach der ein längerer Nuklearkrieg mit der Sowjetunion denkbar ist, wird in den Verteidigungsleitlinien für die Haushaltsjahre 1984 bis 1988 ausgeführt. Und daß der Gedanke, ein solcher Atomkrieg, der bis zu sechs Monaten dauern könne, sich durch rechtzeitige Umrüstung vielleicht doch gewinnen ließe, tief im Denken der neuen Reagan-Mannschaft verwurzelt ist, dafür gibt es zahlreiche Belege. Den letzten und vielleicht wichtigsten lieferte kein Geringerer als Ronald Reagan selbst mit seinem Plan, das Konzept der gegenseitigen Abschreckung durch Vergeltung aufzugeben und statt dessen einen undurchdringlichen Schutzschild gegen anfliegende sowjetische Raketen im Weltraum zu errichten. »Wie wäre es, wenn freie Menschen in der Gewißheit leben könnten, daß ihre Sicherheit nicht auf der Drohung beruht, die Vereinigten Staaten würden zurückschlagen . . .«, fragte Reagan im März 1983, »sondern wenn wir strategische Interkontinentalraketen abfangen und zerstören könnten, ehe sie unseren Boden oder den unserer Verbündeten erreichen?« Auf den ersten Blick wirkte, was der Präsident da sagte, eher sympathisch. Warum sollte es nicht endlich einmal andere Möglichkeiten der Friedenssicherung geben als die Androhung, sich gegenseitig umzubringen. Reagans Vorstellungen gehen auf eine Studie der konservativen Heritage Foundation zurück, in der Daniel Graham, ein pensionierter General der Air Force, vorgeschlagen hatte, Raumfahrzeuge im erdnahen Weltraum zu stationieren, die zunächst mit Hilfe konventioneller Raketen anfliegende sowjetische Raketen vernichten sollen. In den neunziger Jahren will Graham diese Raumfahrzeuge dann mit Laserstrahl-Waffen ausstatten, die angeblich in der Lage sind, die Sprengköpfe sowjetischer Raketen schon kurz nach dem Start zu zerstören. Grahams Ideen werden von Dr. Edward Teller, dem Vater der Wasserstoffbombe, unterstützt, der wiederum mit Reagans wissenschaftlichem Berater George Keyworth eng befreundet ist. Doch was auf den ersten Blick so bestechend freundlich und menschlich wirkt, entpuppt sich bei näherem Hinsehen eher als ein gefährlich destabilisierender Denkansatz, denn der Vorschlag Grahams läuft direkt darauf hinaus, das Wettrüsten auf den Weltraum auszudehnen. Er will die überlegene Technologie Amerikas nutzen, um auf einem völlig neuen Gebiet der Waffentechnik einen Vorsprung zu erreichen, auszubauen und damit die militärische Überlegenheit der USA zurückgewinnen. Daß die Vereinigten

Staaten in der Tat darangehen, Schritt für Schritt in die Wege zu leiten, was sich heute noch wie eine Utopie ausnimmt, zeigt die enorme Steigerung der im Haushalt ausgewiesenen Mittel für Weltraumoperationen. Allein bis 1987 sind elf Milliarden Dollar für Einsätze von Weltraumfähren vorgesehen, die ausschließlich militärischen Zielen dienen sollen. Vorschläge der Sowjetunion, Verhandlungen zur Begrenzung von Antisatelliten-Waffen im Weltraum aufzunehmen, wurden vom Chef der amerikanischen Abrüstungsbehörde erst einmal zurückgewiesen. Ein System bodengestützter amerikanischer Antisatelliten-Waffen soll demnächst erprobt und bis 1987 einsatzfähig sein. Nach seiner Rede über den Krieg der Sterne mußte sich Ronald Reagan selbst von der gewiß nicht amerikafeindlich orientierten »Frankfurter Allgemeinen Zeitung« fragen lassen: »Wie will Amerika den sowjetischen Verdacht entkräften, es strebe mit dem Aufbau eines Schutzschirms gegen Atomraketen die eigene Unangreifbarkeit und damit die Fähigkeit an, die Sowjetunion bekämpfen zu können, ohne selbst existenzielle Risiken einzugehen?«

Daß Reagan schon lange mit dem Gedanken an *the ultimate weapon*, die letzte Waffe, die absoluten Schutz gegen jeden Raketenangriff bietet, schwanger geht, belegt eine Äußerung von ihm auf einer Pressekonferenz im Oktober 1981. Auf die Frage eines Journalisten, ob er sich einen begrenzten Atomkrieg vorstellen könne, der nicht automatisch zu einem großen Atomkrieg eskaliere, antwortete Reagan: »Offen gesagt, ich weiß es nicht . . . Ich weiß, daß in der ganzen Welt geforscht wird, um eine Verteidigungswaffe gegen die strategischen Nuklearwaffen zu entwikkeln. Bisher hat es noch nie eine Waffe gegeben, gegen die nicht eine Verteidigung gefunden wurde.« Nur auf dem atomaren Gebiet, fuhr der Präsident fort, gelte die Ausnahme, nach der Vergeltung die einzige Verteidigung sei. »Wenn man von einem solchen Patt ausgeht, könnte ich mir einen Schlagabtausch mit taktischen Atomwaffen gegen Truppen im Feld vorstellen, ohne daß es dazu kommt, daß eine der großen Mächte auf den Knopf drückt.«

Reagans Vorstellung, daß ein begrenzter Atomkrieg in Europa denkbar sei, erregte einen Sturm der Entrüstung in

Europa. Umgehend startete Alexander Haig dann auch eine Entlastungsoffensive für seinen bedrängten Präsidenten. Vor dem Außenpolitischen Ausschuß des Senats versicherte er, nach geltender NATO-Doktrin solle im Falle eines massiven konventionellen Angriffs der Aggressor vor jeder weiteren Eskalation durch Abfeuern einer Nuklearwaffe gewarnt werden. Haig betonte, dieser atomare Warnschuß habe ausschließlich zum Ziel, die kriegerische Auseinandersetzung auf möglichst niedrigem Niveau zu belassen. Verteidigungsminister Weinberger dementierte anderntags prompt: Pläne dieser Art gebe es nicht, Haig habe auf ein uraltes Diskussionsmodell vom Anfang der sechziger Jahre zurückgegriffen. Sicher hatte Haig die Aufregung der Europäer über die Tatsache, daß der amerikanische Präsident wiederholt und laut über die Möglichkeit eines auf Europa begrenzten Nuklearkriegs nachdachte, mit seiner Äußerung dämpfen und herunterspielen wollen, doch er bewirkte das Gegenteil. Warnschuß hin oder her – was er dem Senat erzählt hatte, lief auf den Ersteinsatz einer Atomwaffe durch die NATO im Falle eines europäischen Konflikts hinaus, in der naiven Hoffnung zudem, daß dieser Warnschuß nicht erwidert werde.

Es waren solche leichtfertigen Äußerungen, welche die Friedensbewegung in Europa zu Massendemonstrationen ermunterte und der Opposition im eigenen Lande das Gewissen schärfte. Mit Blick auf die europäischen Verbündeten, aus Sorge vor allem, die Verwirklichung des NATO-Doppelbeschlusses könne gefährdet sein, entschloß sich Reagan zu einem dramatischen Kurswechsel und machte den Sowjets im März 1982 ein Verhandlungsangebot. Der Zeitpunkt war geschickt gewählt. Der Gipfel von Versailles stand bevor, und Ronald Reagan rüstete zu seiner ersten Europareise. Einmal mehr zeigte er sich als glänzender Verkäufer, der weiß, wie man für sich Stimmung macht. Reagan strebte plötzlich nicht mehr nur nach Rüstungskontrolle, er suchte jetzt den großen Durchbruch nach vorn. Die berechtigte Kritik, die bislang im SALT-Prozeß geübt worden war, griff er auf und drängte jetzt nicht mehr auf Rüstungsbegrenzung, sondern auf Abrüstung, auf Abbau der atomaren Arsenale. An die Stelle von SALT (Strategic

Arms Limitation Treaty) trat nun START (Strategic Arms Reduction Treaty). Was er den Sowjets vorschlug, hätte Moskau zum Abbau von gut der Hälfte seiner landgestützten Interkontinentalraketen gezwungen; vom Verzicht auf U-Boot-Raketen, einem Bereich, auf dem sich die Amerikaner vorn wissen, war in Reagans Vorschlag kaum die Rede. In manchem erinnerte dieses START-Konzept an den vergeblichen Versuch Jimmy Carters, die Sowjets 1977 zu einer drastischen Reduzierung der strategischen Waffen zu bewegen. Mit Sicherheit ist Reagans Ansatz populär, denn wer wünschte sich nicht weniger Atom-Raketen. Doch erfahrungsgemäß sind die konservativen Sowjets mit dem typisch russischen Hang zur Überrüstung nicht leicht dazu zu bewegen, ihre kostspieligen, modernen Raketen einfach zu verschrotten. So gehört wenig Phantasie dazu vorauszusagen, daß die START-Verhandlungen in Genf zu einem zähen, sich über Jahre hinziehenden Feilschen führen werden. Als zusätzliche Hürde dürfte sich das grundsätzliche Mißtrauen der Amerikaner gegenüber der Vertragstreue von Partnern erweisen, die laut Ronald Reagan ja Lügner und Betrüger sind. Um die Einhaltung des vielleicht einmal Ausgehandelten zu überprüfen, wird Washington schärfere Kontrollen fordern und möglicherweise auf gegenseitigen Inspektionen bestehen, eine Art der Verifizierung, zu der sich die Sowjets, die stets auf Abschottung ihres politisch geschlossenen Systems bedacht sind, nur mit Mühe bereit finden werden.

Den häßlichen Verdacht, daß die Regierung Reagan an einem schnellen Erfolg der Verhandlungen gar nicht interessiert sei, äußerte als erster Carters ehemaliger Außenminister Edmund Muskie. Er vermutete ein großes Ablenkungsmanöver, welches Reagan die Möglichkeit geben solle, sein Aufrüstungsprogramm erst einmal ungestört weiterzuführen – »in der hoffnungslosen Absicht, auf diesem Gebiet Überlegenheit zu erzielen«. Wer der Regierung Reagan übel will, könnte derlei Verdacht mühelos mit früheren Äußerungen ihrer Genfer Unterhändler belegen. So geht auf den General Edward L. Rowny, den Chef der amerikanischen START-Delegation, die Idee zurück, die Sowjets zur Annahme amerikanischer Bedingungen notfalls durch einen Rüstungswettlauf in die Knie zu zwingen, weil die amerikanische Wirtschaft allemal besser in der Lage sei, Kanonen und Butter gleichzeitig zu produzieren als die sowjetische. Und Paul Nitze, Chef der amerikanischen Delegation für die Verhandlungen über die europäischen Mittelstreckenraketen, hatte 1980 behauptet, die Amerikaner seien den Sowjets in den kommenden fünf, wenn nicht gar zehn Jahren hoffnungslos unterlegen. In seiner Studie, die vor allem der Frage galt, wie sich aus einer Position relativer Schwäche heraus das Kräfteverhältnis schließlich wieder zugunsten der Amerikaner verändern lasse (»Policy and Strategy from Weakness«), empfahl Nitze: »Ziel unserer Politik sollte es sein, dem Feind Sand in die Augen zu streuen, während wir den Trend umkehren und ins Positive wenden.« Daß Reagan ausgerechnet Rowny und Nitze die Führung der Abrüstungsverhandlungen anvertraute, lief darauf hinaus, die Böcke zu Gärtnern zu machen. Das sowjetische Mißtrauen gegenüber dem amerikanischen Verhandlungswillen dürfte durch diese Personalpolitik eher bestärkt worden sein.

Nitze, Rowny, aber auch Eugene Rostow, den Reagan an die Spitze der amerikanischen Abrüstungsbehörde berief, sind Gründungsmitglieder jenes Komitees gegen die vorhandene Gefahr (Committee on the Present Danger), das unermüdlich vor der sowjetischen Bedrohung gewarnt und sich den Kampf gegen die Ratifizierung von SALT II zum Ziel gesetzt hatte. »Appeasement, nicht Wettrüsten führt zum Krieg«, behauptete Eugene Rostow und betonte, »wir leben in einer Vorkriegs-, nicht in einer Nachkriegszeit.« Geschickt bemühte das Komitee gegen die vorhandene Gefahr das angelsächsische Trauma von München, um Amerika gegen die Sowjetunion mobil zu machen. In den Schriften, die das Komitee Abgeordneten, Senatoren und Journalisten frei Haus lieferte, fehlte nie der Hinweis, daß »die sowjetische Aufrüstung der letzten 25 Jahre« an die »Aufrüstung Nazideutschlands in den dreißiger Jahren« erinnere. Ihre pessimistische Einschätzung der Kräftebalance zwischen Ost und West stützte das Komitee auf eine Analyse, die ein Außenseiterteam auf Einladung des damaligen CIA-Chefs George Bush erstellte. Die amtlichen Einschätzungen des CIA waren bislang allesamt von der Annahme ausgegangen, daß die Sowjets auf absehbare Zeit nicht in der Lage seien, die militärische Überlegenheit über die Vereinigten Staaten zu erringen. Angesichts der wachsenden Kritik an der Rüstungsbegrenzungs-Politik Henry Kissingers hatte George Bush, von Präsident Ford an die Spitze des CIA berufen, eine Gruppe renommierter Falken beauftragt, alle vorhandenen CIA-Unterlagen zu überprüfen, um in Konkurrenz zu einem Team des Geheimdiensts ein Alternativ-Gutachten über die wahre Stärke der Sowjets zu erstellen.

An der Spitze dieses sogenannten B-Teams stand Richard Pipes, der später, als ostpolitischer Berater Präsident Reagans, dann behaupten sollte, die Sowjets müßten zwischen dem friedlichen Wandel ihres Systems oder dem Krieg wählen. Pipes, ein überzeugter Antikommunist, stammt aus Polen und lehrt osteuropäische Geschichte an der Harvard University. Einige der Einsichten, die er als Chef des B-Teams gewann, faßte er im Sommer 1977 in einem Artikel in der Zeitschrift »Commentary« unter der Überschrift zusammen: »Warum die Sowjetunion glaubt, sie könne einen Nuklearkrieg führen und gewinnen.« Der Westen begehe vor allem den Fehler, schrieb Pipes darin, sein eigenes Denken über den Krieg auch der Gegenseite zu unterstellen, doch die herrschenden Eliten in Ost und West hätten ein völlig anderes Verhältnis zu Gewalt und Krieg. Für die amerikanische Elite gelte, daß sie Gewalt durchweg als etwas Negatives betrachte. Wer zu Gewalt greife, gestehe die eigene Unfähigkeit ein, Meinungsverschiedenheiten durch rationale Analyse und geduldige Verhandlungen auszuräumen. Die herrschende Sowjetelite dünkte Pipes dagegen weitaus weniger edel. Er porträtierte sie als brutale Sozialdarwinisten, die den Krieg als eine Variante des Klassenkampfs bejahen. Als überzeugte Marxisten gingen sie davon aus, daß eine Welt ohne Krieg erst möglich sei, wenn die sozialistische Produktionsweise sich über den ganzen Erdball verbreitet habe. Diese unterschiedliche Grundeinstellung führt nach Pipes zu völlig gegensätzlichen Einschätzungen über die Konsequenzen einer möglichen atomaren Auseinandersetzung bei den Führungseliten in Ost und West. Im Westen, behauptet Pipes, glaube man daran, daß die atomaren Waffen den Krieg letztlich unmöglich machten und der Satz von Clausewitz, nach dem der Krieg die Fortsetzung der Politik mit anderen Mitteln sei, nach Hiroshima und Nagasaki seine Gültigkeit verloren habe. Im Gegensatz dazu kalkuliere die sowjetische Militärdoktrin für den Fall des Atomkriegs zwar unermeßliche Schäden auf beiden Seiten ein, aber sie setze einen nuklearen Schlagabtausch nicht notwendig dem Selbstmord beider Seiten gleich. Sowjetische Militärtheoretiker gingen von der Überlegung aus, daß dasjenige Land, das auf diesen Krieg besser vorbereitet sei und sich im Besitz einer überlegenen Strategie befinde, einen solchen Krieg gewinnen könne und in der Lage sei, nach seinem Ende eine lebensfähige Gesellschaft wiederaufzubauen. Als Beleg zitiert Pipes den sowjetischen Autor N. V. Karabanow mit dem Satz: »Die Behauptung bürgerlicher Ideologen, daß es in einem atomaren Weltkrieg keinen Sieger geben wird, beruht auf einem profunden Irrtum.«

Als wichtigstes Argument zur Stützung seiner These, die Sowjetunion gehe von der Gewinnbarkeit eines Atomkriegs aus, führt Pipes den Aufbau eines umfassenden Systems der Zivilverteidigung an, das vor allem die Führungskader sowie wichtige Fachleute, die für den Wiederaufbau nach Kriegsende benötigt würden, schützen soll. Hinzu komme, so argumentiert Pipes, daß die Sowjetunion weitaus weniger verletzlich sei als die Vereinigten Staaten. Die UdSSR zähle nur neun Millionenstädte, in denen 20,5 Millionen Menschen lebten, die rund 8,5 Prozent der Gesamtbevölkerung ausmachten. Dagegen gebe es in Amerika 35 großstädtische Ballungszentren, in denen 84,5 Millionen Menschen wohnten, was einem Anteil von 41,5 Prozent der Gesamtbevölkerung entspreche. »Man braucht kein professioneller Stratege zu sein«, folgerte Pipes, »um sich vorzustellen, was diese Zahlen bedeuten. Im Zweiten Weltkrieg zählte die Sowjetunion 170 Millionen Einwohner und verlor 20 Millionen Menschen – das waren 12 Prozent; das Land überlebte nicht nur, es ging (aus diesem Krieg) politisch und militärisch stärker hervor, als es zuvor je gewesen war. Stellt man das Bevölkerungswachstum in Rechnung, das seither eingetreten ist, dann legt diese Erfahrung den Schluß nahe, daß die Sowjetunion (in einem Atomkrieg) den Verlust von 30 Millionen ihrer Bürger hinnehmen könnte und, soweit es den Verlust an Menschen betrifft, nicht schlechter dastünde als am Ende des Zweiten Weltkriegs.« Gegenüber einem Feind, der glaubt, daß er einen Atomkrieg überleben und gewinnen kann, meint Pipes, sei die amerikanische Doktrin von der nuklearen Abschreckung notwendig zum Scheitern verurteilt. Es blieb dem amerikanischen General a. D. Maxwell Taylor vorbehalten, die aseptisch-akademischen, unmenschlich-statistischen Berechnungen des Harvard-Professors Pipes ad absurdum zu führen. Der ehemalige Vorsitzende der Joint Chiefs of Staff weiß offensichtlich um das Trauma, das die schweren Verluste im Zweiten Weltkrieg bei Volk wie Führung in der Sowjetunion hinterlassen haben. Um die Sowjets vor einem Atomschlag gegen die USA abzuschrecken, schrieb Taylor im Frühjahr 1983 in der »Washington Post«, genüge es, »ihnen in wenigen Stunden den Schaden und die Verluste zuzufügen, die sie in vier Jahren während des Zweiten Weltkriegs hinnehmen mußten«. Diese wenigen erschreckenden Worte signalisierten das ganze Ausmaß des Desasters, das für beide Seiten bei einem nuklearen Schlagabtausch unvermeidlich sei. »Es zeigt eine Dimension«, so Taylor, »welche die Russen verstehen können.« Was Pipes in »Commentary« veröffentlichte, ist weitgehend identisch mit den Überlegungen des B-Teams, das in seinem Bericht zu dem Schluß kam, durch eine gewaltige, zwölf Jahre dauernde Rüstungsanstrengung habe die Sowjetunion die USA auf dem Gebiet der strategischen Waffen überholt. Die Analyse des B-Teams lieferte dem Komitee gegen die gegenwärtige Gefahr Munition für den Kampf gegen SALT II, sie half, den Boden für das riesige Aufrüstungsprogramm Ronald Reagans zu bereiten, und beschleunigte den Prozeß des strategischen Umdenkens in den USA.

Erste Zweifel an der Wirksamkeit der Abschreckung durch die *Mutal Assured Destruction*, die Androhung der gegenseitigen Vernichtung von Städten und Industrieanlagen, hatte schon John F. Kennedys Verteidigungsminister McNamara gehegt, weil diese Theorie die amerikanische Bevölkerung zur Geisel eines begrenzten Krieges in Europa machte. In einer viel beachteten Rede vor der Universität in Michigan empfahl er deshalb im Juli 1962, den Atomkrieg künftig wieder mehr in den Kategorien größerer konventioneller militärischer Operationen der jüngeren Geschichte zu sehen. Seine Strategie der *flexible response* räumte dem amerikanischen Präsidenten dann erstmals vier verschiedene Optionen für einen Vergeltungsschlag ein – die totale Vernichtung des Landes und der Bevölkerung des Gegners, bislang die einzige Option, war nach dieser Theorie der *flexible response* jetzt nur noch die letzte von vier Wahlmöglichkeiten, deren erste sich auf einen amerikanischen Atomschlag gegen sowjetische militärische Ziele beschränkte. Seither rückte die amerikanische Doktrin vom Nuklearkrieg Schritt für Schritt vom Konzept der massiven Vergeltung weiter ab. Unter Nixon wurden die Optionen McNamaras verfeinert, und James Schlesinger, Verteidigungsminister unter Ford, riet dann erstmals zu einer Strategie »chirurgischer Atomschläge« gegen den Feind, für die er die Entwicklung der ersten Gegenschlagwaffen in Auftrag gab. Es handelt sich dabei um Raketen mit Gefechtsköpfen von einer Treffsicherheit, die nicht mehr nur die Zerstörung feindlicher Ballungszentren, sondern die Vernichtung der Raketensilos des Gegners erlaubt. Eine wichtige Zäsur stellt dann Carters Präsidentendirektive 59 dar, die erstmals konsequent von der Vorstellung eines längeren Atomkriegs ausgeht, in dem die Supermächte mehrere aufeinanderfolgende Schläge gegeneinander führen. P. D. 59 sah vor, daß Amerikas erster Schlag gegen militärische Ziele und Kommunikationszentren zu richten sei. Noch immer als Antwort auf einen sowjetischen Erstschlag gedacht, zielte dieses Konzept klar darauf, die sowjetische Führung außer Gefecht zu setzen und daran zu hindern, die nächste Runde im Atomkrieg gegen die Vereinigten Staaten zu beginnen. Dennoch markiert sie den Anfang dessen, was später in Plänen zur Enthauptung *(decapitating)* der militärischen und politischen Machtstruktur der Sowjetunion weiterentwickelt werden sollte.

P. D. 59 sah unter anderem vor, daß die amerikanischen Waffen vor allem die russischen Republiken treffen, die islamischen Republiken der UdSSR und die Satellitenländer dagegen weitgehend schonen sollten. Hinter solchen Plänen, welche die katastrophalen Folgen radioaktiver Verseuchung nicht ausreichend in Rechnung stellten, verbarg sich die naive politische Hoffnung auf ein plötzliches Auseinanderbrechen des russischen Imperiums.

Mit ihrer neuen Direktive reagierte die Carter-Administration auf Erkenntnisse des CIA, nach denen die Sowjets Mehrfachsprengköpfe von so akkurater Zielgenauigkeit erprobten, daß sie spätestens Anfang der achtziger Jahre in der Lage wären, die landgestützten amerikanischen Minuteman-Raketen durch einen Erstschlag außer Gefecht zu setzen.

Das Hauptziel blieb freilich auch in diesem Konzept immer noch die Abschreckung, wie Carters Verteidigungsminister Harold Brown in seiner Rede vor dem Naval War College im August 1980 unterstrich: Es gehe vor allem darum, sagte Brown damals, die Sowjets davon zu überzeugen, »daß kein Einsatz von Atomwaffen – gleich in welchem Ausmaß und in welchem Stadium des Konflikts – zum Sieg führen kann, wie immer sie Sieg dann noch definieren mögen«. Die Carter-Direktive suchte eine Antwort auf die Entwicklung der modernen Waffentechnik, sie war auf mehr Flexibilität und mehr Selektivität bei der Zielplanung bedacht, aber ihr Konzept blieb im wesentlichen defensiv. Bei der ganzen Denkweise Carters verbot sich die Annahme, daß ein Sieg in einem längeren Nuklearkrieg für eine der beiden Seiten möglich sei, von selbst.

Erst mit Ronald Reagan setzten sich dann die *war fighters* durch, Anhänger jener Denkschule, die nun für die Vereinigten Staaten nachvollziehen, was das B-Team und was Richard Pipes dem sowjetischen Gegner unterstellten: die USA konsequent darauf vorzubereiten, nicht nur einen längeren Atomkrieg zu führen, sondern ihn zu überleben und als Sieger aus ihm hervorzugehen. Allein 18 Milliarden Dollar forderte Weinberger vom Kongreß, um die eigene Kommandostruktur, das sogenannte C-3-System von *command, control* und *communication* gegen einen sowjetischen

Angriff zu schützen und damit eine Befehlskette intakt zu halten, ohne die Amerika nicht in der Lage wäre, einen längeren Nuklearkrieg durchzustehen, geschweige denn zu gewinnen. Hier zeigt sich, zu welch grotesken Konsequenzen das abstrakte Durchspielen atomarer Horrorszenarios führt, denn im Grunde suchen die Amerikaner sich mit diesem C-3-Programm gegen das zu sichern, womit sie selbst den Gegner tödlich treffen oder außer Gefecht setzen wollen – gegen den sogenannten Enthauptungsschlag. Die Strategie von Reagans *war fighters* steht unter dem Einfluß von Collin Gray, der in der Zeitschrift »Foreign Policy« einen nachgerade programmatischen Artikel unter der Überschrift »Victory is possible«, zu deutsch: Der Sieg ist möglich, veröffentlichte. »Die Vereinigten Staaten«, schrieb Gray, »sollten die Niederlage der Sowjetunion planen, und das auf einer Basis, die den Wiederaufbau unseres Landes nicht ausschließt.« Die offensiven Schläge der Amerikaner möchte er durch einen gezielten Ausbau des Zivilschutzes und der Luftverteidigung gegen Raketen wie Flugzeuge ergänzen, durch die sich die Zahl der amerikanischen Opfer in einem Atomkrieg angeblich auf 20 Millionen Tote begrenzen lasse. Washington müsse Kriegsziele verfolgen, welche »die Zerstörung der sowjetischen politischen Führung anstreben und die Entstehung einer Weltordnung fördern, die westlichen Wertvorstellungen entspricht.« Zwei Jahre nach Veröffentlichung dieses Artikels in »Foreign Policy« wurde Collin Gray von der Regierung Reagan als Berater für Abrüstungsfragen engagiert.

Daß ein Atomkrieg führbar sei, weil seine Auswirkungen weithin überschätzt würden, hatte schon Richard Pipes in dem oben zitierten Artikel über die sowjetische Militärdoktrin behauptet und auf das Werk des britischen Wissenschaftlers P. M. S. Blackett verwiesen, eines Nobelpreisträgers für Physik, der 1949 in seinem Buch »Fear, War and the Bomb« die militärischen Auswirkungen der ersten Atombombeneinsätze gegen Japan bewußt heruntergespielt hatte. »Er erinnerte daran, daß 48 Stunden nach der Atomexplosion in Hiroshima die Züge wieder fuhren, daß die Industrien nahezu unbeschädigt blieben und innerhalb eines Monats ihren Betrieb wieder voll hätten aufnehmen können«, schreibt Pipes. »Und wenn die elementarsten Vorkehrungen der Zivilverteidigung berücksichtigt worden wären, hätte es sehr viel weniger zivile Opfer gegeben.« Vielleicht hatte Reagans neu bestellter Leiter der Abrüstungsbehörde, Eugene Rostow, diese Thesen in Erinnerung, als er 1981 bei seiner Anhörung im amerikanischen Senat auf die Frage des Senators Pell, ob er sich vorstellen könne, daß eines der beiden Länder für den Fall eines vollen nuklearen Schlagabtauschs zwischen der Sowjetunion und den Vereinigten Staaten überleben könne, folgende Antwort gab: »Was das Überlebensrisiko betrifft, so hängt die Antwort auf Ihre Frage davon ab, wie extensiv ein nuklearer Schlagabtausch wäre. So sehr wir den nuklearen Angriff auf Japan auch bedauern . . ., Japan überlebte ihn schließlich nicht nur, sondern blühte danach auf.« Als der Senator, erstaunt und verblüfft, nachhakte, beschied ihn Rostow trocken: »Die menschliche Rasse ist sehr elastisch, Senator Pell.«

Freilich gebietet die Fairneß, darauf hinzuweisen, daß Eugene Rostow auch in dieser Anhörung immer wieder betonte, der Atomkrieg lasse sich am besten durch das Gleichgewicht der Kräfte oder eigene Überlegenheit vermeiden. Die Hauptgefahr sehe er nicht in einem nuklearen Schlagabtausch, sondern in der atomaren Überlegenheit des Gegners, die dieser zu politischer Erpressung oder zur Einschüchterung und Finnlandisierung Westeuropas nutzen könne. Es ist sicher kein Zufall, daß in den Überlegungen der Falken, die seit Amtsantritt Reagans die Strategiediskussion und die militärische Planung der Vereinigten Staaten bestimmen, immer wieder die Gefahr einer umgekehrten Kubakrise beschworen wird. Als Nikita Chruschtschow 1962 sowjetische Mittelstreckenraketen auf Kuba stationieren wollte, hatte John F. Kennedy Moskau zum Rückzug zwingen können, weil die Vereinigten Staaten damals nicht nur über eine geradezu überwältigende Überlegenheit auf dem Gebiet der strategischen Waffen, sondern auch über die absolute Seeherrschaft verfügten. Seit dem Verlust des Iran und dem sowjetischen Einmarsch in Afghanistan sehen die amerikanischen Falken die Möglichkeit einer Umkehrung der kubanischen Krise vor allem in der Region um den Persischen Golf gegeben, freilich mit einem bedeutenden Unterschied: Für Amerika, so behauptet Robert W. Tucker von der Johns Hopkins University, habe der Persische Golf Anfang der achtziger Jahre eine sehr viel größere Bedeutung als Kuba für die Sowjetunion Anfang der sechziger. Nach Tucker stellt der Persische Golf den »unverzichtbaren Schlüssel für die Verteidigung der amerikanischen Weltstellung« dar, ohne dessen Besitz die Sowjetunion keine Chance habe, Pläne für eine weltweite Vormachtstellung zu verwirklichen. Da die Sowjetunion inzwischen auf dem Gebiet der strategischen Waffen wenn nicht die Überlegenheit, dann doch zumindest die Parität erreicht habe, und zudem in dieser Weltgegend für den Fall eines Konflikts konventionell unstreitig überlegen sei, sieht er die reale Gefahr einer Kubakrise am Golf, freilich diesmal mit einem für die Amerikaner demütigenden Ausgang. Um dieser Gefahr vorzubeugen, drängt er auf die Stationierung amerikanischer Truppen in befreundeten arabischen Ländern. Folgt man seiner Logik, dann würde jeder sowjetische Vorstoß zu den Ölquellen die Truppen Moskaus automatisch in einen Konflikt mit amerikanischen Einheiten verwickeln, der angesichts der in dieser Region überwältigenden sowjetischen konventionellen Überlegenheit notwendig zu einem Atomkrieg eskalieren müßte. Was Tucker empfiehlt, läuft auf eine begrenzte Strategie des *containments* hinaus. Da Amerikas Kraft zu einer weltweiten Eindämmung kommunistischer Expansion nicht mehr ausreicht, will er sich außer auf die Behauptung Westeuropas und Japans auf die Sicherung der Lebenslinien der westlichen Welt konzentrieren und die Ölzufuhr aus der Golfregion künftig durch eine Art atomaren Stolperdraht gesichert wissen.

Das Szenario, welches Tucker entwirft, ist nur eines von vielen Denkspielen, die die regierenden Falken Washingtons anstellen und die zu jenem gewaltigen Aufrüstungsprogramm führten, das in den nächsten fünf Jahren mehr als anderthalb Billionen Dollar verschlingen soll. Mit dieser Summe will Reagan Amerika jene *margin of safety* wiedergeben, die Europa seit Ende des letzten Weltkriegs den Frieden erhalten habe. Wer die Planspiele der Falken kennt, vermutet zu Recht, daß die Sicherheitsmarge, von der da die Rede ist, nicht als Chiffre für strategische Parität, sondern für Vorsprung steht. Der Löwenanteil der Rüstungsausgaben soll auf den beschleunigten Ausbau der US-Navy entfallen, denn das erklärte Ziel der amerikanischen Verteidigungspolitik ist die absolute Seeherrschaft auf allen Ozeanen. »Wir sind entschlossen, die maritime Überlegenheit über die Sowjets wiederherzustellen und zu behaupten«, heißt es in der Begründung des ersten Verteidigungshaushalts der Regierung, die Caspar Weinberger dem Kongreß am 8. Februar 1982 zuleitete. Allein bis 1987 soll die US-Navy 150 neue Schiffe erhalten. Weinbergers Unterstaatssekretär für die Marine, John F. Lehmann jun., ebenfalls ein Mitglied des Komitees gegen die gegenwärtige Gefahr, möchte die seestrategische Überlegenheit der USA auf insgesamt 15 Flugzeugträger-Kampfgruppen abstützen, die im Ernstfall vor allen Küsten der Welt kreuzen sollen, im Nordatlantik und im Mittelmeer, im Indischen Ozean und in Fernost, im Arabischen Meer und im Südatlantik. Carters Verteidigungsminister Harold Brown hatte die USA für anderthalb Kriege rüsten wollen – für den einen, unausdenkbar großen, den dritten Weltkrieg; und für einen regionalen Konflikt, der in den Sandkastenspielen der Generäle meist im Nahen Osten entbrannte. Nach Weinberger dient der beschleunigte Ausbau einer schnellen Eingreiftruppe, die aus fünf Armeedivisionen und zwei Divisionen der US-Marines bestehen soll, nunmehr dem Ziel, die USA in die Lage zu versetzen, überall in der Welt jeden denkbaren regionalen Konflikt zu bestehen. Hier wird deutlich eine imperiale Zielsetzung sichtbar, eine Tendenz, die amerikanische Hegemonie über all jene Teile der Dritten Welt zu behaupten, die nicht unter sowjetischem Einfluß stehen. Auch die alte Überlegung Reagans, den sowjetischen Einmarsch in Afghanistan notfalls mit einer Blockade Kubas zu beantworten, findet sich, wenn auch versteckt, in Weinbergers Begründungen für den Etat für 1983. Denn es heißt da, Amerika dürfe sich »nicht darauf beschränken, auf eine Aggression jeweils nur am Ort des Angriffs zu reagieren«. In dieser Maxime steckt die Rückbesinnung auf die strategischen Vorteile der klassischen Seemacht, die dem Gegner das Gesetz des Handelns aufzwingen kann. »Die US-Navy wird über eine globale Reichweite verfügen«, schrieb John F. Lehmann im Sommer 1981 in einem Artikel über die Wiedergeburt der amerikanischen Seestrategie (»Rebirth of a U.S. Naval Strategy«). »Sie wird weit vorn präsent und in der Lage sein, in Gegenden hohen Risikos kriegerische Aktionen durchzuführen und zu gewinnen.« Ziel dieser maritimen Vorwärtsstrategie ist nach Lehmann, die Kräfte der historischen Kontinentalmacht Sowjetunion für die Verteidigung des eigenen Landes so sehr zu binden, daß sie weniger Mittel für den Ausbau der eigenen Flotte und damit für die Gefährdung der für Amerika und seiner Verbündeten wichtigen Schiffahrtslinien verfügbar hat. Gleich mehrfach beruft sich Lehmann auf den Admiral Alfred Thayer Mahan, der als Begründer der amerikanischen Seemacht-Strategie wesentlich zur Entwicklung des amerikanischen Imperialismus um die Jahrhundertwende beigetragen hatte. Wer je daran zweifeln sollte, daß der zügige Ausbau der amerikanischen Flotte auf imperialem Denken beruht, wird von Lehmann eines besseren belehrt, denn er zitiert ausdrücklich Worte des britischen Seehelden Sir Walter Raleigh, die auch heute noch gültig seien: »Wer die See beherrscht, beherrscht auch den Handel. Wer den Handel beherrscht, dem gehören die Reichtümer der Welt und folglich diese Welt selbst.«

Es ist unstreitig, daß Amerika, nach den Worten Henry Kissingers eine Inselmacht, die in der Tradition des britischen Empires steht, schon deshalb auf die Sicherung der Schiffahrtsrouten bedacht sein muß, weil seine Industrie in zunehmendem Maße von der Zufuhr überseeischer Rohstoffe abhängig ist. Doch macht es einen Unterschied, eine Kriegsmarine zu unterhalten, die in der Lage ist, Amerika die Zufuhr von Öl und lebenswichtigen Mineralien zu sichern, oder eine US-Navy aufzubauen, die durch absolute Seeherrschaft die andere Supermacht auf die ihr natürlich gesetzten kontinentalen Grenzen zurückwerfen will.

Es gibt nicht wenige Experten von Rang in den Vereinigten Staaten, die schlichtweg die These vom sowjetischen

Vorsprung bestreiten, mit der die regierenden Falken in Washington ihre riesigen Rüstungsanstrengungen begründen. Der frühere Verteidigungsminister Harold Brown erklärte im April 1982, er sehe keine Überlegenheit der Sowjets, die es ihnen erlaube, »atomare strategische Waffen militärisch oder politisch zu ihrem Vorteil« zu nutzen. Marshall Shulman, Direktor des Russischen Instituts an der Columbia University und viele Jahre als Leiter der Rußland-Abteilung im State Department tätig, bestreitet die Grundannahme der Falken, daß die Sowjets einen Atomkrieg für gewinnbar halten. »Das Zivilschutzprogramm der UdSSR«, erklärte er Robert Scheer von der »Los Angeles Times«, »hat nicht diese Gewichtigkeit.« Und Paul Warnke, Carters ehemaliger SALT-II-Unterhändler, meint: »Es gibt keine Zivilverteidigung, die gegen die Zahl der Sprengköpfe, die wir und die Sowjetunion gegeneinander in Stellung gebracht haben, Schutz bietet.« Wenn die Falken immer wieder die Gefahr einer neuen Kubakrise unter umgekehrten Vorzeichen heraufbeschwören, dann sollten sie sich dessen erinnern, was Wassili Kusnetzow, ein sowjetischer Unterhändler während der Kubakrise, damals dem Amerikaner John J. McCloy versicherte: Daß die Sowjets eine solche Demütigung ein zweites Mal nie wieder hinnehmen würden.

Das umfassende Aufrüstungsprogramm, welches die Sowjets nach der Kubakrise in Angriff nahmen, war das direkte Resultat dieser Demütigung, und doch wurde es in seinen einzelnen Phasen immer durch die technologisch überlegenen USA bestimmt. Die Sowjets, die sich bislang stets als Unterlegene gefühlt hatten, werteten den Abschluß des SALT-I-Vertrages als Beweis dafür, daß sie Amerika nicht länger als Macht minderen Ranges gegenüberstünden. Doch selbst SALT I wurde von den Amerikanern in der Gewißheit abgeschlossen, daß sie wegen ihres technologischen Vorsprungs bei der Entwicklung von Mehrfachsprengköpfen auch künftig eine *margin of safety*, einen Sicherheitsvorsprung für sich behaupten könnten.

Auf die Frage des Senators Charles Percy, ob er lieber über das sowjetische oder das amerikanische Atomarsenal verfügen würde, antwortete Caspar Weinberger am 29.

April 1982 vor dem Senatsausschuß für Auswärtige Angelegenheiten: ».. . Auch nicht einen Augenblick würde ich irgend etwas tauschen, denn wir haben einen unerhörten technologischen Vorsprung.« Der sowjetische Verteidigungsminister Dimitri Ustinow sagte im Frühjahr 1983: »Sehen wir uns doch an, wer wirklich der Initiator des Wettrüstens ist. Die Frage sei gestattet, wer als erster eine Atomwaffe geschaffen und sie gegen die Bevölkerung von Hiroshima und Nagasaki angewandt hat? Wer als erster Tausende von Bombenflugzeugen als Träger für Kernwaffen gebaut und damit begonnen hat, Interkontinentalraketen in Massen zu produzieren und zu stationieren, sowie die Zahl der atomar angetriebenen U-Boote mit ballistischen Raketen an Bord zu vergrößern? Wer war der erste bei der Ausstattung ballistischer Raketen mit individuell gesteuerten Mehrfachsprengköpfen? Wer hat mit der Produktion der Neutronenwaffe und der binären chemischen Waffen begonnen? Wer versucht, das Wettrüsten auf den Weltraum auszudehnen?« Was der sowjetische Marschall beschreibt, brachte Jerome Wiesner, ehemals wissenschaftlicher Berater von Kennedy und Johnson, auf die Formel, er sei überzeugt, »daß die Vereinigten Staaten eine Vogelscheuche bekämpfen«. Das bedeute nicht, daß die Sowjets keine Waffen besäßen, »sondern daß wir im großen und ganzen mit uns selbst wettrüsten. Wenn wir eine Waffe erfinden, ist das in unseren Augen immer eine Gegenwaffe, und dann müssen wir uns wieder gegen diese Waffe schützen, weil die Russen das gebaut haben könnten, was wir bereits erfunden haben. Wir sind die eigentlichen Schrittmacher – und das schon seit dreißig Jahren.«

Die Regierung Reagan schickt sich an, die nächste Vogelscheuche im Weltraum aufzubauen und eine neue Runde des Wettrüstens einzuleiten. Das alles wäre schon gefährlich genug, auch wenn es nur zu dem Zweck geschähe, die Sowjets am Verhandlungstisch von der Notwendigkeit zu überzeugen, in ehrliche, umfassende und verifizierbare Maßnahmen zur Abrüstung unter Gleichen einzuwilligen. Doch ein solches politisches Konzept, eine Art master plan, in dem das riesige Aufrüstungsprogramm Reagans die

Rolle einer Trumpfkarte in einem groß angelegten Poker spielte, ist bis heute nicht zu erkennen. Reagans Politik setzt auf Sicherung von Machtbastionen, sie stellt die Außenpolitik unter das Primat der Verteidigungspolitik, doch ihr fehlt eine umfassende Strategie. Und der durch und durch ideologische Ansatz dieser Politik legt den Verdacht nahe, daß die Vereinigten Staaten der Sowjetunion die Anerkennung als ebenbürtige Großmacht verweigern wollen, weil die gegenwärtige Führung der USA für sich eine überlegene Moral, einen höheren Standard in Anspruch nimmt. Wer so denkt, beschwört die Gefahr unabsehbarer Konflikte herauf.

11.
Ausblick: Wohin Amerika steuert und mögliche Konsequenzen für Deutschland

Als der Falke Eugene Rostow Anfang 1983 als Leiter der amerikanischen Abrüstungsbehörde abberufen wurde, werteten dies Kritiker, aber auch moderate Anhänger der Regierung Reagan als Alarmsignal. Immerhin hatte Rostow, einst führender Sprecher des Ausschusses gegen die gegenwärtige Gefahr, einen Kompromiß verteidigt, der, von den amerikanisch-sowjetischen Unterhändlern Nitze und Kwitzinski auf einem Waldspaziergang bei Genf erdacht, noch Monate später als mögliche Einigungsformel für die Gespräche über die Stationierung von Mittelstreckenraketen in Europa gehandelt wurde: Danach hätten die Amerikaner auf die von den Russen wegen ihrer Zielgenauigkeit und kurzen Warnzeit besonders gefürchteten Pershing II verzichtet und die Sowjets im Gegenzug der Stationierung einer bestimmten Anzahl von Cruise Missiles, gelenkten Marschflugkörpern, zugestimmt. Weder das Weiße Haus noch der Kreml segneten damals den Alleingang ihrer Unterhändler ab. Doch Rostow, der nun seinen Hut nehmen mußte, bekannte sich öffentlich zu dieser Formel; er sah in ihr einen »vielversprechenden Ansatz«, der es wert sei, ausgelotet zu werden. Wenn die Amerikaner nicht bereit seien, flexibel zu verhandeln, erklärte er mit Blick auf das Weiße Haus, werde die Unruhe unter den europäischen Bündnispartnern gefährlich wachsen.

Rostows Äußerungen alarmierten vor allem Senatoren auf dem Capitol. Und als Ronald Reagan zum Nachfolger Rostows dann ausgerechnet Kenneth Adelman, einen alerten Mittdreißiger aus dem Stab der UN-Botschafterin Jeane Kirkpatrick bestellte, stieß er auf entschiedenen Widerstand. Auf die Frage des Senators Claiborne Pell, ob Kenneth Adelman denn glaube, daß sich ein nuklearer Schlagabtausch begrenzen lasse und eine Gesellschaft einen limitierten Atomkrieg überleben könne, antwortete Reagans

Abrüstungskandidat bei der Anhörung im Senat: »Ich habe mir auf diesem Gebiet noch keine Gedanken gemacht« und »es tut mir leid, aber ich muß gestehen, daß ich dazu keine ausgeprägte Meinung habe.« Das alles ließ Schlimmes befürchten. »Es ist ein unglückliches Zusammentreffen, daß wir zur Zeit einen Präsidenten, einen Außenminister, einen Verteidigungsminister und einen Sicherheitsberater haben, die alle auf dem komplizierten, verwirrenden Gebiet der Abrüstung ohne jede Erfahrung sind«, erklärte der liberale republikanische Senator Charles Mathias und wandte sich dagegen, daß nun auch der »fünfte Mann, der Direktor der Behörde für Rüstungskontrolle und Abrüstung, bar jedes Wissens und jeder Kompetenz« sein solle. Nur nach langem Tauziehen und weil er sich feierlich verpflichtete, die Abrüstungsgespräche in Genf nicht länger zu blockieren, vermochte Reagan den Widerstand des Senats gegen Adelman schließlich zu brechen. Monate später mußte er seine Absicht, grünes Licht für ernsthafte Verhandlungen mit den Sowjets zu geben, erneut und diesmal schriftlich beteuern. Nur so konnte er sicherstellen, daß Senat und Abgeordnetenhaus ihm die Mittel für den Bau der MX-Rakete bewilligten, mit denen er das »Fenster der Verwundbarkeit« schließen wollte. So lautet Reagans Formel für einen sowjetischen Vorsprung, den Analytiker des Pentagon für Anfang oder Mitte der achtziger Jahre vorausgesagt hatten. Die Entwicklung der MX geht bis zu Jimmy Carter zurück, der 200 Stück dieser neuen Raketengeneration, die zielgenau sowjetische Raketen in ihren Stellungen ausschalten kann, in den Wüsten Utahs und Nevadas stationieren wollte. Jede dieser mit zehn Sprengköpfen bestückten mobilen MX-Rakete sollte zwischen 23 Bunkern pendeln, um sie gegen einen sowjetischen Erstschlag zu schützen. Auf eine fast schon perverse Weise entsprach dieses aufwendige Stationierungssystem von insgesamt 4600 Bunkern für 200 Raketen der Logik des SALT-II-Vertrags. Es wurde von Ronald Reagan umgehend verworfen, kaum daß er ins Weiße Haus eingezogen war.

Seitdem glich die Wunderrakete MX dem armen Waisenkind, das vergebens ein Zuhause sucht. Zwar wollte auch Weinberger der sowjetischen Bedrohung mit der MX entgegentreten, aber kein Experte wußte ein vernünftiges Konzept vorzulegen, wie sie denn anders unverwundbar zu stationieren sei. Einmal erwog Weinberger den Bau riesiger Transportflugzeuge, die mit ihrer tödlichen Last an Bord dauernd um die Erde kreisen sollten, dann wieder die Verlegung der MX auf Transportschiffe, schließlich den Bau von Unterwassersilos auf dem Festlandsockel vor der Küste. Als seine Experten dem Kongreß plötzlich das sogenannte Batteriekonzept vorschlugen – die Aufstellung von 100 MX auf engstem Raum – und zur Begründung anführten, die anfliegenden Sowjetraketen würden sich wegen der Dichte der Ziele gegenseitig behindern und außer Gefecht setzen, quittierte die Mehrheit der Kongreßmitglieder diese These mit ungläubigem Staunen und lehnte ab. Nach langem Hin und Her soll die MX nun in vorhandenen Minuteman-Silos untergebracht werden, in Bunkern, die als äußerst verwundbar gelten, auch wenn sie besser gehärtet werden. Es handelt sich dabei bestenfalls um eine Übergangslösung mit dem Zweck, die Sowjets von der amerikanischen Entschlossenheit zu überzeugen, die Rakete überhaupt zu bauen, indes die Suche nach der idealen Stationierungs-Methode weitergehen dürfte.

Die ganze Art, mit der die Regierung Reagan das Problem der MX behandelte, stand in deutlichem Gegensatz zu ihrer eigenen These vom »Fenster der Verwundbarkeit«, aber auch zu der Entschlossenheit, die Pershing II auf deutschem Boden aufzustellen. Vor allem bei Weinberger herrscht unverkennbar die Tendenz vor, die Stationierung der sogenannten Gegenschlagswaffe MX, welche die Sowjets nach den Denkspielen des Pentagon zu einem Erstschlag einladen könnte, auf dem amerikanischen Kontinent möglichst zu vermeiden. Ohnedies raten immer mehr amerikanische Experten zum völligen Verzicht auf den landgestützten Teil der strategischen Triade, weil allein die auf U-Booten oder von Bombern beförderten strategischen Raketen nach dem derzeitigen Stand der Technik als unverwundbar gelten können. Andere Sachkenner bezweifeln, daß das MX-Programm je in die Praxis umgesetzt wird. Es erscheint ihnen als überholt, seit Henry Kissinger mit Blick

257

auf die Verifizierbarkeit von Rüstungskontrollabkommen empfahl, wieder kleinere, mobile Raketen mit nur einem Gefechtskopf zu entwickeln.

Der erbitterte Kampf um Adelman und um die Mittel für die MX machte einmal mehr deutlich, wie schnell politische Grundstimmungen in den USA umschlagen können. Mit ihrer Schwarzmalerei von der sowjetischen Gefahr hatte die Regierung die psychologische Bereitschaft wekken wollen, die Mittel für die größte Rüstungsanstrengung zu bewilligen, die Amerika je in Friedenszeiten unternommen hat. Doch die kriegerische Rhetorik, deren sie sich dabei bediente, mobilisierte eine Friedensbewegung im eigenen Land. Und diese begann, wiederum typisch für Amerika, als unten an den *grass roots* einzelne Gruppen von Ärzten und Atomphysikern, Geistlichen und politischen Wissenschaftlern von Stadt zu Stadt, von Campus zu Campus zogen, um die Bevölkerung über die Folgen eines Atomkriegs aufzuklären. Früh zeigten die Senatoren Edward Kennedy und Mark Hatfield, der eine als liberaler Demokrat, der andere als zutiefst christlicher Republikaner, Gespür für die Sorge, die sich im Lande ausbreitete. Mit ihrer Kampagne zum Einfrieren der gegenseitigen Atom-Arsenale suchten sie die vielen einzelnen Strömungen zusammenzuführen, zu kanalisieren, und zimmerten damit eine breite politische Plattform. Im Gegensatz zur deutschen Friedensbewegung, die einige Jahre ausschließlich von außerparlamentarischen Kräften getragen wurde, erhielt die amerikanische mit der *Freeze*-Initiative von Kennedy und Hatfield schnell ihre feste Verankerung im politischen Establishment und argumentierte denn auch sehr viel rationaler. Als eine Art linker Flügel haben sich ihr inzwischen viele katholische Bischöfe der USA angeschlossen. Nicht wenige unter ihnen, so der Erzbischof Hunthausen aus Seattle im Staate Washington, greifen auf die präkonstantinische Tradition eines ebenso urchristlichen wie radikalen Pazifismus zurück. Sie geben ihren Gemeinden ein persönliches Beispiel, indem sie sich weigern, den Teil der Einkommensteuer an den Staat abzuführen, der nach ihrer Auffassung der Aufrüstung dient. Daß Amerika als erste Nation die Bombe gebaut und auch eingesetzt hat, verstehen die radikalen Pazifisten unter den Bischöfen als Verpflichtung, notfalls durch einseitige Abrüstung Buße zu tun und damit ein weltweites Signal zu setzen. Nach Meinungsumfragen treten inzwischen zwei Drittel aller Amerikaner für das Einfrieren der Rüstung ein, eine Tatsache, die ihren Eindruck auf den amerikanischen Kongreß nicht verfehlte. Angesichts riesiger Haushaltsdefizite, welche die Zinsen weiter nach oben trieben, drängten jetzt immer mehr Senatoren und Abgeordnete auf Einsparungen am Militärhaushalt. Die Angst vor einem zweiten Vietnam in Mittelamerika erschwerte es dem Präsidenten, die von ihm angeforderten Mittel für paramilitärische geheime Aktionen in Mittelamerika zu erhalten, und setzte plötzlich Fragezeichen hinter die Fortführung der Militär- und Wirtschaftshilfe für El Salvador. Rüstungsexperten warnen inzwischen vor einem Ausgabenrausch für die Verteidigung, der die Entwicklung immer kostspieligerer und immer schwerer zu wartender Waffen zur Folge habe. So beschreibt James Fallows in seinem Buch »National Defense« die amerikanische Version eines gefährlichen Glaubens an die Wunderwaffe, das blinde Vertrauen in modernste technologische Waffensysteme, die »einem Kämpfer die Kraft von zehntausend Soldaten verleihen«. Und Wirtschaftsexperten weisen auf die »geheimen Gefahren der Aufrüstung« hin, auf die Tatsache nämlich, daß der private Sektor der amerikanischen Wirtschaft Forschung und Research vernachlässigt, weil die Rüstungsindustrie besser zahlt und technisches Talent abwirbt. »Wenn andere Nationen ihre Begabungen auf den zivilen Sektor konzentrieren, werden wir auf dem Weltmarkt bald nichts mehr zu melden haben«, behauptet Lester Thurow vom Massachusetts Institute of Technology und fragt: »Wie stünden wir eigentlich da, wenn wir bei Halbleitern, Mikroprozessoren und Computern nur deshalb nicht mehr mithalten können, weil wir uns bis an die Zähne bewaffnen?« Die Bedenken des Wirtschaftsprofessors aus Cambridge/Massachusetts wurden durch eine Studie des demokratischen Kongreßabgeordneten Les Aspin über die ökonomischen Auswirkungen von Rüstungsanstrengungen untermauert. Les Aspin bewegte vor allem die Frage, warum die USA den Japanern auf dem Weltmarkt unterlegen sind, und er gibt folgende Antwort: »Entscheidend ist, wo eine Nation ihre technischen Begabungen einsetzt. Die moderne Waffenentwicklung schluckt eine gewaltige Menge solcher Begabungen, und es ist keinesfalls garantiert, daß Rüstungsinvestitionen dem zivilen Sektor zu Innovationen verhelfen.« Aspin kommt zu dem Schluß, militärische Forschung habe den USA nur auf dem Gebiet der Luftfahrt geholfen, unangefochten eine führende Position zu behaupten. Das Begabungspotential von Forschern und Ingenieuren, das in den USA nach dem Zweiten Weltkrieg eine riesige Fernsehindustrie aufgebaut habe, werde heute für die Entwicklung ferngelenkter Waffensysteme und automatischer Zielgeräte genutzt. In Japan habe das vergleichbare Potential an Forschern und Ingenieuren inzwischen die von Amerikanern entwickelte Fernsehtechnik verfeinert und ausgebaut und damit Sony einen erheblichen Vorsprung auf dem Weltmarkt gesichert. Es ist nicht zuletzt Sorge um die Belastbarkeit der amerikanischen Wirtschaft, die auch erzkonservative Republikaner inzwischen am Segen der gewaltigen Rüstungsanstrengungen Ronald Reagans zweifeln läßt.

So rückt der Stimmungsumschwung in Amerika Ronald Reagans Außenpolitik ein Stück zur Mitte hin, ein Prozeß, der sich bei der speziellen Gewaltenteilung in Amerika vor allem dadurch vollzieht, daß die Legislative der Exekutive wieder einmal außenpolitische Hemmschuhe anlegt. Nun dürfte jeder, der Entspannung und Dialogbereitschaft zwischen den Supermächten wünscht, nur begrüßen, daß endlich die Korrektur zur Mitte hin beginnt. Dennoch stellt sich die Frage erneut, inwieweit das amerikanische politische System zur Führung einer stetigen, kohärenten Außenpolitik überhaupt taugt. Amerikanern mag das ewige Tauziehen zwischen Präsidenten und Kongreß verständlich sein. Sie wissen aus Erfahrung, daß ein selbstbewußter Kongreß einem Präsidenten, der extreme oder radikale Positionen bezieht, noch immer die Flügel stutzt. Doch bis Ronald Reagan durch die Widerspenstigkeit der Senatoren und Abgeordneten zu einer, wenn auch zögerlichen, Zurücknahme von maximalen Ausgangspositionen gezwungen wurde, bis er erste Fühler nach einem Gipfeltreffen mit dem Chef der »Macht des Bösen« ausstreckte, hielt er den Rest der Welt nahezu zweieinhalb Jahre in Angst und Schrecken. Und bis heute bleibt unklar, ob dieser Wandel nicht eher durch innenpolitisches Taktieren denn durch Einsicht und Überzeugung bewirkt worden ist. Wenn Ronald Reagan, vom Kongreß getrieben, langsam das Bild Amerikas als einer heftig-aggressiven Supermacht korrigieren will, dann wohl auch mit Blick auf eine erneute Kandidatur, zu der ihn alle Republikaner, die liberalen wie die konservativen, ermuntern. Sie alle sehen in seiner Wiederwahl die einzige Garantie dafür, daß jene innenpolitische Gegenreformation fortgeführt wird, die ihnen am Herzen liegt: der Abbau der sozialen Gesetzgebung aus den sechziger Jahren, die nach republikanischer Grundüberzeugung ein Krebsschaden der amerikanischen Wirtschaft ist, weil sie den Leistungswillen geschwächt, die Produktivität gesenkt und die Inflation beschleunigt hat. Da sich diese Gegenreformation in einer Amtszeit von nur vier Jahren nicht zu Ende bringen läßt und fraglich scheint, ob die Republikaner mit einem anderen Spitzenkandidaten eine Chance hätten, sieht sich der freundliche alte Herr mit den radikalen Grundüberzeugungen von allen Seiten ermuntert, trotz seiner dann 73 Jahre 1984 noch einmal ins Rennen zu gehen. Die Republikaner setzen deshalb auf Sieg, weil sie im Lager der Demokraten keinen überzeugenden Kandidaten sehen und die Partei um ein schlüssiges Wirtschaftsprogramm verlegen ist. Denn daß die alten Rezepturen nicht mehr greifen, haben ja nicht nur die vier Jahre Jimmy Carters, das haben auch die acht Jahre der Präsidenten Nixon und Ford gelehrt, die sich beide, sehr zum Ärger der Konservativen in den eigenen Reihen, vornehmlich um Außenpolitik kümmerten und im Inneren die Sozialpolitik der Ära Johnson weitgehend fortschrieben.

In der Tat sind die Chancen der Demokraten, das Weiße Haus schon 1984 zurückzuerobern, gering, denn ein Mann von politischer Statur, einer gar, der der Nation eine Vision bieten könnte, ist nicht in Sicht. Nach dem Verzicht Edward Kennedys auf eine neue Kandidatur gilt zunächst Fritz Mondale als Favorit, ein gestandener Liberaler, der sich der Unterstützung der Gewerkschaften sicher weiß. Er ist ein guter, aber kein hinreißender Redner und zeichnet sich durch Vorsicht und einen Hang zum Abwägen aus. Selbst seine Anhänger vermissen an ihm gelegentlich Durchsetzungswillen und Führungskraft. Dabei steht außer Frage, daß er allen anderen Bewerbern vier Jahre Erfahrung als Vizepräsident unter Jimmy Carter voraushat. Doch könnte gerade seine enge Assoziation mit einem demokratischen Präsidenten, der so kläglich scheiterte, ihm zum Nachteil gereichen. Fühlt sich Mondale mehr dem linken Flügel der Demokraten verbunden – in Deutschland wäre er ein Sozialdemokrat der rechten Mitte –, repräsentiert Senator John Glenn aus Ohio eher die Mitte der Demokratischen Partei. Glenn hat die Ausstrahlung eines Eisenhower, er wirkt bedächtig, aber entschlossen und gilt als Nationalheld, denn er war der erste Amerikaner, der den Sprung in den Weltraum wagte. Meinungsforscher bescheinigen dem Senator aus Ohio, daß er in einem Rennen gegen Ronald Reagan besser abschneiden würde als Fritz Mondale.

An dritter Stelle dann Gary Hart aus Colorado, ein äußerst telegener Mittvierziger und sicher der intellektuellste unter allen Bewerbern. Hart zählt zu jener neoliberalen Schule, die teure, vom Staat finanzierte Sozialprogramme ablehnt, aber staatliche Lenkung und Hilfe für die Modernisierung der amerikanischen Industrie für nötig hält. Grundlage für dieses umfassende industrielle Erneuerungsprogramm, das nach Meinung Harts und der Neoliberalen nötig ist, soll ein neues Partnerschaftsverhältnis von Kapitaleignern, Arbeitnehmern und Management bilden, die gemeinsam Pläne für die Modernisierung veralteter Betriebe auszuarbeiten und in Verträge zu fassen haben. Der Regierung fällt nach diesem Konzept, das eine vage Ähnlichkeit mit der deutschen Mitbestimmung hat, die Aufgabe eines Schiedsrichters zu, der tätig wird, wenn die Partner sich nicht einigen können, und mit günstigen Sanierungskrediten in die Bresche springt. Hart greift damit auf Erfahrungen zurück, die inzwischen bei dem erfolgreichen Versuch zur Rettung der Automobilfirma Chrysler in Detroit gesammelt wurden. Als Chrysler 1981 vor dem Konkurs stand, wurde ein Sanierungsmodell erstellt, das die Arbeitnehmer zu Lohnverzicht, die Unternehmer zu Arbeitsplatzgarantien verpflichtete und erstmals dazu führte, daß ein Vertreter der Automobilarbeiter zum Mitglied des Vorstands aufrückte. Bei der Aushandlung des Sanierungsplans hatte die damalige Regierung Carter staatliche Überbrückungskredite vom Abschluß einer solchen Vereinbarung zwischen Gewerkschaften und Management abhängig gemacht. Vor allem Amerikas Gewerkschaftern, die auf eine lange Geschichte erbitterter Lohnkämpfe und blutiger Streiks zurückblicken und die im Unternehmer eher den Gegner als den Partner sehen, verlangt ein solches amerikanisches Konzept der Sozialpartnerschaft eine erhebliche Portion Umdenken ab.

Hart kann sich bei solchen Überlegungen auf den Harvard-Ökonomen Robert Reich berufen, der alle Aussicht hat, zum neuen Wirtschafts-Guru der Demokraten zu avancieren. Nach Reich wird die amerikanische Wirtschaft nur dann gesunden, wenn sie ihre überalterte Führungsstruktur über Bord wirft und flexible Modelle innerbetrieblicher Kooperation entwickelt. Der wirtschaftliche Wettbewerb, argumentiert Reich, finde heute nicht mehr zwischen einzelnen, sondern zwischen komplexen Organisationen statt, zwischen Großunternehmen oder gar ganzen Volkswirtschaften. »Um Erfolg zu haben, müssen diese komplexen Organisationen aus Menschen bestehen, die fähig sind, schnell und sicher zusammenzuarbeiten und zu gemeinsamen Einschätzungen zu gelangen«, meint er in seinem Buch »The Next American Frontier«, das auch von Mondale als »eines der bedeutendsten Werke des Jahrzehnts« gepriesen wird. Gerade die konservative Vorstellung von einer Marktwirtschaft, in der die Menschen ausschließlich von Habsucht und Furcht getrieben werden, fügt nach Meinung Reichs der amerikanischen Wirtschaft heute besonderen Schaden zu: »Eine Gesellschaft, die ihren Mitgliedern gleichzeitig die Aussicht auf beträchtlichen Reichtum und die Androhung schwerer Armut bietet, wird ohne Zweifel zu gelegentlichen Leistungen eines glänzenden Unternehmertums inspirieren. Aber ebenso sicher wird sie die Fähigkeit ihrer Mitglieder beeinträchtigen, für ein gemeinsames Ziel zusammenzuarbeiten und sich gemeinsam neuen Bedingungen anzupassen. Die Ideologie vom Reichtum und der Armut, an die sich manche Amerikaner noch heute klammern, ist für eine Pionierwirtschaft geeignet *(frontier economy)*, in der sozialer Fortschritt auf persönlichem Wagemut beruht. Eine solche Ideologie mag zu einer Zeit gepaßt haben, in der Amerika im Aufbruch war, aber ein soziales Ethos, das auf einem unberührten Kontinent entstand, ist keine taugliche Vision, um die Mitarbeiter einer zunehmend komplizierten Industriewirtschaft zu lenken und zu motivieren.« Reich stützt seine Thesen auf eine Analyse der Strukturen besonders erfolgreicher japanischer, deutscher und schwedischer Firmen. Danach ist der Schlüssel zum Erfolg von Großunternehmen eine betriebliche Binnenstruktur, welche geeignet ist, das Verantwortungsgefühl der Mitarbeiter und ihr Engagement am Arbeitsprozeß zu fördern. Sowohl Japan als auch Deutschland verfügten über die entsprechenden Voraussetzungen – die Bundesrepublik durch Betriebsräte und durch Mitbestimmung, Japan durch ein in Jahrzehnten gewachsenes, vielfältiges Beteiligungs- und Konsultationssystem auf allen Ebenen der Betriebe. Es scheint sicher, daß einige Thesen Reichs im wirtschaftspolitischen Wahlkampfprogramm der Demokraten ihren Niederschlag finden. Doch der Ausgang der Wahlschlacht wird nicht durch zukunftsweisende Pläne zur Erneuerung der amerikanischen Industrie, er wird vor allem durch die Wirtschaftslage im November 1984 bestimmt.

Sollte ein demokratischer Kandidat die Wahlen vom November 1984 gewinnen, hätte dies vor allem auf außenpolitischem Gebiet Bedeutung. Inzwischen lassen die außenpolitische Debatte, die heute im demokratischen Lager geführt wird, sowie die Kritik vieler Demokraten an der Außenpolitik Ronald Reagans einige vorsichtige Schlüsse auf den künftigen Kurs eines potentiellen demokratischen Reagan-Nachfolgers zu. Danach dürfte sich Washington wieder verstärkt um die Kooperation mit den Sowjets auf dem Sektor der Rüstungskontrolle und Rüstungsbegrenzung bemühen und mehr Verständnis für die besonderen Entwicklungsbedingungen der Länder der Dritten Welt zeigen. Eine demokratische Außenpolitik nach Reagan würde sehr wahrscheinlich auf der Linie eines reformierten Carterismus liegen und nicht länger dem Ost-West-Gegensatz unterordnen, was in den Kontext des Nord-Süd-Gefälles gehört. Zumindest eine der Voraussetzungen für eine friedliche Lösung der Krise in Zentralamerika wäre damit gegeben. Und weil die Demokraten glauben, amerikanische Außenpolitik brauche eine moralische Rückkoppelung im amerikanischen Volk, wollen sie die Aspekte der Menschenrechte wieder mehr nach vorn rücken. Korrekturen am Verteidigungsetat scheinen so gut wie sicher, doch dürften dem Rotstift dabei nicht allzu viele Projekte zum Opfer fallen. Auch die Demokraten sind Patrioten und wollen ein starkes Amerika.

Vor allem an einer der wichtigsten Weichenstellungen, welche die deutsche Politik im Auge behalten muß, am massiven Ausbau der US-Navy, dürfte ein Regierungswechsel nicht allzu viel ändern. Amerika reagiert mit dieser Rückbesinnung auf seine Rolle als klassische Seemacht ja nicht nur auf die Tatsache, daß es sich als Schutzmacht für Süd- und Zentralamerika versteht und zudem regionale Partner im Nahen und Fernen Osten, in Südafrika oder Thailand diplomatisch wie militärisch – durch eine moderne Kanonenbootpolitik mit Flugzeugträgerkampfgruppen – unterstützen möchte. In diesem forcierten Flottenprogramm steckt auch eine Abkehr von einer einseitig atlantischen Fixierung, eine Rückbesinnung auf die pazifische Orientierung, der sich nicht nur konservative Republikaner verbunden fühlen. Auch Demokraten wie Gary Hart halten die Ausweitung des pazifischen Handels für besonders aussichtsreich und unterstützen Weinbergers Pläne für den Ausbau der Flotte. Sicher steckt in alledem auch etwas von der alten, republikanisch-isolationistischen Vorstellung eines Amerika als Inselfestung, die sich mit den Mitteln der Seemacht auf vorgeschobenen Bastionen, Inselketten oder Militärbasen an der jeweiligen Gegenküste so weit vorne wie möglich verteidigt. Übrigens fügt sich Reagans Griff nach der letzten Waffe, nach dem Schirm im Weltraum, der Schutz gegen anfliegende feindliche Raketen bietet, nahtlos in das Konzept einer modernisierten Inselfestung ein. Im Rahmen einer solchen Strategie wird auch verständlich, warum die Regierung Reagan den guten Draht zu Peking durch die weitere Unterstützung Taiwans gefährdet: Im Zweifel ist auf eine antikommunistische Inselbastion mehr Verlaß als auf eine kommunistische Großmacht, die letztlich doch ihre eigenen Wege geht. Eine machtvolle Kriegsmarine mit einem Stützpunktsystem zur Absicherung eines weltweiten Imperiums des Handels war ja nicht zufällig das Modell, dem die Entwicklung des amerikanischen Imperialismus unter Theodore Roosevelt folgte. Caspar Weinberger, der im Zweiten Weltkrieg einige Monate in Neuguinea kämpfte, ist vom Vorteil einer solchen Vorwärtsverteidigung fest überzeugt: »Es war besser«, gab er dem »New York Times Magazine« zu Protokoll, »Kalifornien dort (in Neuguinea) zu verteidigen als in Oregon.« Der Ausbau der US-Navy und der parallel dazu beschlossene beschleunigte Aufbau einer schnellen Eingreiftruppe aus mehreren Divisionen der Armee und der Marineinfanterie wird erhebliche Mittel binden und langfristig den Umfang des militärischen Engagements der Vereinigten Staaten in Europa in Frage stellen. Einer der schärfsten Kritiker des Weinbergerschen Flottenkonzepts, Robert Komer, in der Regierung Carter Unterstaatssekretär im Pentagon, behauptet denn auch schlicht, die einseitige Begünstigung der Kriegsmarine im Verteidigungshaushalt beeinträchtige die Fähigkeit der USA, ihre vitalen Interessen in Europa zu verteidigen. Komers Prognose mag zu pessimistisch sein, aber Tatsache ist nun einmal, daß nicht nur der Bau, sondern auch der Unterhalt und der Betrieb zusätzlicher Flugzeugträger-Kampfgruppen der US-Navy Milliardensummen verschlingen würde und auch die Wirtschaft der reichsten Nation der Erde nur begrenzt belastbar ist. Amerikas schimmernde Wehr kommt den Steuerzahler nicht zuletzt deshalb immer teurer zu stehen, weil die Politiker vom Konzept der Freiwilligen-Armee nicht abgehen wollen. Sie bekennen sich damit zur amerikanischen Tradition, der jeder Gedanke an eine Wehrpflicht in Friedenszeiten zutiefst fremd geblieben ist. Viele Amerikaner betrachten die allgemeine Wehrpflicht schlicht als eine moderne Form der Sklaverei.

Als die Regierung Carter nach dem Einmarsch der Sowjets in Afghanistan die Registrierung Wehrfähiger anordnete, begründete sie diesen ersten Schritt zur Wiedereinführung der Wehrpflicht mit dem schlechten Ausbildungsstand der Berufsarmee. Untersuchungen hatten zutage gefördert, daß nur jeder vierte Panzerschütze der US-Army in der Lage war, das gegnerische Ziel ins Visier zu nehmen. Nur jeder zweite Rekrut, der Ende der siebziger Jahre eingestellt wurde, verfügte über einen Schulabschluß. Planspiele hatten zudem ergeben, daß der Armee die nötigen Reserven an Mannschaften und Offizieren fehlten, um einen großen konventionellen Krieg in Europa länger als zwei Wochen durchzustehen. Der demokratische Senator Sam Nunn aus Georgia erklärte, die Führungsrolle der Weltmacht, ihre Handlungsfähigkeit und Glaubwürdigkeit seien auf Dauer nur durch die Einführung der Wehrpflicht zu sichern. Und Carters ehemaliger Verteidigungsminister Joseph Califano behauptete, die Bezeichnung Freiwilligen-Armee sei eine euphemistische Verschleierung der Tatsache, daß Amerika die Verteidigung seiner Freiheit Söldnern anvertraue, die es vorzugsweise aus den Reihen der Ärmsten und der Unterprivilegierten rekrutiere. In der Tat wuchs seit Aufhebung der Wehrpflicht durch Nixon 1972 über die Jahre eine Armee heran, die nicht länger dem Bevölkerungsquerschnitt der Nation entspricht, denn Schwarze und Angehörige anderer Minderheiten sind überproportional hoch in ihr vertreten. Und Kritiker des Freiwilligen-Konzepts wie Joseph Califano halten eine Entwicklung für gefährlich, die letztlich dazu führt, daß sich eine überwiegend weiße Nation in ihrer Armee, in der zunehmend Angehörige von Minderheiten dienen, immer weniger wiedererkennt. Zudem, behauptete er, erleichtere eine Armee von Söldnern Versuche von Präsidenten und führenden Politikern, neue militärische Abenteuer in Übersee einzugehen. »Generationen werden noch über die Lehren des Vietnamkriegs streiten«, schrieb Califano 1980 in der »Washington Post«, »aber eines ist unstreitig: Dieser Krieg erhielt erst die ihm gebührende Aufmerksamkeit, als Lyndon B. Johnson gezwungen war, Wehrpflichtige in die Dschungel Vietnams abzukommandieren. Erst dann wachte Amerikas Mittelklasse auf und beschloß, ihre Söhne nicht in diesen Krieg zu senden.«

Den schlechten Zustand dieser Freiwilligen-Armee Anfang der achtziger Jahre bestritten auch die Republikaner nicht, doch Ronald Reagan und Caspar Weinberger glaubten, daß Abhilfe vor allem mit mehr Geld zu schaffen sei: Eine drastische Anhebung der Gehälter und die wachsende Jugendarbeitslosigkeit haben inzwischen den Dienst in der Armee für qualifizierte junge Männer wieder interessant gemacht. Die Armee hat wieder einen höheren Ausbildungsstand, aber sie bleibt nun einmal teurer im Unterhalt als jede Wehrpflichtarmee, und für einen längeren, großen konventionellen Konflikt wird es der westlichen Vormacht weiter an Reserven fehlen.

Der Ausbau der Streitkräfte der Vereinigten Staaten zeigt deutlich, daß sich die USA als globale und maritime Macht dafür rüsten, notfalls mehrere regionale Konflikte in verschiedenen Gegenden der Welt gleichzeitig durchzustehen. Und noch jede amerikanische Regierung hat während solcher begrenzter Konflikte wirksame Hilfe von ihren Verbündeten erwartet. Als die Weltmacht sich immer tiefer in den Dschungeln Vietnams verstrickte, drängte Lyndon B. Johnson die Deutschen zu ihrem Beitrag nach dem Motto, Berlin werde auch in Vietnam verteidigt. Die Regierung Erhard entsandte das Hospitalschiff »Helgoland« und ging damit »ein personelles Engagement« ein, das nach den Worten des damaligen Regierungssprechers von Hase »insbesondere in den Augen unserer Verbündeten« einen hohen Wert besaß. Wer denkt, Bonn habe sich damit seinerzeit geschickt durchgemogelt, erliegt freilich einem Irrtum. Tatsächlich leistete Bonn wertvollere Hilfe, denn unter dem Druck schwieriger Verhandlungen über die Stationierungskosten amerikanischer Truppen sagte die Bundesregierung zu, die überschüssigen Dollar der Deutschen Bundesbank nicht in Gold zu transferieren. Damit finanzierte die Bundesrepublik lange Jahre einen beträchtlichen Teil des amerikanischen Zahlungsbilanz-Defizits. Als die Krise am Persischen Golf entbrannte, forderten einflußreiche Senatoren die Entsendung einer deutschen Fregatte zur Verstärkung einer internationalen Streitmacht für die Sicherung der Schiffahrtsrouten. Mit dem Hinweis auf die Möglichkeiten internationaler Arbeitsteilung wehrten die Deutschen ab: Sie seien bereit, Lücken aufzufüllen, die durch den Abzug amerikanischer Einheiten in Mitteleuropa gerissen würden.

Wenn die Vereinigten Staaten sich anschicken, sich selbst zum Schutzherrn über alle nichtkommunistischen Länder der Dritten Welt zu bestellen, dürften sich solche Fälle in Zukunft häufen. Schon moniert die Regierung Reagan, die Bundesregierung habe durch Zahlung von Entwicklungshilfe an Nicaragua der Vormacht im Bündnis die gebührende Solidarität verweigert. Da die arabischen Länder den Amerikanern keine Stützpunkte einräumen, haben die amerikanischen Militärbasen in Wiesbaden, Frankfurt und Ramstein, wie in der Nahostkrise 1973, in den Plänen des Pentagon heute die Funktion eines europäischen Luftkreuzes für Nahost-Interventionen, eine europäische Entsprechung zu Diego Garcia im Indischen Ozean. Wann immer die USA, gestützt auf eine kostspielige Freiwilligen-Armee und teure Technologie, sich in einem regionalen Konflikt engagieren – und die ideologische Haltung der gegenwärtigen amerikanischen Regierung läßt eine Reihe solcher Konflikte möglich erscheinen –, schlägt dies in irgendeiner Form auf die westeuropäische Region durch, genauer: auf die Bundesrepublik. Solange das Bündnis mit den NATO-Partnern, speziell mit Amerika »der Kernpunkt deutscher Staatsräson« bleibt, wie Helmut Kohl in seiner ersten Regierungserklärung Ende 1982 behauptete, darf Bonn sich nicht beklagen, wenn es in solchen Fällen zur Kasse gebeten wird. Und ein deutscher Bundeskanzler, der einem amerikanischen Präsidenten Führungsschwäche bescheinigt, sollte schon gar nicht erstaunt sein, wenn der Nachfolger des Kritisierten dann Führungsstärke demonstriert und unverhofft den Bau der Erdgasleitung nach Sibirien durch Sanktionen zu stoppen sucht. Dabei ist der längst ausgestandene Streit um die Erdgasleitung in vieler Hinsicht lehrreich, denn er zeigt nicht nur, daß es zwischen Europäern und Amerikanern echte Unterschiede der Interessen gibt. Daß derselbe Präsident, der den Deutschen und Franzosen das Geschäft mit dem Sowjet-Gas untersagen wollte, sich nicht scheut, den Sowjets soviel Getreide wie möglich zu verkaufen, bestätigt nur, daß amerikanische Außenpolitik häufig den Gesetzen der Innenpolitik gehorcht. Die Aufhebung des Getreideembargos entsprach den Interessen der amerikanischen Farmer im Mittleren Westen und war als außenpolitische Tat vielleicht der Getreidegroßmacht Nebraska würdig. Angesichts der nahezu parallel erfolgten Verhängung von Sanktionen gegen Polen legte dieser Amtsakt des Präsidenten der USA freilich tiefe innere Widersprüche in der Außenpolitik der westlichen Vormacht bloß.

Wenn am Kabinettstisch in Bonn einmal spöttisch angemerkt wurde, auf Dauer müßten sich die Bündnispartner, am besten freilich die bundesdeutschen allein, ein Vetorecht bei der Wahl amerikanischer Präsidenten sichern, um Schlimmeres zu verhüten, zeugt dies freilich auch von deutscher Überheblichkeit. Manche deutsch-amerikanische Mißstimmung hätte sich verhindern lassen, wenn die deutsche Seite ihre eigenen Interessen klarer durchdacht und gegenüber dem amerikanischen Partner rechtzeitig artikuliert hätte. Wenn in der Bundesrepublik Deutschland heute pro Kopf und Quadratkilometer mehr Atomsprengköpfe lagern als in jedem anderen Land der Welt, dann geschah dies auch auf deutschen Wunsch. Auf den Bundesverteidigungsminister Strauß und den Bundeskanzler Adenauer geht die Idee zurück, Atomminen entlang der Demarkationslinie zu verlegen, wie damals die deutsch-deutsche Grenze hieß. Und bei Planspielen der NATO waren es deutsche Militärs, die in aller Regel ein Szenario favorisierten, nach dem ein konventioneller Angriff aus dem Osten schon auf einer sehr niedrigen Stufe der Eskalation durch begrenzte Nuklearschläge tief ins Hinterland der Mitgliedstaaten des Warschauer Pakts zu beantworten war. Falls der Warschauer Pakt darauf entsprechend antworten sollte, erwarteten die Deutschen nach der Logik ihres Szenarios den großen strategischen Schlagabtausch, der zum beiderseitigen Selbstmord der Supermächte führen würde. Der Politikwissenschaftler Stanley Hoffman von der Harvard University meint, es habe von Anfang an nie eine

Übereinstimmung zwischen Europäern und Amerikanern über die Funktion atomarer Gefechtsfeldwaffen innerhalb der NATO-Strategie gegeben.»Während der gesamten sechziger Jahre drängten die USA auf eine konventionelle Aufrüstung der NATO als bestmögliche Abschreckung eines sowjetischen Angriffs oder vielmehr als besten Weg, der strategischen Nukleargarantie der USA Glaubwürdigkeit zu verleihen. Sie sprachen sich für eine Art Feuerschneise zwischen einer konventionellen und einer nukleartaktischen Auseinandersetzung aus, und sie sahen diese taktischen Nuklearwaffen in erster Linie als Abschreckungsmittel gegen einen sowjetischen Einsatz gleicher Waffen an und darüber hinaus als ultima ratio, sollte die konventionelle Verteidigung zusammenbrechen. Den Europäern jedoch wäre die Androhung eines frühen Einsatzes atomarer Gefechtsfeldwaffen durch die NATO lieber gewesen, um auf diese Weise den Sowjets die Annahme für immer unmöglich zu machen, sie könnten einen rein konventionellen Krieg in Europa beginnen und führen.« Hinter der europäischen Haltung, wie sie Stanley Hoffman beschreibt, steckte natürlich die Furcht, Europa könne überhaupt zum Kriegsschauplatz werden. Dennoch sollten junge Deutsche, die heute Amerika verdächtigen, es plane einen auf Europa begrenzten Atomkrieg, nicht vergessen, daß es deutsche Generäle waren, die in Brüssel ständig für den atomaren Erstschlag der NATO optierten – entgegen der Empfehlung der Amerikaner. Als der Außenminister Kissinger öffentlich darüber nachsann, ob eine nukleare Eskalation in Europa angesichts der strategischen Kräftebalance der Supermächte überhaupt noch eine seriöse militärische Option sei, und den Vorschlag machte, die USA sollten unilateral tausend Gefechtsköpfe aus Europa abziehen, um damit ein Signal für die Beschleunigung der MBFR-Verhandlungen in Wien über die Truppenreduzierung in Mitteleuropa zu geben, war es der deutsche General Ulrich de Maizière, der gegen diesen Plan Bedenken erhob. Daß Helmut Schmidt mit seiner Londoner Rede 1977 über die wachsende Bedrohung durch sowjetische Mittelstreckenraketen zum geistigen Urheber des NATO-Doppelbeschlusses wurde, ist unbestritten. Westeuropa-Experten im State Department und im Nationalen Sicherheitsrat fragten deutsche Besucher damals erstaunt, ob der deutsche Bundeskanzler denn eigentlich wisse, wovon er rede. Um die SS 20 auszuschalten, reichten die Gefechtsköpfe von ein oder zwei in der Nordsee kreuzenden Atom-U-Booten des Typs Polaris aus. Die Amerikaner jedenfalls standen der Stationierung von Mittelstreckenraketen auf deutschem Boden anfangs zögernd gegenüber.

Daß die Weltmacht USA eine erratische Außenpolitik führt, darüber hatte schon der erste Kanzler der Bundesrepublik geklagt. Weil wegen der anstehenden Wahlen die amerikanische Führung alle vier Jahre eine Periode gefährlicher Unzuverlässigkeit durchlaufe, erwog Adenauer, lange vor dem Techtelmechtel mit De Gaulle, mit den Franzosen Faure und Gaillard den Aufbau einer nuklearen europäischen Verteidigungsgemeinschaft, in der die Franzosen die Sprengköpfe zu bauen und die Deutschen Raketenforscher beizusteuern hätten. Es waren dies Bonner Denkübungen, die in der späten Phase der Außenpolitik von John Foster Dulles angestellt wurden, weil sich der Amerikaner mit Blick auf Berlin gegenüber den Sowjets verhandlungsbereit zeigte. Mit seiner Agenten-Theorie, derzufolge DDR-Kontrolleure auf den alliierten Zugangswegen im Zweifel ja nur im Auftrag der Sowjets handelten, hatte Dulles damals das offizielle Bonn verstört, das die Amerikaner noch immer auf das formelle Konzept der Wiedervereinigung durch freie Wahlen verpflichtet glaubte. Hatte in diesem Falle vielleicht doch der Amerikaner das bessere Gespür für die Interessen der Deutschen als der Bundeskanzler Adenauer? Sah er sich aus Rücksichtnahme auf den Bonner Partner schließlich veranlaßt, das Falsche zu tun? Und zeigten jene Experten im Nationalen Sicherheitsrat und im State Department vielleicht mehr politischen Scharfblick als der Bundeskanzler Schmidt, weil sie erkannten, wieviel politische Brisanz der Gedanke an die Stationierung amerikanischer Atomraketen auf deutschem Boden enthielt, die die gesamte westliche Sowjetunion bei einer Warnzeit von nur sechs Minuten erreichen können? Freilich ist es müßig, über solche Fehlentwicklungen und Eskalationen nachzudenken, wenn keiner der beiden

Partner gewillt ist, die Konsequenzen daraus zu ziehen. Für die deutsche Seite kann es angesichts der weltweiten Verpflichtungen der USA und des damit verbundenen Spannungs- und Konfrontationspotentials zwischen den Supermächten nur eine logische Schlußfolgerung geben: Die Bundesrepublik muß sich energisch gegen jeden Versuch wehren, als Partner in eine globale Strategie der USA außerhalb der NATO einbezogen zu werden. Bonn muß darauf bestehen, die Allianz auf ihren Kern zurückzuführen, der gegenseitiger Beistand im Falle eines Angriffs und Sicherung des Friedens in Europa heißt. Denn wenn es noch stimmt, daß die NATO ein Bündnis ist, das den Frieden in Europa sichern soll, dann muß die Bundesregierung als der meistgefährdete Staat in dieser Allianz auch das Recht für sich in Anspruch nehmen, ihren Spielraum für eine Politik des Ausgleichs und der Entspannung nach Osten frei zu behaupten, weil diese Politik die beste Sicherung des Friedens ist. Das gilt gerade mit Blick auf Berlin und die Viermächtevereinbarung. Wer dagegen einwenden sollte, daß die Bundesrepublik wegen der exponierten Lage Berlins durch die Schutzmacht Amerika stets erpreßbar sei, vergißt, daß Berlin auch der anderen Supermacht einen Hebel zur Erpressung bietet, falls Amerika einen Konfrontationskurs fährt.

Bonn sollte deshalb nicht zögern, auf eine Reform der NATO zu drängen, um diesen Spielraum für sich zu behaupten, mehr Souveränität zu gewinnen und mehr Verantwortung zu übernehmen. Dies gilt vor allem für die Lagerung, Stationierung und den möglichen Einsatz von Atomwaffen auf deutschem Boden. Es gilt aber auch mit Blick auf die Nutzung amerikanischer Militärbasen in Deutschland für Einsätze außerhalb des NATO-Gebiets. Bonn muß sich hier ein Vetorecht sichern. Gerade weil die Vormacht im Bündnis eine erratische Außenpolitik führt, muß die Bundesrepublik besorgt sein, das Durchschlagen von Krisen außerhalb des NATO-Gebiets auf die europäische Region zu vermeiden und selbst mehr Verantwortung für diese Region übernehmen. Der Gedanke, Amerika würde daraufhin mit dem Abzug seiner Truppen drohen, sollte niemanden schrecken. Amerikanische Truppen stehen auch auf deutschem Boden, um amerikanische Interessen in Deutschland zu verteidigen, und im Zweifel würde auch die halbe amerikanische Streitmacht in der Bundesrepublik ausreichen, die Sowjets von einem Angriff abzuschrecken. Da Moskau sich schon schwer damit tut, das eigene, den Polen aufgezwungene Herrschaftsmodell in Warschau zu behaupten, wird seine Lust, sich Westeuropa als zusätzlichen unverdaulichen Brocken einzuverleiben, kaum sonderlich groß sein.

Daß die Amerikaner über eine Reform der Bündnisstruktur als Freunde und als Partner mit sich reden lassen, steht außer Frage, denn im Kern liefe eine solche deutsche Politik darauf hinaus, sie zu entlasten, und sehr wahrscheinlich nähme sie nur eine Entwicklung vorweg, die früher oder später von Amerika an Bonn herangetragen werden dürfte. Voraussetzung für eine solche Reform ist eine klare Überprüfung und Neuformulierung des deutschen Interesses. Freilich braucht es auch ein bißchen Mut und Selbstvertrauen, dann zu den nötigen Konsequenzen zu stehen.

Quellenverzeichnis

Abshire, David M.: *Foreign Policy Makers – President Vs Congress; White Paper,* Sage Publications Ltd., Beverly Hills, London, 1979

Anderson, Martin: *Welfare – The Political Economy of Welfare Reform in the United States,* Hoover Institution, Stanford University, 1978

Ball, George: *The Past has Another Pattern Memoirs,* W. W. Norton & Company, New York, London, 1982

Barber, James David: *The Pulse of Politics – Electing Presidents in the Media Age,* W. W. Norton & Company, New York, London, 1980

Barnet, Richard J.: *The Giants – Russia and America,* Simon and Schuster, New York, 1977

Bayarsky, Bill: *The Rise of Ronald Reagan,* Random House, New York, 1968

Bell, Daniel: »The End of American Exceptionalism« in: *The American Commonwealth,* Basic Books, New York, 1976

Brzezinski, Zbigniew: *Power and Principle – Memoirs of the National Security Adviser 1977–1981,* Farrar. Straus. Giroux, New York, 1983

Burnham, Walter Dean: »Reflections on the American Political Crisis« in: *US Global Leadership: The President and Congress – White Paper,* Sonderausgabe von *The Washington Quarterly,* Herbst 1980

Cannon, Lou: *Reagan,* G. P. Putnam's Sons, New York, 1982

Carter, Jimmy: *Keeping Faith – Memoirs of a President,* Bantam Books, New York, 1982

Ceaser, James W.: *Presidential Selection – Theory and Development,* Princeton University Press, 1979

Commentary: *Human Rights and American Foreign Policy.* A Symposium, November 1981

Cutler, Lloyd N.: »To Form a Government« in: *Foreign Affairs,* Herbst 1980

Damm, Helene von: *Sincerely Your's, Ronald Reagan,* Berkley Books, New York, 1980

Fallows, James: *National Defense,* Random House, New York,

1981; »The Passionless Presidency – The Trouble with Jimmy Carters Administration« in: *The Atlantic Monthly,* Mai und Juni 1979

Frank, Thomas M. und Weisband, Edward: *Foreign Policy by Congress,* Oxford University Press, New York, Oxford, 1970

Fuentes, Carlos: »Farewell, Monroe Doctrine« in: *Harper's Magazine,* August 1981

Glazer, Nathan: »Why Bakke Won't End Reverse Discrimination« in: *Commentary,* September 1978

Glazer, Nathan und Moynihan, Daniel: *Ethnicity – Theory and Experience,* Harvard University Press, Cambridge/Massachusetts, 1975

Gilder, George: *Wealth and Poverty,* Basic Books Inc. Publishers, New York, 1981

Hoffman, Stanley: »NATO and Nuclear Weapons in Europe« in: *Foreign Affairs,* Winter 1981/82; *Primacy or World Order,* Mc Graw-Hill Book Company, New York, 1978

Hodgson, Godfrey: *All Things to All Men – The false Promise of the American Presidency from Franklin D. Roosevelt to Ronald Reagan,* Simon and Schuster, New York 1981

Johnson, Haynes: *In the Absence of Power,* The Viking Press, New York, 1980

Kennan, George F.: »The United States and the Soviet Union 1917–1976« in: *Foreign Affairs,* Juli 1976; »Americas Unstable Soviet Policy« in: *The Atlantic Monthly,* November 1982; »Kann der Westen bestehen?« in: *Europäische Rundschau,* 5. Jahrgang, Nr. 1/77

Kirkpatrick, Jeane: »Dictatorships and Double Standards« in: *Commentary,* November 1979

Kissinger, Henry: *White House Years,* Little, Brown and Company, Boston, Toronto, 1979; dt. *Memoiren 1968–1973,* Bertelsmann, München, 1979

Krippendorf, Ekkehard: *Die amerikanische Strategie,* Suhrkamp, Frankfurt, 1970

Kristol, Irving: *Two Cheers for Capitalism,* Basic Books Inc., New York, 1978

Ledeen, Michael A. und Lewis, William H.: »Carter and the Fall of the Shah – The Inside Story« in: *The Washington Quarterly,* Frühjahr 1980

Leiken, Robert S.: »Reconstructing Central American Policy« in: *The Washington Quarterly,* Winter 1982

Mathias, Charles McC.: »Ethnic Groups and Foreign Policy« in: *Foreign Affairs,* Sommer 1981

Neustadt, Richard E.: *Presidential Power – The Politics of Leadership from Franklin D. Roosevelt to Carter,* John Wiley & Sons Inc., New York, 1980

Pastor, Robert A.: »Our real Interest in Latin America« in: *The Atlantic Monthly,* Juli 1982; »The Target and the Source: El Salvador and Nicaragua« in: *The Washington Quarterly,* Sommer 1982

Phillips, Kevin: »An American Parliament – overcoming the separation of powers« in: *Harper's Magazine,* November 1980

Pipes, Richard N.: »Why the Soviet Union Thinks it Could Fight and Win an Nuclear War« in: *Commentary,* Juli 1977; »Soviet Global Strategy« in: *Commentary,* April 1980

Podhoretz, Norman: *Breaking Ranks,* Harper and Row, New York, 1979; *The Present Danger,* Simon and Schuster, New York, 1980; »The Future Danger« in: *Commentary,* April 1978

Powers, Thomas: »Choosing a Strategy for World War III« in: *The Atlantic Monthly,* November 1982

Reich, Robert B.: *The next American Frontier,* Times Books 1983, New York

Ringer, Robert: *Restoring the American Dream,* Harper and Row Publishers, New York, 1979

Scheer, Robert: *With not enough Shovels. Reagan, Bush and Nuclear War,* Random House, New York, 1982

Schlesinger, Arthur M.: »Congress and the making of American Foreign Policy« in: *Foreign Affairs,* Oktober 1972; *The Politics of Upheaval,* Houghton Mifflin Sentry Edition, 1960; *Das erschütterte Vertrauen,* Scherz Verlag, Bern, München, Wien, 1969

Shawcross, William: *Sideshow – Nixon, Kissinger and the Destruction of Cambodia,* Simon and Schuster, New York, 1979

Smith, Wayne S.: »Dateline Havana: Myopic Diplomacy« in: *Foreign Policy,* Herbst 1982

Sowell, Thomas: *Ethnic America,* Basic Books Inc., New York, 1981

Towers, John G.: »Congress versus the President« in: *Foreign Affairs,* Winter 1981/82

Tucker, Robert W.: »America in Decline: The Foreign Policy of ›Maturity‹« in: *Foreign Affairs/* America and the Worlds, 1979; »The Purposes of American Power« in: *Foreign Affairs,* Winter 1980/81

White, Theodore H.: *America in Search of Itself. The Making of the Presidents 1956–1980,* Harper and Row Publishers, New York, 1982

Wildavsky, Aaron: »The Past and the Future Presidency« in: *The American Commonwealth,* Basic Books, New York, 1876

Wildavsky, Aaron: »The Past and the Future Presidency« in: *The American Commonwealth*, Basic Books, New York, 1976

Register

Acheson, Dean 102
Adelman, Kenneth 255 f.
Adenauer, Konrad 270, 272
Agnew, Spiro 20, 22
Alger, Horatio 160 f.
Allen, Richard, 76, 188, 190
Allende, Salvador 24, 47, 212
Amitay, Morris 109
Anderson, Jack 20
Anderson, John 148
Andropow 191, 222
Annenberg, Walter H. 167
Arbenz s. Guzman, Jacobo Arbenz
Armas, Carlos Castillos 202
Aron, Raymond 189
Arrington, Richard 128
Aspin, Les 259
Augustinus, Hl. 128

Baker, Howard 144, 148 f., 187
Bakhtiar, Schahpur 77 ff.
Bakke 133
Ball, George 67 f., 78, 147
Barber, James David 21
Barnet, Richard 223
Bazargan 81
Begin, Menachim 62
Beilenson, Laurence 229
Bell, Daniel 13
Belvin, Norris 133
Biden 187
Birnbaum, Norman 149
Blackett, P. M. S. 247
Blumenthal, Michael 31, 37, 50
Botha 192
Boyarsky, Bill 166
Breschnew, Leonid 55 f., 63, 86,
    191, 210, 222, 232, 234

Brown, Harold 246, 250, 252
Brown, Jerry 139
Brown, Linda 134
Brzezinski, Zbigniew 48 ff., 74 ff.,
    87 ff., 194, 209
Burnham, Walter Dean 122
Bush, George 81, 148, 172, 174,
    176, 241 f.

Caddell, Patrick 26, 41 f.
Califano, Joseph 267
Cardenas, Lazaro 202, 219
Carter, James Earl (Jimmy) 9,
    15 ff., 27 ff., 47 f., 50 ff., 65 ff., 70,
    72 ff., 85 ff., 92, 94, 106, 108 f.,
    115, 118 f., 124, 139, 141, 144,
    149 ff., 155, 172 f., 176, 178,
    181 ff., 192 f., 197, 204, 207, 211,
    215, 221, 233 ff., 240, 245 f., 250,
    252, 256, 261 ff., 267 ff.
Carter, Lilian 20
Casey, William 168, 211 f.
Castro, Fidel 191, 202 f., 205, 218
Ceasar, James W. 148
Ceaucescu 194
Cero, Comandante s. Pastora,
    Eden
Chomsky, Noam 194
Chruschtschow, Nikita 104, 248
Churchill, Winston 224
Clark, William 76, 186 ff.
Clausewitz, Karl von 243
Colby, Bainbridge 223 f.
Commager, Henry Steele 144
Conally, John 49, 81
Conwell, Russell 161
Coolidge, Calvin 96, 175 f.
Cooper, Gary 34, 165

279

280

ROBERT JUNGK

Menschenbeben
Der Aufstand gegen das Unerträgliche
224 Seiten

Robert Jungk zu seinem Buch:
»Mein wesentlichstes Anliegen ist bei diesem neuen Buch herausgekommen: Menschen zu bewegen, Anstöße zu liefern. Ich zeige Menschen, die sich unter dem Druck der Ereignisse verändert haben. Das Buch ist ein Buch über Konversionen. Es zeigt Menschen, die aus ihrer bisherigen Bahn heraustreten. Ich versuche darzustellen, daß es mehr und mehr Menschen gibt, die zu mehr Selbstbesinnung bereit sind, die bereit sind, ihr Leben zu verändern und dafür auch etwas zu riskieren. Mit diesem Buch will ich gegen die Skepsis und Resignation, die vor allem bei vielen Jugendlichen vorherrschen, angehen. Probleme dürfen nicht nur diagnostiziert werden, es müssen auch Hilfestellungen gegeben und Wege gezeigt werden, wie etwas verändert werden kann. In diesem Sinne ist es ein Anti-Orwell-Buch. Orwell klärt zwar die Leute auf, entmutigt sie aber. Ich will ermutigen.«

»Er möchte den Menschen ändern und ihm zur Entfaltung all seiner Fähigkeiten zum Guten, zu schöpferischer Phantasie verhelfen, aber dies durch Erziehung zur Einsicht durch Aufklärung, zur Zusammenarbeit ohne Konkurrenzdruck und Leistungszwang.« *FAZ*

»Robert Jungk will die Therapie, die Selbstheilung einer Gesellschaft, die er noch nicht aufgegeben hat. Er ist ein Idealist in einer wenig idealen Zeit, und er ist ein Mann, der messianische Hoffnung in sich trägt.«*Stern*

»Robert Jungk setzt ein Fragezeichen hinter die ›Machtlosigkeit der vielen‹. Menschenbeben, ›ein andauerndes und weit umfassenderes Phänomen als die bisherigen Revolutionen‹, könnte den Boden erschüttern, auf dem die Macht der Apparate – der politischen und der mikroelektronischen – noch steht: die Folgebereitschaft der Massen, die Gewöhnung an Unerträgliches, die Angst, konsequent zu sein aus Furcht vor den Konsequenzen.« *Süddeutsche Zeitung*

C. Bertelsmann

JOHN KENNETH GALBRAITH
Leben in entscheidender Zeit
576 Seiten mit Register

Der Freund und Berater aller demokratischen Präsidenten und Präsidentschafts-Anwärter in der Nachkriegszeit wurde in seiner Jugend vor allem von zwei Persönlichkeiten geprägt: Einmal von Franklin D. Roosevelt, der mit seiner Politik des New Deal das wirtschaftliche und soziale Elend der Großen Depression zu bekämpfen suchte. Zum anderen von dem britischen Nationalökonomen John Maynard Keynes, der mit seiner *Allgemeinen Theorie der Beschäftigung, des Zinses und des Geldes* auf die Verpflichtung des Staates hinwies, in Wirtschaftskrisen durch Staatsverschuldung die Konjunktur anzuregen.

Diese Verbindung von Theorie und Praxis blieb für Galbraith bestimmend. Im Gegensatz zu jenen Nationalökonomen von Adam Smith bis Milton Friedman, die in sich schlüssige Theorien entwickelten, die später in der Wirklichkeit versagten, und in denen den von der Wirtschaft Betroffenen nur eine mehr oder weniger glückliche Statistenrolle zufällt, analysiert Galbraith die vorgefundene ökonomische Realität ohne dogmatische Voreingenommenheit und zieht daraus sein Fazit für die anzuwendende Wirtschaftspolitik. Der Mensch ist für ihn deshalb auch nicht Objekt einer »unsichtbaren Hand« oder eines sich selbst regulierenden Marktes, sondern handelndes Subjekt mit sozialer Verantwortung.

Die Lebenserinnerungen dieses ungewöhnlichen Mannes enthalten allerdings nicht nur ein lesenswertes Kompendium der Nationalökonomie. Sie sind auch ein Zeugnis der Freundschaft und der Erinnerung an Zeitgenossen wie Joseph Schumpeter, Jawaharlal Nehru, John F. Kennedy, Lyndon B. Johnson und Robert Kennedy. Sie rufen die Erinnerung an die Geschehnisse einer ganzen Epoche ins Gedächtnis zurück. Und sie spiegeln ein Amerika wider, mit dessen liberaler Tradition uns sehr viel verbindet.

Intellektuelle Brillanz, beißender Sarkasmus, Selbstironie, echter Humor und vitale Freude am Erzählen machen dieses Buch darüber hinaus zu einem Werk von literarischem Rang.

»Dieses Buch ist ein Lesegenuß, voll Weisheit und voll außerordentlicher Einsichten in die Geschichte unserer Zeit; geschrieben von einem Mann, der das Handgemenge nie scheute.«   *The New Republic*

C. Bertelsmann